Mechthild Bereswill
Rafaela M. Pax
Johanna Zühlke

MENTORING
ALS MÖGLICHKEITSRAUM

Erfahrungen der Teilnehmerinnen und
Teilnehmer eines Mentoring-Programms
für Studentinnen mit Behinderung

D1674355

kassel
university

press

Diese Publikation wurde durch den Hildegardis-Vereins e.V.
und mit Mitteln der Conterganstiftung für behinderte Menschen gefördert.

Bibliografische Information der Deutschen Nationalbibliothek
Die Deutsche Nationalbibliothek verzeichnet diese Publikation in der
Deutschen Nationalbibliografie; detaillierte bibliografische Daten sind im
Internet über http://dnb.dnb.de abrufbar

ISBN 978-3-86219-626-5 (print)
ISBN 978-3-86219-627-2 (e-book)
URN: http://nbn-resolving.de/urn:nbn:de:0002-36274

2013, kassel university press GmbH, Kassel
www.uni-kassel.de/upress

Umschlaggestaltung: Lidija Nikolic, Kassel
Druck und Verarbeitung: docupoint GmbH, Barleben
Printed in Germany

Zum Einstieg

Der Hildegardis-Verein ist der älteste Verein zur Förderung von Frauen-studien in Deutschland. Seit über 100 Jahren fördert er Frauen aller Al-tersgruppen und Fachrichtungen – vor allem mit zinslosen Darlehen im Studium. Mit ideellen und finanziellen Förderangeboten unterstützt er Stu-dentinnen, die durch andere Angebote nicht ausreichend erreicht werden.

Unseren 100. Geburtstag im Jahr 2007 haben wir im Hildegardis-Verein genutzt, um die Arbeit des Vereins konzeptionell breiter auszurichten und eine neue Zielgruppe zu identifizieren: Studentinnen mit Behinderung und chronischer Krankheit. Bei ihnen, so ermittelten wir in einer Pilotstudie (Ahmann 2008), die im selben Jahr veröffentlich wurde, besteht ein be-sonderer Bedarf an Unterstützung. Vorangegangen war die Verabschie-dung der UN-Behindertenrechtskonvention 2006, die uns – wie andere – sensibilisiert hat für längst überfälligen gesellschaftlichen Veränderungs-bedarf, der Leben mit Beeinträchtigung in Deutschland leichter macht.

Die Ergebnisse der Pilotstudie zeigten auf:

- Studentinnen mit Behinderung haben Zeit-Not: Es fehlt ihnen die Zeit für Nebenjobs und Praktika im Studium, so dass sie bis zum Ende des Studiums oft weniger Kontakte zu potenziellen Arbeitgebern haben knüpfen und weniger Einblicke in verschie-dene Berufsfelder haben gewinnen können.

- Für viele Studentinnen mit Behinderung sind die Eltern wichti-ge Unterstützungspersonen und meist auch dominierende Ver-trauenspersonen. Die Studentinnen haben Interesse an Ver-gleich und Austausch mit anderen möglichen Vorbildern.

- Besonderer Unterstützungsbedarf besteht in den Übergangs-phasen Schule/Studium und Studium/Beruf. Viele Studentinnen wünschen sich dabei eine individuelle Beratung.

- Die Organisation eines Studienaufenthalts im Ausland erweist sich für Studentinnen mit Behinderung als kompliziert, wiewohl Auslandserfahrung im Beruf zunehmend vorausgesetzt wird.

Die ersten drei Ergebnisse sind eingeflossen in das Konzept des „bundesweit ersten Mentoring-Projektes für Studentinnen mit Behinderung und chronischer Krankheit", das von der Contergan-Stiftung über fünfeinhalb Jahre (2008-2013) gefördert wurde und mit dem der Hildegardis-Verein 120 Frauen und Männer (60 Mentees und 60 Mentor/innen) in ihrer Tandembeziehung unterstützt hat. Bis dahin gab es kein vergleichbares Angebot, auch nicht im internationalen Zusammenhang. Unser Modell-Projekt hat „Frauenförderung" und „Förderung von Menschen mit Behinderung" verbunden und konzentrierte sich dabei lebensverlaufsorientiert auf das Studium bzw. auf den Übergang vom Studium in den Beruf. Frühere Erfahrungen mit dem Instrument Mentoring haben wir genutzt und im Projekt passgenau für die Zielgruppe und ihre Bedürfnisse weiter entwickelt.

Das bundesweit erste „Mentoring-Programm für Studentinnen mit Behinderung" ist von verschiedener Seite ausgezeichnet worden: im Staatenbericht der Bundesregierung zur Umsetzung der Behindertenrechtskonvention 2011 wurde das Projekt als europaweit einzigartige Maßnahme gelistet; es wurde in die „Landkarte der inklusiven Beispiele" des Beauftragten der Bundesregierung für Belange behinderter Menschen aufgenommen, als Modellinitiative auf dem 3. EU-Gleichstellungsgipfel 2009 in Stockholm vorgestellt und als „Ort im Land der Ideen 2010" prämiert.

Der Hildegardis-Verein konnte für die Projektidee wichtige Förderer und Partner gewinnen: Neben der Conterganstiftung haben die Arbeitsstelle Behinderung & Pastoral der Deutschen Bischofskonferenz und das Bundesfamilienministerium (BMFSFJ) Veranstaltungen im Rahmen des Projektes finanziell gefördert. Das Bundesbildungsministerium (BMBF) finanziert seit Anfang 2013 ein neues Inklusionsprojekt des Hildegardis-Vereins für Studentinnen mit und ohne Behinderung, das – aufbauend auf Anregungen von Teilnehmerinnen des Mentoring-Projektes – für eine Hochschule ohne Barrieren mit studentischen „KompetenzTandems" eine neue methodische Konzeption erprobt.

Dank der vorliegenden wissenschaftlichen Evaluation ergibt sich die Chance, das Mentoring-Programm noch einmal intensiv in seinen Erfolgsbedingungen zu reflektieren. Die vertiefte Analyse der Programm-Ergebnisse und ihrer Voraussetzungen ist nicht nur für uns selbst und die weitere Arbeit des Hildegardis-Vereins wichtig und nützlich, sie ist vor allem auch unabdingbar, um anderen hochschulpolitischen Akteuren, Frauen- und Behindertenselbstorganisationen Chancen und Bedingungen aufzuzeigen, die sich mit der Durchführung ähnlicher Projekte verbinden.

Unser Ziel ist möglichst viele Nachahmer zu ermutigen, ähnliche Mentoring-Projekte durchzuführen. Dazu bedarf es einer nachvollziehbaren Beschreibung der Voraussetzungen, die zum Gelingen des Programms führten. Ebenso bedarf es eines konstruktiv-kritischen Blicks auf das, was besser gemacht werden könnte. Die folgenden Kernthemen der Evaluation wollen wir für uns und für alle, die mit und für Studentinnen mit Beeinträchtigung weiter arbeiten, besonders hervorheben:

1. Mentoring ist „Empowerment"!
   Die enge Zusammenarbeit zwischen Mentee und Mentor/in ermöglicht persönliche Entwicklungen, die weit über den beruflichen Kontext hinausgehen. Nicht zuletzt veränderte sich die Sichtweise, die die Studierenden auf sich selbst haben: Das Mentoring ermutigte sie, selbstbewusst für die eigenen Bedürfnisse einzutreten, ohne sich über Defizite und Einschränkungen zu definieren.

2. Wichtig war die Einbettung der Mentee-Mentor/in-Beziehung in einen lebendigen Gruppenprozess. Der Austausch unter den studentischen Programmteilnehmerinnen in der *peer*-Gruppe, erwies sich als unerwartet dynamisch und für die Mentees als wichtige stärkende Erfahrung.

3. Die Ausrichtung des Projektes auf Studentinnen mit sehr verschiedenen Behinderungserfahrungen – sichtbare und unsichtbare, angeborene und erworbene, Sinnesbehinderung und chronische Krankheit – ermöglichte es den Teilnehmerinnen und Projektmitwirkenden die Vielfalt von „Leben mit Beeinträchtigung" wahrzunehmen und den latent diskriminierenden Dualismus von „Leben mit und ohne Behinderung" zu überwinden.

Das Projekt war damit in besonderer Weise geeignet, (Re-)Stereotypisierungen vorzubeugen und solidarischer Aktivierung Rückenwind zu verleihen: Auf dem Weg in eine inklusive Gesellschaft haben wir gemeinsam einen großen Schritt getan.

Wir danken den Mitarbeiterinnen des Projektes und allen Mitarbeiterinnen der Geschäftsstelle des Hildegardis-Vereins. Das Projekt hat den Hildegardis-Verein verändert – über das Projektende hinaus haben sich Mitglieder und Mitarbeiterinnen für die Idee des Programms begeistern lassen und sind zu Botschafterinnen eines inklusiven Studiums geworden. Die Projektreferentin Kirsten Schmidt hat das Projekt zusammen mit unserer hoch engagierten Geschäftsführerin Birgit Mock über die ganze Laufzeit entwickelt und gestaltet, Dr. Ursula Sautter hat in der Schlussphase in der Öffentlichkeitsarbeit den Staffelstab von Birgit Rücker übernommen und die Dokumentation und Abschlusskonferenz entscheidend mit verantwortet. Wir danken der Beraterin und Supervisorin, Irmgard Betzler, die die Projektteilnehmenden und die Projektverantwortlichen begleitet und wichtige Impulse für die methodische Durchführung gegeben hat. Wir danken dem Büroteam rund um Frau Brungs und ihrer Nachfolgerin Frau Haffke sowie den studentischen Hilfskräften, die fachliche Aufgaben und Assistenzleistungen gleichermaßen übernommen haben. Wir danken allen Teilnehmenden – Mentor/innen und Mentees, den Mitwirkenden und Referentinnen ebenso wie den Mitgliedern des Projektbeirats: Die Begegnungen mit ihnen waren für uns bereichernd, bewegend, inspirierend, stärkend und ermutigend.

Wir danken der Conterganstiftung für die großzügige finanzielle Förderung und die intensive inhaltliche Zusammenarbeit. Ihr Beitrag hat dieses Projekt erst ermöglicht; namentlich Herr Dr. Stefan Breuer und Frau Antje Blumenthal haben dem Projekt wichtige Unterstützung und viele weiterführende Anstöße gegeben.

Abschließend danken wir der Universität Kassel, Frau Prof. Dr. Mechthild Bereswill und ihrem Team, Frau Rafaela Pax und Frau Johanna Zühlke herzlich für die umsichtige, zielführende und vertrauensvolle Evaluation, die als begleitende Auswertung zu einer eigenen Säule der Zusammenarbeit im Projekt werden konnte.

Wir sind sehr froh und auch ein wenig stolz, dass nur wenige Monate nach Abschluss des Projektes eine wissenschaftliche Veröffentlichung zentraler Ergebnisse vorliegt. Wir hoffen, dass die Evaluation dazu beiträgt, den stärkenorientierten Ansatz des Projektes nachvollziehbar zu beschreiben und Weiterentwicklungen des Mentoring-Ansatzes im Zusammenwirken von Frauenförderung und Inklusion zu ermöglichen.

Ihnen, den Leserinnen und Lesern, wünschen wir eine anregende und motivierende Lektüre.

Ihre

Prof. Dr. Gisela Muschiol
Vorsitzende

Eva M. Welskop-Deffaa
Ministerialdirektorin a.D.
stellv. Vorsitzende

Inhaltsverzeichnis

Danksagung

Sozialforschung ist ein kommunikativer und kooperativer Prozess und im Verlauf eines konkreten Forschungsprojekts tragen viele Personen zum Gelingen dieses Prozesses bei. Dies gilt auch für die Studie, deren Ergebnisse wir im vorliegenden Buch darlegen. Sie verdankt sich dem Engagement vieler Personen, denen wir an dieser Stelle unseren herzlichen Dank aussprechen.

Dieser Dank gilt zuallererst den Mentees, Mentorinnen und Mentoren, die am Programm des Hildegardis-Vereins e.V. teilgenommen und mit uns in Interviews und Gruppendiskussionen über ihre Erfahrungen gesprochen haben. Wir danken ihnen ganz herzlich für ihre Zeit und die Bereitschaft, über ihre persönlichen Erfahrungen und Einschätzungen mit uns zu sprechen und ihre Expertise mit uns zu teilen. Die Interviews und Gruppendiskussionen, die dabei entstanden sind, bilden die entscheidende Basis der wissenschaftlichen Begleitung des untersuchten Mentoringkonzepts.

Unser besonderer Dank gilt dem Vorstand und den hauptamtlichen Referentinnen und Mitarbeiterinnen des Hildegardis-Vereins, die uns die qualitative Studie anvertraut und der Universität Kassel die entsprechenden Forschungsmittel zur Verfügung gestellt haben. Die Finanzierung einer aufwändigen Begleitforschung war nur mit Unterstützung der Conterganstiftung für behinderte Menschen möglich, der wir an dieser Stelle ebenfalls herzlich danken.

Die regelmäßigen Diskussionen unserer Zwischenergebnisse mit dem Vorstand und den Referentinnen und Projektverantwortlichen des Vereins und die damit verbundene Offenheit gegenüber unserem forschenden Blick auf die eigene Praxis sind nicht selbstverständlich. Wir danken ganz herzlich für diesen intensiven Dialog zwischen Praxis und Forschung, in dessen Verlauf unsere Forschung und unsere theoretischen Perspektiven über einen direkten Anwendungsbezug hinaus diskutiert und herausgefordert wurden.

Allen Teilnehmerinnen und Teilnehmern des Programms danken wir für ihr Interesse an unseren Vorträgen bei den Abschlussveranstaltungen der drei verschiedenen Mentoringgruppen. Die Möglichkeit, unsere Forschungsergebnisse zur Diskussion zu stellen, hat unsere eigenen Überlegungen jedes Mal ein Stück voran gebracht.

Ferner danken wir allen Personen, die auf den Veranstaltungen des Hildegardis-Vereins für einen reibungslosen Ablauf bei den Präsentationen und Gruppendiskussionen sorgten.

Abschließend möchten wir uns bei allen wissenschaftlichen und studentischen Mitarbeiterinnen sowie bei allen Forschungspraktikantinnen bedanken, die uns während der gesamten Laufzeit des Projekts und bei der Fertigstellung des Buchs nach Kräften unterstützt haben.

Mechthild Bereswill, Rafaela M. Pax, Johanna Zühlke

1 Einleitung

Im deutschsprachigen Raum haben Konzepte des Mentoring in den letzten zehn Jahren insbesondere im Bereich der Hochschulen an Bedeutung gewonnen. Dies verdeutlichen der zahlenmäßige Zuwachs solcher Angebote beispielsweise für Promovierende und für Studierende sowie die Bestrebungen nach der Professionalisierung von Mentoringansätzen. Initiiert werden solche Programme sowohl im Non-Profit-Bereich, beispielsweise durch Gleichstellungsbüros, aber auch in Wirtschaftsunternehmen. Eines der Hauptanliegen von Mentoring ist derzeit die Frauenförderung, insbesondere im akademischen Feld und im Bereich der Führungspositionen. Dabei mischen sich die Zielsetzungen sehr häufig, indem einerseits auf mehr Chancengleichheit und Geschlechtergerechtigkeit und andererseits auf mehr Leistungsfähigkeit durch eine Erhöhung der Diversität von Belegschaften gesetzt wird.

Im Fokus der vorliegenden Längsschnittstudie MentEva steht ein gegenwärtig noch einzigartiges Mentoringangebot für Studentinnen und Nachwuchswissenschaftlerinnen, das vom Hildegardis-Verein e.V. in Bonn konzipiert und durchgeführt wurde. Das erste bundesweite „Mentoring-Programm für Studentinnen mit Behinderung" wurde ab 2008 je ein Jahr lang für drei Jahrgänge angeboten und mit finanzieller Unterstützung der Conterganstiftung für behinderte Menschen durchgeführt. Neben der Tatsache, dass es bislang kein Mentoring gab, das sich ausdrücklich an Akademikerinnen richtet, die mit einer Behinderung leben, ist ein weiteres Spezifikum des Konzepts dessen sehr offene Gestaltung. Die Teilnehmenden selbst sind aufgefordert, in sogenannten Tandems miteinander auszuhandeln, welche Unterstützungswünsche eine Mentee hat und wie eine Mentorin oder ein Mentor sie über das Jahr hinweg am besten begleiten kann. Das Konzept setzt ausdrücklich bei den Stärken und den persönlichen Bedürfnissen der beteiligten Personen an, was auch der Ausrichtung des Hildegardis-Vereins entspricht, der als katholischer Frauenbildungsverein auf die Stärkung der persönlichen Bildungswege von Frauen setzt. Mit diesem Ansatz unterscheidet sich das Mentoring von gängigen, zumeist speziell auf den Karriereaspekt fokussierten Programmen, indem es den Mentees, Mentorinnen und Mentoren viele Gestaltungsspielräume lässt und ihnen gleichzeitig entsprechend viel Initiative und (Selbst-)Reflexion abverlangt. Dieser Prozess wird begleitet durch ein Rahmenprogramm, bei dem die Arbeit in Gruppen im Mittelpunkt steht und die Möglichkeit gegeben ist, auch individuell Supervision in Anspruch zu nehmen.

Als Forschungsteam der Universität Kassel hatten wir die Gelegenheit, das Mentoring über die gesamte Laufzeit wissenschaftlich zu begleiten. Auch hierbei entschied sich der Hildegardis-Verein für einen nicht häufig gewählten Weg: Zum einen wurde eine von den Organisatorinnen unabhängige Begleitforschung in die Hände von Sozialwissenschaftlerinnen gelegt und zum anderen wurde ein qualitativer Untersuchungsansatz bevorzugt. Der Fokus der Untersuchung liegt somit auf Mentoring als einem Prozess, in dessen Verlauf die Teilnehmenden sehr komplexe, kontextgebundene und nicht quantifizierbare Lernprozesse durchlaufen. Diese Prozessevaluierung konnte zudem durch einen Längsschnitt-Ansatz vertieft werden, indem Mentees, Mentorinnen und Mentoren während und nach dem Programm in offenen Leitfadeninterviews und in Gruppendiskussionen über ihre Erfahrungen erzählen.

Die Möglichkeit, den Charakter und die Entwicklung eines Konzepts wie Mentoring über einen längeren Zeitraum zu untersuchen, bietet vertiefte Einblicke, wie Teilnehmerinnen und Teilnehmer des Programms dessen Einfluss auf die eigene Situation, auch nach Abschluss der eigenen Teilnahme, einschätzen. Im Zentrum des Untersuchungsinteresses stehen Entwicklungsprozesse, in deren Verlauf die beteiligten Personen aushandeln, wie und mit welchem Ziel sie die Beziehung zwischen Mentee und Mentorin bzw. Mentor gestalten. Wie können sie das Arrangement für ihre eigenen Zwecke nutzen? Welchen Ertrag schreiben sie dem gesamten Programm zu?

Die Rekonstruktion solcher Prozesse erfordert einen verstehend angelegten Zugang zu den Deutungsmustern von Menschen, wie sie im Rahmen einer gezielt initiierten Lernerfahrung deutlich werden. Deshalb greift die hier vorgestellte Längsschnittstudie auf das Methodenspektrum der qualitativen Sozialforschung zurück und ist theoretisch in einer verstehenden, subjekttheoretisch fundierten Soziologie verortet. Im Zentrum des Interesses stehen das Erleben der Teilnehmenden und deren individuelle Deutungen von sozialer Wirklichkeit.

Unsere Ergebnisse zeigen, dass die Erfolge und die Qualität von Mentoring nicht ausschließlich daran zu messen sind, ob ein Programm im herkömmlichen Sinn auf Karriereförderung zielt, beispielsweise indem Unterstützungsbeziehungen entlang disziplinärer oder professioneller Zugehörigkeiten konzipiert werden. Im Gegensatz zu einer an wirtschaftswissenschaftlichen Standards orientierten Konzeption von erfolgreichem Mentoring als einem der Karriere unmittelbar zuträglichen Ansatz, zeigt die vorliegende Studie, dass die Aufdeckung, Verarbeitung und Bewältigung von Karrierehindernissen umfassender ansetzen kann und sollte, insbesondere im Zusammenhang von erhöhten Exklusionsrisiken, wie sie im Fall von Frauen und von Menschen mit Behinderung im Wissenschaftssystem greifen.

Die Studie leistet zudem einen Beitrag zur Bedeutung von sozialer Ungleichheit aus der Sicht von Akademikerinnen und Akademikern, die mit einer Behinderung leben oder sich in diesem Mentoringprogramm mit der gesellschaftlichen und persönlichen Bedeutung von Behinderung auseinandergesetzt haben. Hier zeigt sich, wie widersprüchlich und konflikthaft die explizite Auseinandersetzung mit den gegensinnigen Logiken von Leistungs- und Verteilungsgerechtigkeit aus der Sicht aller Teilnehmerinnen und Teilnehmer des Programms verläuft.

Das vorliegende Buch fasst zentrale Ergebnisse der im März 2013 abgeschlossenen Studie zusammen. Im zweiten Kapitel (2) geben wir zunächst einen kurzen Überblick über die Forschungslandschaft zu Mentoring (2.1), mit besonderem Augenmerk auf geschlechtertheoretische Ansätze (2.2). Anschließend stellen wir das untersuchte Mentoringkonzept vor (2.3). Das Untersuchungskonzept der Studie wird im dritten Kapitel dargelegt (3), um im vierten Kapitel zentrale Ergebnisse zur Diskussion zu stellen (4). Hier vergleichen wir zunächst sieben Tandems (4.1), deren Gestaltung sowohl deutliche Unterschiede als auch Gemeinsamkeiten aufweist. Diese Fallstudien werden anschließend durch eine Querschnittperspektive über alle Interviews hinweg ergänzt: Wie erleben einerseits die Mentees und andererseits die Mentorinnen und Mentoren die Förderbeziehung im Tandem (4.2)? Diese Queranalyse setzen wir im darauf folgenden Abschnitt fort und untersuchen, welche Bedeutung Differenz- und Ungleichheitskategorien wie Geschlecht und Behinderung aus Sicht der Mentees und der Mentorinnen bzw. Mentoren zugeschrieben wird (4.3). Die ausführlichen

Rekonstruktionen der Interviews werden durch eine kurze Zusammenfassung der wesentlichen Themen ergänzt, über die in den Gruppendiskussionen gesprochen wurde (4.4). Im Ausblick diskutieren wir die zentralen Erkenntnisse der Untersuchung (5). Der Anhang gibt Einblick in die Interviewleitfäden und die Impulse für die Gruppendiskussionen sowie einen Überblick über die Datenbasis.

2 Forschungsansätze zu Mentoring und das untersuchte Mentoringprogramm

2.1 Mentoring in Forschung und Praxis

Eine Betrachtung der gegenwärtigen Angebotsstrukturen und einschlägiger Studien im deutschsprachigen wie im englischsprachigen Kontext ergibt, dass Mentoring primär als dyadische Förderbeziehung in Form einer Tandemverbindung zwischen Mentee und Mentorin oder Mentor praktiziert wird. Unterschiedliche Formen von Gruppen-Mentoring werden ebenfalls eingesetzt, sind jedoch im Vergleich in der Minderzahl (für den englischsprachigen Raum vgl. den projektbezogenen Überblick bei Megginson u.a. 2006, für Deutschland die Arbeiten von Löther 2003; Peters 2004; Barzantny 2008; Stöger u.a. 2009).

Es haben sich also hauptsächlich Programme etabliert, die einen Lernprozess zwischen zwei Personen privilegieren und weniger auf den Einfluss von Gruppenprozessen zielen. Dies entspricht auch der Metapher, mit der Mentoring assoziiert wird: die Unterstützung von (fachlichem) Nachwuchs durch einen väterlichen Freund oder – in der feministischen Variante – durch ein erfahrenes weibliches Vorbild. Dieses Konstrukt ist nur eine Möglichkeit der dyadischen Förderbeziehung, denn grundsätzlich wird zwischen Angeboten unterschieden, bei denen die Mentorin oder der Mentor über einen Wissens- und Erfahrungsvorsprung verfügt und solchen, die auf die Wirkung von Peer-Mentoring, also zwischen Personen mit ähnlichen Erfahrungshorizonten oder Qualifikationsprofilen, setzen.

Zu beachten ist außerdem die Differenzierung zwischen informellen Unterstützungsbeziehungen und solchen, die organisiert und entsprechend vorstrukturiert sind. In Deutschland hat sich in den letzten Jahren das sogenannte formelle, also organisierte Mentoring durchgesetzt und ist mittlerweile weit verbreitet. Stöger, Ziegler und Schimke (2009) sprechen in ihrem Sammelband, der zu einer verbesserten Zugänglichkeit der Fachliteratur beitragen soll, von einem wissenschaftlich gestützten „Hype" der Entwicklung und betrachten diese durch die Brille der Ökonomie, indem sie von einer zyklisch verlaufenden Aufwärtsentwicklung ausgehen. Das heißt, sie prognostizieren vorsichtig, gleichwohl aber optimistisch, der konzeptionelle Aufbau von Mentoringprogrammen befinde sich gegenwärtig im Übergang von der Wachstumsphase in die produktive Phase. Mit „Wachstum" ist hier allerdings nicht der zahlenmäßige Anstieg von Programmen gemeint, sondern die inhaltliche, also qualitative Ausdifferenzierung und Weiterentwicklung von Ansätzen.

Der internationale Vergleich von eingesetzten Programmen zeigt, dass der Anteil von Mentoringangeboten, die von Unternehmen umgesetzt werden, in Deutschland bislang relativ gering ist. Die überwiegende Mehrheit von Programmen ist direkt in den Institutionen des Bildungssystems angesiedelt und wird entsprechend mit öffentlichen Geldern finanziert. Dies bedeutet konkret, dass formelles Mentoring häufig als Instrument zur Bewältigung von Übergängen im Bildungsprozess konzipiert und eingesetzt wird. In Deutschland existieren heute viele variationsreiche Angebote, die die Bildungswege von Schülerinnen und Schülern oder von Studierenden begleiten oder die bei der Weiterqualifizierung und dem Übergang in das Erwerbssystem kompetente Förderung im Tandem vermitteln. Solche Konzepte richten sich an bestimmte Zielgruppen: Frauen, Migrantinnen und Migranten, Menschen mit Behinderung oder bestimmte Berufsgruppen, um nur einige zu nennen. Hier zeigt sich, dass neben dem für Mentoring typischen Karriereaspekt Benachteiligungskonstellationen im Bildungsprozess als Ansatzpunkt für Mentoring gewählt werden. Demnach werden Programme oft mit dem Anspruch verbunden, Benachteiligungen und die damit verbundenen Ungleichheitsrelationen in Bewegung zu setzen und beispielsweise die Chancen von Frauen im Wissenschaftsbetrieb zu erhöhen. Die Erhöhung der Chancengleichheit von Frauen in einer akademischen Laufbahn ist gegenwärtig tatsächlich das häufigste übergeordnete Ziel von Mentoring in Deutschland. Die Tandembeziehung wird dabei oft zwischen Studentinnen, Absolventinnen oder Promovendinnen und Hochschullehrerinnen oder Akademikerinnen in hohen, oft leitenden Positionen außerhalb der Universität gestiftet. Ziel ist, die zunehmende Bildung von Netzwerken zu fördern, in denen nicht nur (junge) Männer eine Chance haben.

Aus dieser Perspektive verknüpft sich die Überwindung von Benachteiligung und sozialer Ungleichheit mit Aspekten der Eliteförderung, die weniger auf Verteilungs- als auf Leistungsgerechtigkeit abzielt. Dies passt durchaus zu einer Dimension der Geschichte von Mentoring als Instrument der Eliteförderung, das seine Wurzeln in der US-amerikanischen Personal-

und Unternehmensentwicklung hat. Häufiger als in Deutschland nutzen Konzerne in England, Australien, Asien oder den USA das Konzept Mentoring in diesem Sinn für den Wissenstransfer zwischen ihren Mitarbeiterinnen und Mitarbeitern und um deren Karrieren zu fördern. Hier steht also weniger der Aspekt der Chancengleichheit im Vordergrund, sondern neben der Entwicklung der oder des Mentee vor allem der Nutzen dieser Entwicklung für das Unternehmen selbst. Das wechselseitige Wirkungsgefüge einer Trias von Mentee, Mentorin oder Mentor und dem Unternehmen soll hier für alle zu einer *Win-win*-Situation führen. In welchem Maß dieses betriebswirtschaftliche Modell hiesige Programme leitet, ist bislang nicht systematisch untersucht worden.

Als ebenfalls offene Frage wäre zu untersuchen, inwieweit die von Tammy D. Allen u.a. für den anglophonen Raum vorgeschlagene Unterscheidung zwischen psychosozialer Begleitung und Karriereförderung konzeptionell, vor allem aber auf der Ebene der Praxis, so trennscharf zu finden ist (2008, 343-357). Mit Blick auf die deutsche Mentoringlandschaft wird deutlich, dass diese Trennung analytisch zunächst sinnvoll erscheint, in der Umsetzung jedoch eher in Kombination auftritt und maßgeblich von der individuellen Steuerung der Tandems und deren im Programm vorgesehenen Handlungsspielräumen beeinflusst wird.

Die Tatsache, dass die Koordinatorinnen und Koordinatoren von Mentoringprogrammen 2001 begonnen haben sich zu organisieren, ist für die Forschung zu Mentoring in Deutschland sehr relevant. Seit 2006 tritt das Forum Mentoring als eingetragener Verein auf und fungiert als Bundesverband – ein deutliches Zeichen eines fortschreitenden Vermarktungs- und Professionalisierungsprozesses, dessen Vorgeschichte im englischsprachigen Kontext in die 1970er Jahren zurückreicht (vgl. http://www.forum-mentoring.de/).

Gleichzeitig ist kaum abzuschätzen, wie viele Programme derzeit in Deutschland umgesetzt werden. Dies betrifft auch die Frage nach der Evaluation von Konzepten, die häufig von den durchführenden Organisationen selbst übernommen wird. Umso wichtiger scheinen die verstärkte Vernetzung und der Austausch für die Koordinatorinnen und Koordinatoren der Programme zu sein. Dementsprechend fand im Jahr 2010 der erste bundesweite Mentoringkongress statt, den das Forum Mentoring organisierte.

Fragen, die im Forum zur Debatte stehen, betreffen die fachliche Definition und die Qualität von Konzepten. So existiert trotz der steigenden Popularität von Mentoring bislang keine allgemeingültige Definition des Ansatzes (vgl. Schliesselberger, Strasser 1998; Barzantny 2008). Wird die Differenziertheit der Programme betrachtet, scheint eine zu enge Definition zwar wenig praktikabel, dennoch resultiert aus der Vielfalt der Ansätze auch ein Abgrenzungsproblem: Was zählt zu Mentoring, was nicht? Wer legt Zugehörigkeiten fest?

Ein weiterer Punkt ist die Frage der Qualitätsstandards: Das Forum Mentoring hat gemeinsam Gütekriterien und Leitlinien entwickelt, die hier mehr Qualitätssicherheit bieten sollen. Dazu zählt auch die (Selbst-)Verpflichtung zur Evaluation von Programmen, deren Koordinatorinnen und Koordinatoren im Verein vernetzt sind (vgl. http://www.forum-mentoring.de/).

Wird nach Evaluierungsstudien gesucht, ist bemerkenswert, dass die deutschsprachige Forschung zu Mentoring ihre Ergebnisse sehr häufig in Form von grauer Literatur publiziert. Viele Texte, wie Abschlussberichte, Beschreibungen von Konzepten oder Richtlinien, finden sich über das Internet in Form von PDF-Dateien. Das im Internet verfügbare Angebot verdeutlicht, dass wahrscheinlich nahezu jedes in Deutschland umgesetzte Programm eine Auswertung erfährt. Dies liegt vermutlich einerseits an der Rechenschaftspflicht für die eingesetzten Kosten und anderseits an der insgesamt gestiegenen Berichts- und Evaluationspflicht in Bildungsinstitutionen. Wie bei vielen Evaluationen, ist hierbei allerdings kritisch anzumerken, dass oft aufgrund von Kosten- und Personalkapazitäten auf eine externe Vergabe verzichtet wird. Programmimmanente Evaluationen verfügen kaum über eine vom Programm unabhängige Sicht, was Fragen nach der spezifischen Reichweite der Ergebnisse aufwirft.

So entsteht ein widersprüchliches Bild: Grundsätzlich ist der wachsende Erkenntnisgewinn durch die zahlreich durchgeführten Mentoringstudien und Evaluationen positiv hervorzuheben. Gleichzeitig ist zu bedenken, dass bislang nur ein Bruchteil der publizierten Abschlussberichte ein weiterführenderes Ziel als die evaluierende Programmauswertung verfolgt. Anders gesagt sind Studien, die Mentoring aus einer grundlagenorientierten Sicht und theoriegeleitet auswerten, bislang selten. Dies mag möglicherweise daran liegen, dass die Komplexität solcher Programme unter-schätzt wird und das Feld durch einen pragmatischen Fokus auf Förder-möglichkeiten oder *Win-win*-Situationen dominiert ist.

Dazu passt auch die beschriebene Publikationsstrategie außerhalb oder am Rand des Wissenschaftssystems. So entsteht der Eindruck, dass die Erkenntnisse aus Abschlussberichten nicht ausreichend verbreitet und so-mit auch wissenschaftlich nicht aufgegriffen werden. Gleichzeitig nehmen wissenschaftliche Studien, neben einer Vielzahl von Ratgebern und nicht publizierten Auswertungen, einen vergleichsweise geringen Raum ein. In der Analyse des internationalen Forschungsstands durch Allen u.a. (2008) liegt der Anteil von Studien, die in ihrem Ansatz über eine bloße Pro-grammevaluation hinausgehen und einen höheren Erkenntnisgewinn an-streben, bei 8,2 % der untersuchten Publikationen.

Im folgenden Abschnitt werden einige Studien betrachtet, die sich über unmittelbar anwendungsbezogene Fragen hinaus mit dem Feld Mentoring befassen. Sie bieten interessante Anschlüsse für die eigene Untersuchung, weil sie ebenfalls geschlechterpolitisch fundierte Konzepte und zentrale Fragestellungen der Geschlechterforschung einbeziehen.

2.2 Geschlechtertheoretische Forschungsansätze

Eine geschlechtertheoretische Perspektive auf die Verschränkung von struktureller Benachteiligung und subjektiven Entwicklungspotentialen von Frauen im Mentoring entwickelt Christine Kurmeyer in ihrer an der Univer-sität Hannover durchgeführten Studie (2012). Sie bezieht sich in ihrer Ausgangsanalyse auf die Erkenntnis, dass wir es immer noch mit einem „geschlechtshierarchisch segregierten Arbeitsmarkt" (Kurmeyer 2012, 250) zu tun haben. Vor diesem strukturtheoretischen Hintergrund fragt sie nach den Möglichkeiten und Grenzen von Mentoring und differenziert zwi-schen den strukturellen Bedingungen und den tatsächlichen, situativen Wirkungsweisen von Mentoring. Diese Wirkungsweisen untersucht Kurmeyer auf der Grundlage einer Interviewstudie zum Mentoring-programm der Universität Hannover, das im Jahr 2001 als Pilotprogramm durchgeführt wurde.

Sie konzentriert sich auf die Erfahrungsberichte der in den Tandems verbundenen Mentees und Mentorinnen/Mentoren und vergleicht diese entlang von Erfolgskriterien als mehr oder weniger förderlich. Dabei arbeitet sie einen Zusammenhang zwischen der Qualität und hohen Bedeutung der Mentoringbeziehung mit den Schwellen des Erfolgs heraus. Hier wird jedoch nicht die Interaktionsleistung im Tandem, sondern das von Seiten der Organisation durchgeführte Matching in den Vordergrund gerückt. Die Beziehung der Tandempartnerinnen wird im Kontext von Kommunikationsstörungen beleuchtet. Die Gestaltung des Prozesses ist zudem von der Auseinandersetzung mit Nähe und Distanz sowie mit verschiedenen Rollen abhängig. Kurmeyer schlussfolgert aus einer sozialpsychologischen Sicht, Mentoring könne Selbstkonzepte verändern und so dazu beitragen, eigene Grenzen (im Denken) zu überwinden. Zu dieser recht weitgehenden Einschätzung passt, dass die Autorin abschließend betont, Mentoring würde dabei unterstützen neue, mutige Wege in der eigenen Karriere zu gehen. Den Teilnehmerinnen und Teilnehmern sei es jedoch oft nicht bewusst, dass diese Veränderungen mit dem Einfluss des Mentoring zusammenhingen.

Für unsere eigene Untersuchung ist auch die Reflexion auf die Frage, ob weibliche Mentees besser durch Frauen als Mentorinnen unterstützt werden, relevant. Diese Frage passt zur bildungspolitischen Geschichte und zum Ausgangskonzept des Hildegardis-Vereins, das zunächst nur Mentorinnen für das Programm vorsah. Christine Kurmeyer verneint die Frage eindeutig und betont, dass es auch jenseits von homogenen Konstruktionen der Geschlechterdifferenz zu gelungenen Identifikationen in einem Tandem kommen könne. So könnten sich auch männliche Mentoren in den Motivationen der weiblichen Mentees wiederfinden und mit ihren Situationen identifizieren. Auch Gespräche über Familienplanung seien in solchen Tandems möglich. Die Geschlechterdifferenz stelle hier kein Hindernis dar. Das Mentoring der Mentoren sei genauso durch Fürsorge und Emotionalität charakterisiert wie das der Mentorinnen. Die Kombination von privaten und beruflichen Themenfeldern im Mentoring stellt hier laut Kurmeyer eine Stärke und keinesfalls einen Nachteil des Instruments dar.

Einerseits hinterfragt die Autorin damit Geschlechterdifferenzen explizit, andererseits geht sie implizit doch davon aus, dass eine weibliche von einer männlichen Praxis unterschieden werden kann, indem sie betont, Männlichkeit sei kein Hindernis für die Bearbeitung von weiblich konnotierten Fragen und Themen. Auch wenn die Beratung sowohl von Frauen als auch von Männern praktiziert oder verkörpert werden kann, bleibt der Bezugspunkt ihres Arguments aber eine nicht hintergehbare Geschlechterdifferenz. Der kritische Einwand verweist auf eine grundsätzliche Herausforderung, die mit jeder geschlechtertheoretischen Forschungsperspektive einhergeht und auch für unsere eigene Studie von großer Bedeutung ist: Ist Geschlecht einerseits eine untersuchungsleitende Kategorie, muss gleichzeitig reflektiert werden, wie Bedeutungen von Geschlecht in einem spezifischen Untersuchungsfeld hergestellt, reproduziert und verändert werden. „Frauen" und „Männer", besser gesagt „Weiblichkeit" und „Männlichkeit" werden nicht als feste Identitätsmerkmale oder eindeutige Repräsentationen von Differenz vorausgesetzt, sondern als Konstruktionen untersucht.

Die für die Praxis und Forschung hoch relevanten Überlegungen von Christine Kurmeyer regen dazu an, die Relevanz von Geschlechterdifferenz in einem Forschungsfeld zu reflektieren: Für die Praxis eines geschlechterpolitisch angelegten Mentoringprogramms ist zu erwarten, dass Geschlechterdifferenzen und damit verbundene Stereotype in diesem Programm explizit wie implizit handlungsleitend wirken. Für die wissenschaftliche Analyse solcher Prozesse ist entscheidend, dass Geschlechterdifferenz nicht vorausgesetzt wird. Wird Geschlecht als soziale Konstruktion untersucht, richtet sich das Augenmerk der Forschung darauf, wie Weiblichkeit und Männlichkeit in einem spezifischen Kontext hergestellt und ausgedeutet werden (Bereswill 2008a & 2009; Wetterer 2004; Gildemeister/Wetterer 1992; Gildemeister/Robert 2008). Zugleich weist Kurmeyer darauf hin, dass Geschlecht im Bildungssystem und auf dem Arbeitsmarkt als ein Strukturmerkmal wirkt und Frauen als soziale Gruppe gegenüber Männern als eben solche strukturell benachteiligt sind (vgl. Becker-Schmidt 2013).

Die zentrale Erkenntnis der Frauen- und Geschlechterforschung, dass Geschlecht als eine Ungleichheitsdimension wirkt, lenkt den Blick auf die Machtbeziehungen der Geschlechter. Hier setzt Anke Barzantny (2008) ihren Untersuchungsfokus an. Sie diskutiert die Erhöhung der Berufschancen von Frauen in der Wissenschaft im Zusammenhang von Machtbalancen zwischen „Etablierten und Außenseitern". Dafür greift sie die Erkenntnis der klassischen Studie von Norbert Elias und John L. Scotson (1965) auf, dass etablierte Gruppen sich als homogene Einheit gegen neue, bislang nicht dazugehörige Mitglieder abgrenzen und diese stigmatisieren und ausgrenzen. Dieser Mechanismus der Abschottung und Absicherung der eigenen, gruppenbezogenen Machtposition wirkt aus Sicht von Barzantny zwischen Männern und Frauen im Wissenschaftsfeld und erschwert es Frauen erheblich, sich dort zu etablieren.

Der Frage, ob ein formelles Mentoringprogramm eine Maßnahme sei, durch das solche verfestigten Machtbalancen zwischen Frauen und Männern zugunsten von bislang wenig in einem professionellen Feld vertretenen Frauen verändert werden können, geht sie am Beispiel einer klassischen *male profession*, der Medizin, nach (vgl. hierzu auch Wetterer 2002). Die Datenbasis ihrer Untersuchung bilden leitfadengestützte Interviews mit Expertinnen und Experten, die im Bereich der Medizin wissenschaftlich tätig waren.

Im Kontrast zu Kurmeyer hebt Barzantny die besondere Bedeutung von gleichgeschlechtlichen Vorbildern hervor und begründet dies aus ihrer machttheoretischen Perspektive strukturell mit der fehlenden kritischen Masse von Frauen in hohen wissenschaftlichen Positionen. Dies führt aus Sicht der Autorin zu einem doppelten Mangel. Zum einen fehle es an Vorbildern, die im Kontext von Barzantnys Perspektive auf die ungleichen Machtbalancen zwischen mehrheitlich etablierten Männern und tendenziell randständigen Frauen fraglos weiblich konnotiert sein müssen. Zum anderen fehle es an potenziellen gleichgeschlechtlichen Förderinnen – eine Feststellung, die an die Erkenntnis anknüpft, dass Förderung dem Ähnlichkeitsprinzip folgt und Männer tendenziell Männer fördern.

Diesen doppelten Mangel, auf der Identitätsebene sowie strukturell, interpretiert die Autorin als nicht zu unterschätzende Barriere für die Berufslaufbahn von Frauen. Zudem tritt aus ihrer Sicht eine Verstärkung des Problems der fehlenden Vorbildfunktion auch zwischen Frauen auf. Die jungen Wissenschaftlerinnen würden sich oft nicht mit den erfolgreichen Frauen identifizieren, weil sie deren Auftreten als „hart" und damit als „unweiblich" ablehnten. Dies würde auch im Zusammenhang von Mutterschaftszuschreibungen thematisiert, wenn Frauen keine eigenen Kinder hätten. Je weiter die erfolgreichen Frauen also von Weiblichkeitsstereotypien abweichen, desto ungeeigneter erscheinen sie als Vorbilder. Dies zeigt sich auch bei dem „Konzept von Wissenschaft als Lebensform", zu dem die Autorin schreibt: „Widmen sie sich ausschließlich der Wissenschaft, bringen sie sich in Gegensatz zu den gängigen (weiblichen) Geschlechterstereotypen, was als ‚nicht richtig' angesehen wird. Der Verzicht auf Kinder wird (bei Frauen) kritisiert. Verhalten sie sich allerdings den Stereotypien entsprechend, indem sie z.B. schwanger werden, wird ihnen wissenschaftliches Engagement nicht mehr zugetraut" (Barzantny 2008, 247).

Hier wird deutlich, dass die Identifikation mit einem (weiblichen) Gegenüber, das sich als Vorbild anbietet, recht störanfällig ist. Es handelt sich um eine widersprüchliche Dynamik, wobei Weiblichkeit sowohl in der einen als auch in der anderen Variante immer mit einem Malus verknüpft wird, dessen impliziter Bezugspunkt ein männlich konnotiertes Modell von Karriere ist. Die Autorin sieht diese Dynamik allerdings nur als eine Störung und nicht als Anknüpfungspunkt oder Impuls für Reflexionen. Wäre es nicht denkbar, die kritische Reflexion von wechselseitigen Zuschreibungen und geschlechtsbezogenen Stereotypen als einen Ausgangspunkt für Lernprozesse in Förderbeziehungen zu betrachten? Zudem lässt sich einwenden, dass das gruppenbezogene Machtkonzept von Elias und Scotson nicht unmittelbar auf die intersubjektiven Prozesse in einer Mentoringbeziehung übertragen werden kann. Dabei stellt sich auch die Frage nach möglichen Ungleichzeitigkeiten zwischen Ausgrenzungsmechanismen in Organisationen und Gruppen und intersubjektiven Öffnungen von Machtbalancen in den dyadischen Förderbeziehungen zwischen Mentee und Mentorin oder Mentor.

Damit verbunden ist auch die Frage nach den gleich- und gegengeschlechtlichen Vorbildern. Auch wenn Barzantny und Kurmeyer vor dem Hintergrund ihrer verschiedenen theoretischen Perspektiven und Ergebnisse zu gegensätzlichen Einschätzungen gelangen, treffen sich ihre Überlegungen an dem Punkt, dass beide von der Annahme ausgehen, Geschlechterdifferenz wirke im Identifikationsprozess.

Barzantny, deren Fragestellung auf die Überwindung von ungleichen Machtbeziehungen zielt, unterstreicht vor diesem Hintergrund, dass Frauen über deutlich weniger informelle Förderbeziehungen verfügen. Bezogen auf Mentoringkonzepte widmet sie sich kritisch der Frage, ob auf weibliche Mentorinnen fokussiert werden sollte oder Männer durch ihre starke Positionierung im Arbeitsfeld Wissenschaft besser geeignet wären. Gleichzeitig weist sie auf die Gefahr der Reproduktion von bestehenden Strukturen hin. Die Untersuchung eines Mentoringprogramms für weibliche Wissenschaftlerinnen (Mentees und Mentorinnen) hatte gezeigt, dass kein „Zugang zu den männlich dominierten und letztendlich karriererelevanten Netzwerken erfolgt" sei. Stattdessen wurden „weibliche Nebenstrukturen" aufgebaut (Barzantny 2008, 252). Vor diesem Hintergrund empfiehlt Barzantny männliche Mentoren, die als Gatekeeper Schlüsselpositionen innehaben und somit Zugänge schaffen können. Was sie nicht weiter diskutiert, ist das Dilemma, das mit dieser Strategie zugleich Strukturen reproduziert werden, die eigentlich aufgebrochen werden sollten. Abschließend wird jedoch das Mentoring auf Ebene der rein weiblichen Tandems als wenig erfolgreich bewertet. Den größten Gewinn hätten in dieser Konzeption das Begleitprogramm und die Netzwerke der Mentees gebracht.

Die Studie regt sehr zur Auseinandersetzung mit der grundsätzlichen Dilemma-Struktur von identitäts- und gruppenbezogenen Förderprogrammen an. Besonders spannend ist die unmittelbare Verknüpfung, die die Autorin zwischen Gleichgeschlechtlichkeit und gelungener Identifikation herstellt. Die damit verbundene Konzeption von Geschlecht als eine identitätsstiftende Differenzkategorie ist aber gerade im Kontext von intersubjektiv angelegten Programmen oder Trainings in Frage zu stellen (Bereswill 2008b & 2013). Zugleich vermischt Barzantny ihre sozialpsychologische Setzung mit der Analyse eines Strukturdilemmas – Männer sind mehrheitlich in besseren Ausgangspositionen, um Nachwuchs zu fördern, sie eignen sich im Rahmen von Barzantnys Identitätsmodell aber nicht als realistische Vorbilder. Hier zeigt sich der erkenntnisleitende Gewinn der geschlechtertheoretisch zugespitzen Untersuchung von „Etablierten und Außenseitern" im Feld Wissenschaft, dessen Integrations- und Aufstiegsmechanismen meritokratischen, an Elitebildung orientierten Förderlogiken folgen (Kreckel 2009).

Ähnlich ausgerichtet zeigt sich hier auch der Ausgangspunkt der Untersuchung von Eva Schliesselberger und Sabine Strasser (1998), die sich ebenfalls mit „unterrepräsentierten Gruppen im universitären Feld" beschäftigen. Auch hier wird kritisch nach der Reproduktion von Machtverhältnissen und somit nach den Grenzen von Mentoring gefragt. Die Autorinnen befassen sich vorrangig im Sinne der ursprünglichen Form des Mentoring mit informellen Förderbeziehungen und rufen das Bild von Pallas Athene in Erinnerung, die als Förderin und Unterstützerin von Telemachos, dem Sohn des Odysseus, auftritt. Die Studie ist biographisch angelegt und die Forscherinnen rekonstruieren die Narrationen von Professorinnen und Professoren, die in der westdeutschen Nachkriegszeit aufwuchsen. Deren Rückblick auf die eigenen Fördererfahrungen verdeutlicht, dass Männer mit einer Kindheit in der Nachkriegszeit häufig über frühe Fördererfahrungen, meist durch die eigene Familie und das Bildungsbürgertum, verfügen. Dies steht im starken Gegensatz zu den Frauen derselben Generation (vgl. Schliesselberger, Strasser 1998, 211). Interessant ist dabei, dass sich die Frauen dieser Generation vermehrt den gesellschaftlichen Diskurs der Frauenförderung zu Eigen gemacht und als persönliches Anliegen verfolgt haben. Dies prägt auch ihre Haltung als Förderinnen: „Für einige der Professorinnen sind ihre Förderungsaktivitäten stark von einem politischen Veränderungswillen geprägt" (Schliesselberger, Strasser 1998, 214). Die Professorinnen und Professoren vertreten dabei sehr unterschiedliche Vorstellungen, wer und wie gefördert werden soll. Inhalte variieren hierbei zwischen stark emotional geprägten und eher politischen oder sachlichen Themen und Ausrichtungen (vgl. ebd.). Die Studie enthält anregende Hinweise auf die Bedeutung der Generationenlage und des Generationenverhältnisses für das vertiefte Verständnis der Gestaltung von Förderbeziehungen. Inwieweit der Vergleich zwischen „Frauen" und „Männern" schon zu stark durch eine vorab unterstellte Wirkung von Geschlechterdifferenz eingeengt wird, wäre auch hier genauer zu diskutieren.

Während die bislang diskutierten Studien sich mit strukturellen, identitäts- und biographiespezifischen Aspekten von Förderbeziehungen auseinandersetzen, fokussiert die Untersuchung von Ines Schell-Kiehl (2007) Mentoring als Lernform und ist stärker auf das Verständnis von Mentoringprozessen ausgerichtet. Sie unterstreicht den auch im englischsprachigen Raum vertretenen Ansatz, Mentoring als Übertragung von Erfahrungswissen zu verstehen (Megginson u.a. 2006). Shell-Kiehl setzt sich anhand von Interviews mit Mentees, Mentorinnen und Mentoren mit der Bedeutung von (biographischen) Erfahrungen für Mentoringprozesse auseinander. Sie stellt fest, dass durch Aufschichtung von Erfahrungen entstandene Wissensbestände und daran geknüpfte Deutungen situativer Prozesse im Mentoring geteilt und in der Kooperation des Tandems nachbearbeitet werden. Jedoch ist nicht grundsätzlich davon auszugehen, dass bestehende, lebensgeschichtlich situierte Deutungsmuster in Lern-Settings in Frage gestellt und somit verändert werden. In der Interaktion zwischen Mentee und Mentorin oder Mentor öffnet sich so ein Raum, in dem Erfahrungs- und Wissensbestände bewusst reflektiert werden können, aber nicht müssen. Ines Schell-Kiehl bezeichnet dies als „'Lernen in der Lebensspanne', das bewusst mit den biographischen Wissensbeständen als Ressource für die Lebens- und Karrieregestaltung unter den Bedingungen gesellschaftlichen Wandels umgeht und den Erwerb neuer Erfahrungen fördert" (Schell-Kiehl 2007, 92). Dabei verdeutlicht sie, dass die Potenziale für solche Lernszenarien biographisch eingebettet sind und nicht durch Impulse des Mentoring allein in Bewegung gesetzt werden können. Lernen unterliegt hier vielmehr der biographischen Formung und intersubjektive Lernangebote müssen entsprechend passförmig gestaltet werden – durch die Lernenden selbst und mit Hilfe von Angeboten, die an biographische Ressourcen anzuknüpfen erlauben.

Die diskutierten Studien untersuchen Mentoring in größeren Zusammenhängen und greifen hierbei auf zentrale Erkenntnisse der Frauen- und Geschlechterforschung, auf Ansätze der Forschung zu Machtbeziehungen in sozialen Organisationen sowie auf das Wissen um die große Bedeutung von Stereotypien für das Handeln vom Menschen zurück. Zudem werden Lernen und Förderhaltung als biographisch situierte Phänomene kontextualisiert und die Grenzen zwischen formellen und psychosozialen Mentoringansätzen dadurch stark relativiert. Viele Programmevaluationen prüfen hingegen die Effekte und Effizienz eines Programms und setzen auf die Messbarkeit von dessen Wirkung. Was Tammy D. Allen für den internationalen Forschungsstand kritisiert, dass sich Studien entweder nur mit den Mentees oder nur mit den Mentorinnen und Mentoren beschäftigen (u.a. 2008), trifft auf die von uns vorgestellten Studien nicht zu. Die Bedeutung des Tandems wird allerdings vorrangig in Studien fokussiert, die einen Anspruch auf Theoriebildung erheben.

In Deutschland wie im internationalen Zusammenhang sind Studien im Längsschnitt, die eine Begleitung über einen längeren Zeitraum sicherstellen, eine Seltenheit (vgl. Barzantny 2008). Gerade für die Erforschung von Mentoringprozessen und deren längerfristigen Einfluss auf die Wege von Mentees zeigt sich hier eine deutliche Forschungslücke.

Dabei ist zu betonen, dass die Vorstellung von messbaren Effekten des Mentoring nicht weit trägt. Die konkreten Auswirkungen solcher Programme auf die Berufslaufbahnen von geförderten Frauen lassen sich nicht eindeutig belegen (vgl. Barzantny 2008). Untersucht werden vielmehr Prozesse, deren Wirkungen von den Mentees nicht immer explizit benannt werden können. Das zeigen die diskutierten Studien ebenso wie die hier vorliegende qualitative Längsschnittstudie. Die Wirkungen einer Erfahrung mit Mentoring entfalten sich im Kontext des individuellen Erlebens und der biographischen Erfahrungen der einzelnen Akteurinnen. Untersucht werden also weniger dingfeste oder gar messbare Veränderungen als vielmehr kontextspezifische Prozesse, die mit Hilfe der Verfahren einer rekonstruktiven Sozialforschung analysiert werden können.

Trotz der eher vagen Einschätzungen steigt der Stellenwert von Mentoring, unterstützt durch einen Fachdiskurs, der generell auf Förderung im Wechselspiel mit Selbstoptimierung setzt. An vielen Universitäten werden Mentoringkonzepte bereits als feste Bestandteile universitärer Angebotsstrukturen eingeführt. Zugleich wird Mentoring – neben dem Wissenschaftsbetrieb – in unternehmerischen Zusammenhängen und im Rahmen individueller Karriereförderung eingesetzt. Aus diesem Grund wird die Funktion Karriereförderung häufig als allgemeines Definitionskriterium unterstellt. So können Tandemverbindungen, die in ihrer Ausrichtung andere Wege gehen und beispielsweise die Persönlichkeitsentwicklung stärker in den Vordergrund rücken, nicht angemessen erfasst werden. Diese Überlegungen verdeutlichen, dass enge Definitionen von Mentoring in einen deutlichen Widerspruch zur aktuellen Mentoringpraxis geraten. Es bedarf der weiteren Diskussion, wie Mentoring angemessen erfasst und beurteilt werden kann.

Eine Alternative zum funktionalistischen Verständnis bietet die stärker inhaltlich und prozessorientierte Betrachtung der komplexen Dynamiken von Mentoringansätzen. So beschrieben Megginson und Clutterbuck bereits vor fast 20 Jahren (1995) Mentoring als einen Prozess der Übertragung von Wissen, Denk- und Arbeitsweisen. Damit wird der im Mentoring bewerkstelligte Transfer von Erfahrungswissen in den Vordergrund gerückt. Diese Beschreibung von Mentoring wird in der einschlägigen Literatur häufig herangezogen und passt sehr gut zum Anliegen des im Folgenden untersuchten Programms. Das Mentoringprogramm, das der Hildegardis-Verein konzipiert hat, stellt die Erfahrungen der Teilnehmenden in den Mittelpunkt und befördert den Austausch über diese sowohl in den Tandems als auch in der Gruppe.

2.3 Das untersuchte Mentoringprogramm

Der katholische Hildegardis-Verein hat seinen Sitz in Bonn und ist mit seiner Gründung im Jahre 1907 der älteste christliche Verein in Deutschland, der sich auf die Bildungsförderung von Frauen spezialisiert hat. Im Anschluss an eine im Jahr 2007 in Auftrag gegebene „Machbarkeitsstudie zum Studienförderbedarf von Studentinnen mit Behinderung" (Ahmann 2008) beschloss der Verein, ein Mentoringprogramm für diese Zielgruppe ins Leben zu rufen. Das Programm stand unter der Schirmherrschaft von Eva Luise Köhler und wurde mit Unterstützung der Conterganstiftung für behinderte Menschen finanziert.

Zielgruppe des frei ausgeschriebenen Angebots waren zunächst Studentinnen, die mit einer Behinderung leben sowie Mentorinnen, die durch ihre Erfahrungen mit Behinderungen über ein spezielles Wissen zur Bewältigung behinderungsspezifischer Herausforderungen in einer akademischen Laufbahn verfügen.

So entstand 2008 das erste bundesweite „Mentoring-Programm für Studentinnen mit Behinderung" mit der Ausgangsidee, sowohl Studentinnen und Mentorinnen mit einer Behinderung, als auch Frauen ohne eine Behinderung die Möglichkeit der Teilnahme zu geben. In der Realisierungsphase setzte sich die Gruppe auf Seiten der Mentorinnen und Mentoren, im Gegensatz zu der Menteegruppe, aus Frauen und Männern zusammen. Auch hatten nicht alle Mentorinnen und Mentoren unmittelbare Erfahrungen mit einer Behinderung.

Die tiefgreifende Wirkung von gesellschaftlichen Differenzmarkierungen und damit verbundenen Mechanismen des Ein- und Ausschlusses (Wansing 2007) sind im je individuellen Lebensentwurf der einzelnen Studentinnen oder der Mentorinnen und Mentoren sehr unterschiedlich spürbar oder sichtbar. Das Mentoringprogramm bietet den Teilnehmenden eine Möglichkeit, sich der eigenen lebensgeschichtlichen Erfahrungen und der eigenen Ressourcen im Umgang mit Exklusionsrisiken zu vergewissern und die Auseinandersetzung mit anderen Menschen zu suchen, die vergleichbare Erfahrungen mitbringen. Hervorzuheben ist, dass die Möglichkeit, einen Lernprozess zu durchlaufen, nicht nur für die Mentees, sondern auch für die Mentorinnen und Mentoren vorausgesetzt wird und alle auf ihre je individuelle Art und Weise von der Teilnahme profitieren sollen.

Die überregionale wie auch fächer- und hochschulübergreifende Anlage des Programms bietet im Bereich des Matching von Mentee und Mentorin oder Mentor die größtmögliche Auswahl. Diese Möglichkeit wird durch eine in den Zielvorgaben sehr offene Konzeption gestärkt. Konkret beinhaltet das Konzept des Mentoring große Spielräume für die Teilnehmenden, die ihnen eine sehr individuelle Gestaltung des Prozesses im Tandem erlaubt. Eine Besonderheit des Programms besteht darin, dass jede Mentee im Vorfeld explizit Wünsche zum möglichen Profil ihrer Mentorin oder ihres Mentors äußern konnte: Ist ein vergleichbares Studienfach besonders wichtig? Wird eine ähnliche Erfahrung im Hinblick auf eine Behinderung für bedeutsam gehalten? Soll es ausdrücklich eine Mentorin oder ein Mentor sein? Kann jemand für den Eintritt in das Berufsleben als Akademikerin Türen öffnen?

Die Aufforderung, individuelle Wünsche zu äußern, korrespondiert konzeptionell mit der offenen Programmausrichtung, die es allen Beteiligten auch im späteren Prozess erlaubt, das Mentoring individuell zu gestalten und im Tandem gemeinsame Schwerpunkte zu setzen, die nicht von den Organisatorinnen vorgegeben werden. Als Unterstützung erhalten alle Teilnehmenden vor Beginn des Prozesses ein „Logbuch", das viele praxisbezogene Vorschläge für die Tandems und eine Rahmenvereinbarung zur Gestaltung der Tandembeziehung enthält. Diese Vereinbarung wird in den Tandems gemeinsam unterzeichnet.

Die Mentorinnen und Mentoren haben in diesem Programm, wie auch die Mentees, einen Teilnehmerinnen- und Teilnehmerstatus. Sie nehmen an gemeinsamen Gruppentreffen und Seminaren mit der gesamten Gruppe teil. Die Treffen werden von Seiten der Organisatorinnen vorbereitet und begleitet. Diese werden unterstützt durch eine externe Supervisorin und auswärtige Fachleute.

Die Zulassung zur Teilnahme erfolgt über ein Auswahlverfahren nach schriftlicher Bewerbung, wobei Mentorinnen und Mentoren auch häufig direkt über Vereinskontakte oder entsprechend eines Wunschprofils der Mentees angesprochen und für die Mitwirkung gewonnen werden konnten. Neben der Tandemverbindung wird allen, die am Programm teilnehmen, das skizzierte Rahmenprogramm sowie unterstützender und beratender Kontakt zum Verein angeboten.

Die Bildung der Tandems gestaltete sich unterschiedlich. Viele Teilnehmerinnen und Teilnehmer wurden im Vorfeld über das geplante Matching mit einer anderen Person informiert, bei einigen erfolgte dies erst beim Auftakttreffen der gesamten Gruppe. Manchen war es nicht möglich, an diesem Treffen teilzunehmen und sie trafen ihre Mentee, Mentorin oder Mentor bei einem individuell vereinbarten Termin.

Über das Jahr verteilt bilden drei mehrtägige Veranstaltungen das Begleitprogramm des Mentoring. Diese Treffen beinhalten mehrere Aspekte. Neben der Vernetzung und Auseinandersetzung innerhalb der Gruppen gibt es auch eine Öffnung nach außen. So waren Gäste wie zum Beispiel potenzielle Arbeitgeberinnen und Arbeitgeber für Podiumsdiskussionen und Workshops eingeladen. Fester Bestandteil war außerdem ein kurzer Vortrag zu den Zwischenergebnissen der wissenschaftlichen Begleitstudie beim jeweils letzten Treffen der drei Gruppen, die das Programm durchliefen. Zu diesem Zeitpunkt konnten auch die Gruppendiskussionen erhoben werden, die die Interviews ergänzen.

Beginnend mit dem Auftaktseminar im Dezember 2008 hatten somit drei Mentoringgruppen in Folge für jeweils ein Jahr die Möglichkeit, den wechselseitigen Austausch in einem Tandem zu gestalten. Jedes der 20 Tandems in einem Jahrgang wurde von einer Studentin (Mentee) und einer Akademikerin oder einem Akademiker mit einem Erfahrungsvorsprung aus dem Berufsleben (Mentorin oder Mentor) gebildet. In den ersten beiden

Jahrgängen wurden ausschließlich Mentees mit Behinderung oder chronischer Erkrankung aufgenommen. Im dritten Durchgang wurde das Programm, einem stärker integrativen Ansatz des wechselseitigen Lernens folgend, gezielt für Studentinnen ohne Behinderung geöffnet. In der letzten Gruppe haben drei Mentees ohne Behinderung teilgenommen. Viele der Mentorinnen und Mentoren aus allen drei Gruppen leben selbst mit Behinderungen oder chronischen Erkrankungen oder verfügen über Erfahrungen im Umgang damit.

Da jede Mentee durch ihre Wünsche beeinflussen konnte, über welche Erfahrungen ihre Tandempartnerin oder ihr Tandempartner nach Möglichkeit verfügen sollte, variieren die fachlichen und persönlichen Erfahrungshorizonte der Mentorinnen und Mentoren ebenso wie die gleich- oder die gemischtgeschlechtliche Besetzung der Tandems über alle drei Gruppen hinweg. Wie bereits hervorgehoben wurde, zeichnet sich das Mentoringprogramm des Hildegardis-Vereins durch einen hohen Grad an Individualität und Gestaltungsspielraum für die Teilnehmerinnen und Teilnehmer aus: Denken wir an die Wunschliste der Mentees, können diese einen Schwerpunkt bei der gezielten Karriereförderung setzen, sie können aber auch andere Lern- und Unterstützungswünsche in den Vordergrund rücken.

Die Auseinandersetzung mit der Erfahrung, sich mit einer Behinderung im Studium, als Promovierende oder im Übergang in den Beruf zu behaupten, muss nicht unbedingt im Kontext von konkreten professionsbezogenen Fragestellungen erfolgen. Es ist vielmehr denkbar, dass biographische Erfahrungen einen thematischen Kern in den Tandems, aber auch in der Großgruppe bilden. Wird diese Konstellation im Hinblick auf die Bedeutung von Ungleichheitsrelationen wie Geschlecht und Behinderung für den Lernprozess betrachtet, zeigt sich eine hoch komplexe Dynamik, in der verschiedene Dimensionen der Differenz und Ungleichheit ihre Wirkung entfalten. Zu nennen sind Geschlechterdifferenz und Geschlechterhierarchien, Behinderung/Nicht-Behinderung, Krankheit/Gesundheit, Normalität/Abweichung, Körper, Sexualität, Bildung und Generation. Schon an dieser Stelle wird deutlich, dass das Programm zwar als Frauenförderprogramm angelegt ist, dies aber nicht mit einer einheitlichen Konstruktion von „Fraueninteressen" einhergeht.

Indem das Programm sich ausdrücklich an Studentinnen richtet, die mit einer Behinderung leben, zielt seine Förderwirkung auf zwei miteinander verflochtene Aspekte der sozialen Klassifikation: Behinderung und Geschlecht. Gesellschaftliche Zuschreibungen von Geschlechterdifferenz korrespondieren dabei - keinesfalls immer explizit – mit Zuschreibungen von Behinderung, wobei ein zentrales Muster das „der naturalisierenden Interpretationen von körperlicher Differenz" (Raab 2011, 93) im Kontext von binären Klassifikationen wie weiblich/männlich, gesund/krank, behindert/nicht-behindert darstellt. Solche Klassifikationen korrespondieren immer mit gesellschaftlichen Konstruktionen von Normalität (Waldschmidt 2007).

Dabei genügt es nicht, eine additive Perspektive einzunehmen, die davon ausgeht, dass Frauen, die mit einer Behinderung leben, mit einer mehrfachen Diskriminierung konfrontiert sind (vgl. die kritischen Betrachtungen bei Raab 2007). Die Verknüpfungen von Behinderung und Geschlecht sind vielmehr als gegenseitige Überkreuzungen, Überlagerungen und Verflechtungen zu untersuchen (vgl. die aktuellen Debatten, die dazu unter dem Titel Intersektionalität geführt werden in Lutz u.a. 2010, Klinger/Knapp 2008, Klinger u.a. 2007, Raab 2007). In der hier vorgestellten Untersuchung wird vor diesem Hintergrund eine Perspektive eingenommen, die davon ausgeht, dass Geschlecht und Behinderung relationale Kategorien sind, deren Wirkung und Bedeutung sich im Kontext des spezifischen Untersuchungsfelds erschließt. Anders gesagt, setzen wir voraus, dass beide Dimensionen eine strukturierende Wirkung für die Handlungsorientierungen und Deutungsmuster der Teilnehmenden des Mentoring entfalten; ob und wie sich diese Wirkung in den Interviewerzählungen zeigt, ist allerdings eine empirisch offene Frage. Die hier skizzierten theoretischen Fragestellungen lenken also nicht den forschenden Blick mit Hilfe von geschlossenen Begriffen, sie haben vielmehr den Stellenwert von offen gehaltenen „sensibilisierenden Konzepten" (Blumer 1954).

Für die empirische Untersuchung von Mentoringansätzen ist es entscheidend, zwischen den kontroversen Fachdiskursen in diesem Feld, dem konzeptionellen Anliegen eines speziellen Programms, dessen konkreter Umsetzung und den Perspektiven der teilnehmenden Akteurinnen und Akteure zu differenzieren. Vor diesem Hintergrund rekonstruieren wir mit Hilfe des im folgenden Abschnitt beschriebenen Untersuchungskonzepts die Bedeutung, die Mentoring aus Sicht der am Programm teilnehmenden Menschen gewinnt. Dieser Ansatz trifft auf eine Forschungslücke: Mentoringprozesse und die Interaktionsdynamiken in Unterstützungsbeziehungen wurden bislang kaum untersucht. In Deutschland publizierte Studien befassen sich vor allem mit den Effekten und der Effizienz von Mentoring, also mit einem konkreten, messbaren Output. Wie bereits im vorherigen Abschnitt herausgearbeitet wurde, fehlen Längsschnittuntersuchungen und es ist bislang wenig bekannt, wie Mentoring individuell umgesetzt und gestaltet wird. Die vorliegende Studie soll gezielt zu einem tieferen Verständnis der Komplexität von Unterstützungsprozessen im Zusammenhang von Gleichstellungsmaßnahmen beitragen. Im Folgenden wird die Konzeption der qualitativen Längsschnittuntersuchung MentEva beschrieben.

3 Das Untersuchungskonzept

Bei der von März 2009 bis März 2013 laufenden Studie MentEva handelt es sich um eine qualitative Programmevaluation im Längsschnitt. Im Mittelpunkt des Untersuchungsinteresses stehen das Erleben und die Deutungsmuster der Teilnehmerinnen und Teilnehmer des im vorherigen Abschnitt beschriebenen Mentoringprogramms während und nach ihrer Teilnahme. Die Studie begleitet das Mentoringprogramm über die gesamte Laufzeit. So werden die Sichtweisen jeder der drei Gruppen, die für ein Jahr zusammen arbeiteten, erfasst und können im Auswertungsprozess miteinander verglichen werden (Gruppe A, Gruppe B, Gruppe C).

Diese methodische Anlage bringt einen komplexen Erhebungs- und Auswertungsplan sowie die Arbeit mit einer umfangreichen Datenmenge mit sich. Dabei folgt diese wissenschaftliche Begleitforschung einem verstehenden, interpretativen Ansatz (vgl. den Überblick bei Przyborski, Wohlrab-Sahr 2008). Im Mittelpunkt steht das Interesse an den Deutungs- und Handlungsmustern der Teilnehmenden, die über die Kombination verschiedener Erhebungsmethoden herausgearbeitet wurden. Den Kern der Forschung bilden Längsschnittinterviews mit den Mentees, Mentorinnen und Mentoren des Programms.

Methodisch wurde zunächst ein erstes, themenzentriertes Leitfadeninterview (t_1) geführt, nachdem eine Person etwa vier bis sechs Monate am Programm teilgenommen hatte (zur Methode vgl. Hopf 1978; Witzel 1982; Bereswill, Ehlert 1996; Bereswill 1999). Das zweite Interview im Längsschnitt (t_2) fand etwa zwei Monate nach Abschluss des Programms statt. Diese Staffelung der Interviewzeitpunkte macht es möglich, den Prozess, welchen die Beteiligten thematisieren, zu rekonstruieren und mögliche Veränderungen, die mit dem Mentoring im Zusammenhang stehen können, abzubilden.

Im Erhebungsprozess werden hierfür Ansätze der interpretativen Sozialforschung genutzt, die es erlauben, die thematischen Relevanzen und Sinnzusammenhänge der Untersuchungsteilnehmerinnen und -teilnehmer zur Sprache zu bringen. Dabei gehen wir mit einem weit gefassten Expertenbegriff davon aus, dass die Menschen, die in den Interviews über ihre Erfahrungen mit dem Programm erzählen, uns als Expertinnen und Experten entgegen treten und deren spezifische Erfahrungen und Wissensbestände in den Interviews – implizit wie explizit – zur Sprache kommen (zur Methode des Experteninterviews vgl. Meuser, Nagel 2005; Bogner u.a. 2009; die Leitfäden finden sich im Anhang des Buchs).

Die Interviews wurden mit allen Teilnehmerinnen und Teilnehmern geführt, die sich auf ein von uns mit Unterstützung des Vereins versandtes Anfrageschreiben meldeten. Dabei antworteten nicht immer beide Personen, die zu einem Tandem gehörten oder sie nahmen zunächst beide teil, im Längsschnitt reagierte aber nur noch eine von beiden. Es handelt sich durchgängig um Einzelinterviews, die zumeist im privaten Umfeld der Interviewten stattfanden und nach der gemeinsamen Unterzeichnung einer Datenschutzerklärung auf einem Tonträger aufgezeichnet wurden. Die im Ergebnisteil dieses Buchs genannten Namen sind entsprechend anonymisiert.

Die Leitfäden für Gruppe A unterscheiden sich in ihrer Strukturierung von denen für die nächsten beiden Gruppen. Um das Programm aus der Teilnehmerinnen- und Teilnehmerperspektive verstehen zu können, wurde zu Beginn der Studie bewusst darauf verzichtet, Hintergrundinformationen über das Programmkonzept einzuholen. Durch diese künstlich-naive Perspektive konnte die konzeptionelle Anlage des Programms und deren mögliche Transparenz für die Teilnehmenden aus deren Sicht nachvollzogen werden. Hierzu war es von Bedeutung, detaillierte Fragen zu stellen. Im späteren Verlauf wurden offenere Impulse gesetzt, sodass die Interviewten noch stärker entscheiden konnten, wo und wie sie ihre Erzählungen beginnen und an welchen Stellen sie ausführlicher auf einzelne Aspekte eingehen.

Die Untersuchungsperspektive des Längsschnitts erlaubt es, Prozesse über einen längeren Zeitraum hinweg zu rekonstruieren: Wie wird beispielsweise über die Beziehungserfahrung in einem Tandem oder über den subjektiven Zugewinn während sowie nach Ablauf des Programms erzählt? Die erhobenen Einzelinterviews wurden fallvergleichend ausgewertet, wobei für die Evaluation des Programms nicht der Einzelfall in den Vordergrund rückt, sondern die Gemeinsamkeiten und Unterschiede in den Deutungen und Einschätzungen der Mentoringerfahrung. Eine Erhebung von Interviews in allen drei Gruppen erlaubt zudem einen komplexen Vergleich der

Gruppen: Im Intra-Gruppenvergleich wurde untersucht, wie das Mentoringangebot innerhalb einer Jahresgruppe aufgenommen und eingeschätzt wird, der Inter-Gruppenvergleich erlaubt Aussagen über alle drei Gruppen und die gesamte Laufzeit des Programms hinweg. Hinzu kommt, dass das Programm über mehrere Jahre untersuchend begleitet wurde, sodass auch die konzeptionellen Diskurse der Organisatorinnen und die konkreten Veränderungen im Ablauf und der Konzeption im Blick behalten werden konnten.

Im Auswertungsprozess wurden unterschiedliche Interpretationsverfahren eingesetzt, um die erfahrungshaltigen Deutungsmuster der Erzählungen zu rekonstruieren (Strauss 1994; Oevermann 1983; Wernet 2000; Meuser, Nagel 2005). Einerseits wurden die wortwörtlichen Transkripte der Interviews entlang eines Kodierleitfadens und mit Hilfe eines computergestützten Programms (MaxQDa) ausgewertet. Andererseits wurden besonders aussagekräftige Passagen im Forschungsteam und in Interpretationsgruppen mit der Unterstützung von Forschungspraktikantinnen einer ausführlichen Interpretation mit Hilfe sequenzanalytischer Verfahren unterzogen. Zudem wurde ein themenzentrierter Vergleich zu ausgewählten Fragestellungen unternommen und alle Längsschnittfälle, die vollständig im Tandem vorliegen, untersucht. Im Mittelpunkt der themenzentrierten Auswertung der Interviews stehen die folgenden Fragen: Welche Bedeutung erfahren Geschlecht und Behinderung aus der Perspektive der Interviewten? Welche Fördererfahrungen kommen zur Sprache und wie werden diese eingeschätzt? Zeigen sich Unterschiede und Gemeinsamkeiten zwischen den Sichtweisen der Mentees und denen der Mentorinnen und Mentoren? Gibt es markante Unterschiede im Vergleich der Gruppen?

Die fallzentrierte Auswertung der Tandems fokussiert den Prozess des Mentoring aus Perspektive der Zusammenarbeit von Mentee und Mentorin oder Mentor. Wie schätzen beide ihre Beziehung und ihre jeweilige Rolle unabhängig voneinander ein? Zeigen sich hierbei bemerkenswerte Übereinstimmungen und Unterschiede? Welche Themen und Fragestellungen werden im Tandem verfolgt?

Neben den Interviews wurden insgesamt fünf Gruppendiskussionen zu unterschiedlichen Themen durchgeführt (zur Methode vgl. den Überblick bei Przyborski, Wohlrab-Sahr 2008; Bohnsack 1997; Meuser, Nagel 2005). In

26

den ersten beiden Gruppen (A und B) kamen jeweils zwei Diskussionen zustande, in der darauf folgenden Gruppe (C) fanden sich Teilnehmende für eine Gruppendiskussion (eine Übersicht über die Impulse findet sich im Anhang). In diesen Runden konnten die Mitglieder sich in einem gemeinsamen, selbstläufigen Diskurs über ihre Erfahrungen und Einschätzungen des Programms austauschen. Die Erfahrungshorizonte und die Expertise der Sprechenden treten in diesem Setting besonders deutlich zu Tage. Hierbei wird weniger ausschließlich über das Mentoringprogramm diskutiert als vielmehr über den gesellschaftlichen und den persönlichen Umgang mit Erfahrungen der Diskriminierung und der Überwindung von Barrieren im privaten wie im akademischen Bereich. Die Diskussionen wurden ebenfalls wortwörtlich transkribiert und einer themenzentrierten, vergleichenden Auswertung unterzogen.

Kombiniert wurden also Einzelfall- und gruppenbezogene qualitative Daten mit dem Ziel, einen möglichst umfassenden Einblick in die Tiefenstrukturen von Mentoringprozessen aus der Perspektive ihrer Adressatinnen und Adressaten zu gewinnen. So kann der individuelle Nutzen dieses Mentoringprogramms abgebildet werden. Wie weiter oben beschrieben, fokussieren Evaluationsstudien zu Mentoring häufig auf den Erfolg und die Wirkung eines Programms, indem sie dessen Output zu analysieren suchen, statt das Spektrum der Wirkungsweisen im Kontext eines längeren Prozesses zu untersuchen. Hier leistet die vorliegende Studie langfristig einen wichtigen Beitrag zu grundlagentheoretischen Fragen: Welche Bedeutung gewinnt die dyadische Struktur der Tandems für die Entwicklungsprozesse der interagierenden Subjekte? Welche Bedeutung und welchen Bedeutungswandel erfährt die Dimension Behinderung, auch im Hinblick auf die bereits erwähnten Verflechtungen mit der Bedeutung von Geschlecht und Geschlechterdifferenz?

Der soziale Kontext des Mentoringprogramms weist darüber hinaus spezifische Struktureigentümlichkeiten auf: Bei der Zielgruppe dieses Mentoring handelt es sich um Akademikerinnen und Akademiker auf ihrem individuellen Bildungsweg, deren Erfahrungen mit Behinderungen und chronischen Erkrankungen diesen Weg maßgeblich strukturieren. Diese Dynamik ist verflochten mit der strukturierenden Wirkung, die Geschlecht gesellschaftlich entfaltet (Bereswill 2008a; Becker-Schmidt 2013), und die auch im gegenwärtigen Bildungs- und Wissenschaftssystem kanalisierende Wirkung für die Karrieren von Frauen und Männern hat. Wir sprechen demnach von einer Gruppe von Expertinnen und Experten, die über ein komplexes Erfahrungs- und Fachwissen im Zusammenhang der Inklusions- und Exklusionsmechanismen von akademischen Laufbahnen verfügen. Die Reflexion des Mentoringprozesses erlaubt zugleich das tiefere Verständnis dieser erfahrungsgeprägten und keinesfalls immer expliziten Wissensgehalte.

Die Zusammensetzung der Untersuchungsgruppe wird im vorliegenden Text aus Gründen des Datenschutzes nicht detailliert vorgestellt. Alle im folgenden Auswertungsteil genannten Namen sind Anonymisierungen und mit personenbezogenen Details wird so sparsam wie möglich umgegangen. Menschen, die das Programm und seine Teilnehmenden sehr gut kennen, verfügen sicher über genügend Kontextwissen, um an der einen oder andere Stelle zu denken, „ich weiß, wer hier spricht". Dies ist einerseits weniger wahrscheinlich als zunächst zu vermuten, denn wir haben mit mehr als sechzig Personen aus drei verschiedenen Gruppen Interviews geführt. Zum anderen tritt die konkrete Person in unserer Untersuchung in den Hintergrund und in den Vordergrund treten besonders typische und besonders bemerkenswerte Struktureigentümlichkeiten, die das untersuchte Programm aus Sicht der Akteurinnen und Akteure, die es zum Leben erweckt haben, charakterisieren.

4 Mentoring als Prozess – die Ergebnisse der Studie

In diesem Kapitel werden die Ergebnisse der Studie verdichtet und der Prozess des Mentoring aus verschiedenen Blickwinkeln analysiert. Im Mittelpunkt der Darstellung unserer Auswertung stehen Fragen nach den zentralen Ansatzpunkten des untersuchten Programms: Welche Bedeutung wird der Fördererfahrung im Tandem zugeschrieben? Welche Unterschiede und Gemeinsamkeiten zeigen sich zwischen Mentees und Mentorinnen oder Mentoren? Wie werden strukturelle Hürden der akademischen Laufbahn für Frauen mit Behinderung und die subjektive Auseinandersetzung damit während des Mentoring thematisiert?

Wir wenden uns im ersten Abschnitt den Tandems zu und stellen insgesamt sieben Fallstudien vor (4.1). Jedes dieser Porträts differenziert zwischen der Sicht der Mentee und der Mentorin oder des Mentors auf den Prozess der Zusammenarbeit. Die ausgewählten Beispiele bilden ein breites Spektrum ab, was die aktive Gestaltung der Arbeitsbeziehung im Tandem betrifft. Anschließend wechseln wir die Perspektive und vergleichen die Bedeutung, die den Förderbeziehungen aus Sicht der Teilnehmenden, über alle Gruppen und Interviews hinweg, zugeschrieben wird (4.2). Auch hierbei wird zwischen der Sicht der Mentees einerseits und derjenigen der Mentorinnen oder Mentoren andererseits unterschieden. Der gleichen Darstellungslogik folgend wenden wir uns im nächsten Abschnitt der Bedeutung von Behinderung und Geschlecht zu (4.3). Eine kurze Zusammenfassung der zentralen Themen, die in den Gruppendiskussionen besprochen wurden, rundet die Darstellung der Ergebnisse der qualitativen Studie ab (4.4).

Es wird jeweils gekennzeichnet, ob eine wortwörtlich zitierte Interviewsequenz oder eine Aussage, auf die wir Bezug nehmen, aus dem ersten (t_1 = I) oder dem zweiten (t_2 = II) Interview mit der jeweiligen Person stammt. Viele Aussagen aus den Interviews haben wir paraphrasiert, also in unserer eigenen Sprache zusammengefasst. Zudem zitieren wir ausführlich aus den wortwörtlichen Abschriften der Interviews und verlassen dabei die gewohnte Schreibweise. Das bedeutet, dass weitgehend auf Interpunktion verzichtet wird, unvollständige Sätze, die in unserem alltäglichen Sprechen zur Routine zählen, nicht vervollständigt werden und die Rede der Personen soweit ihrem eigenen Rhythmus überlassen wird, wie es die Lesbarkeit erlaubt. Dies kann die eigenen Lesegewohnheiten irritieren. Die gesprochene Sprache bietet jedoch einen besseren Zugang zu den Erfahrungen und Selbstdeutungen von Menschen und sie dokumentiert zugleich die an Alltagsnähe orientierten Arbeitsweisen der qualitativen Sozialforschung.

4.1 Die Tandems

Folgend werden insgesamt sieben Tandems aus den drei verschiedenen Gruppen untersucht. Alle Tandems, die in diesem Abschnitt vorgestellt werden, sind unter der Fragestellung analysiert worden, wie die Beziehung zwischen Mentee und Mentorin oder Mentor aus der jeweiligen Perspektive gedeutet und eingeschätzt wird. Welche gegenseitigen Erwartungen formulieren die Interviewten unabhängig voneinander? Verändern diese Erwartungen sich im Lauf der Zusammenarbeit? Wie werden die eigene und die Rolle der anderen Person beschrieben und bewertet? Gibt es zentrale Themen und Anliegen und wie werden diese ausgehandelt? Zeigen sich große Übereinstimmungen oder Unterschiede zwischen den getrennt erhobenen Interviews eines Tandems?

Die Auswahl der hier präsentierten Tandems erfolgte einerseits mit dem Ziel, die verschiedenen in der Gruppe möglichen Beziehungskonstellationen herauszuarbeiten. Zum anderen lag das Augenmerk auf der Abbildung von Kontrasten: zwischen verschiedenen Wegen und Modalitäten der Beziehungsgestaltung und zwischen unterschiedlichen inhaltlichen Schwerpunktsetzungen.

Die Analysen zeigen exemplarisch, wie unterschiedlich die Zusammenarbeit zwischen den Mentees und den Mentorinnen und Mentoren über alle Gruppen hinweg gestaltet werden konnte. Aufgrund der ausführlichen Interviews gelingt ein differenzierter Einblick in die gemeinsamen Arbeits- und Lernprozesse der Tandems und in die damit verbundenen Aushandlungsprozesse. Insbesondere, wenn mit einer Person zu allen vorgesehenen Erhebungszeitpunkten ein Interview geführt werden konnte, wird der Prozess nachvollziehbar, den alle im Programm durchlaufen haben und es zeigen sich Veränderungen und Kontinuitäten.

Da es nicht immer ermöglicht werden konnte, Längsschnittinterviews zu führen, nehmen die folgenden Analysen auf eine unterschiedliche Anzahl von Interviews für jedes einzelne Tandem und für jede einzelne Person Bezug. Mal liegen uns alle Interviews mit beiden Personen vor, mal nur ein Interview mit der Mentee, aber zwei mit der Mentorin oder umgekehrt, mal können wir nur auf den ersten Erhebungszeitraum Bezug nehmen. Diese unterschiedliche Ausgangsbasis führt auch dazu, dass der Umfang der einzelnen Porträts variiert.

4.1.1 *„Ich wollte jemanden haben, der mich an die Hand nimmt"* – Jennifer Kuhn und Evelyne Freund

In der Tandembeziehung zwischen Jennifer Kuhn und Evelyne Freund bildet der Austausch über berufliche Perspektiven und Erfahrungen einen Schwerpunkt. Nach dem Kennenlernen nennt die Mentee Jennifer Kuhn nicht nur die fachliche Ausrichtung, sondern auch die gleiche Erkrankung ihrer Mentorin als wesentliche Anknüpfungspunkte, um den Einstieg in das Berufsleben zu meistern. Während die Mentorin Evelyne Freund einer beratenden Perspektive folgt, mit der sie ihre Mentee anregen und motivieren möchte, bestimmte Aufgaben selbst zu bewältigen, stellt sich im Interview über den gemeinsamen Prozess heraus, dass sich Jennifer Kuhn eine viel engmaschigere und aktivere Betreuung erhofft. Damit ist auch der Wunsch verbunden, mehr über das Privatleben der Mentorin zu erfahren. Es zeigt sich ein differentes Verständnis der fachlichen und persönlichen Gestaltung der Mentoringbeziehung. Das Bedürfnis der Mentee, intensiver begleitet zu werden, „an die Hand" genommen zu werden, steht der beratenden und an beruflichen Themen orientierten Haltung der Mentorin gegenüber. In den Interviews wird deutlich, dass die Mentee ganz konkrete Erwartungen hat, die im Tandem jedoch nicht thematisiert werden.

Die Sicht der Mentee

Frau Kuhn hat zweimal mit uns gesprochen, einmal zu Beginn des Mentoringprogramms und einmal im Längsschnitt nach Abschluss des Programms. Als Teilnahmegrund nennt sie ihre Bedenken, aufgrund ihrer chronischen Erkrankung auf Hürden im akademischen Umfeld zu treffen.

Im ersten Interview schildert Jennifer Kuhn, dass sie nicht „ziellos" in etwas „reinstolpern" wollte und spricht damit den Übergang vom Studium in den Beruf an. Sie wollte durch das Mentoring im Umgang mit ihrer Krankheit „koordinierter und vorbereiteter" (I) sein. Diese Wünsche verdeutlichen, dass die Mentee das Jahr dafür nutzen möchte, berufliche Ziele zu konkretisieren und sich stärker zu strukturieren. Sie äußert die Hoffnung, über die Erfahrungen anderer Teilnehmerinnen und Teilnehmer des Programms mehr Klarheit über eigene berufliche Perspektiven zu erhalten und im Tandem eine Person zu finden, die sie in ihrem beruflichen Werdegang begleitet. Als weitere Hoffnungen nennt sie, dass sie im Mentoring „Einschätzungen" (I) ihrer Mentorin erfährt, die sie möglicherweise vor bestimmten Fehlentscheidungen bewahren könnten. Es wird deutlich, dass Frau Kuhn die Tandembeziehung und die damit verbundene Förderung vor allem im beruflichen Feld verortet. Die Tandembeziehung schildert sie zum Zeitpunkt des ersten Interviews nicht als abgeschlossenen Prozess, der nach einem Jahr als beendet gilt, sondern als Beziehung aus der eine gewisse Beständigkeit resultiert. Der Wunsch, dass nach dem Jahr weiter Kontakt besteht, könnte mit der Hoffnung verbunden sein, von dem Erfahrungsvorsprung und den Ratschlägen der Mentorin über die offizielle Laufzeit des Mentoringprogramms hinaus zu profitieren. Auch kann dies als Wunsch nach Absicherung betrachtet werden, da die Mentee die Befürchtung äußert, dass sie auf Situationen treffen könnte, für die sie keine eigene Lösung habe. Das verdeutlicht, wie sehr sie mögliche Hürden als etwas Kontinuierliches sieht, die ihr auch nach dem Mentoring noch begegnen können.

Jennifer Kuhn erzählt, dass sie nach dem ersten Treffen mit ihrer Mentorin zunächst etwas verunsichert gewesen sei, ob ihre Mentorin auch wirklich zu ihr passe. Die erste Begegnung beschreibt sie als „ziemlich schwierig" (I) und begründet dies nicht nur mit der mangelnden eigenen Offenheit, sondern auch mit der Zurückhaltung ihrer Mentorin. Als Motivation für ihre Teilnahme am Mentoringprogramm hätte ihre Mentorin ihr mitgeteilt, dass sie vom Hildegardis-Verein „bekniet" wurde:

> wie war es denn bei Ihnen, wie sind Sie denn dazu gekommen
> hier Mentorin zu werden, ja ,na ich wurde ja total bekniet vom

Hildegardis-Verein' ich so ,ah ja super' (...) so, scheiße, das
wird ja jetzt total toll (I)

Die Mentee fragt nach dem Motiv für das Engagement der Mentorin und die Antwort löst bei ihr zunächst negative Assoziationen aus. Ihre Reaktion wirkt enttäuscht und lässt vermuten, dass sie davon ausgeht, dass ihre Mentorin die Aufgabe nur übernommen hat, weil sie sich dem Verein gegenüber verpflichtet fühlte. Ihre ironische Wendung „das wird jetzt ja total toll" vermittelt Enttäuschung, vielleicht verbunden mit der Befürchtung, mit einer Mentorin zusammenzuarbeiten, die sich nicht für sie als Person interessieren könnte. Weiterhin erzählt Frau Kuhn über ihre Befürchtung, dass die Mentorin vielleicht nicht „emotional mit dabei" (I) ist, hier wird ihr Wunsch nach einer persönlichen Mentoringbeziehung spürbar. Der von ihr geäußerte Wunsch, sich „näherzukommen" (I), verdeutlicht, dass sich die Mentee von einem rein formalen Mentoring distanzieren möchte. Die als schwierig beschriebene Kennenlernsituation löst bei Frau Kuhn offenbar Unsicherheit aus. Sie erzählt, dass sie sich mit dem Gedanken auseinandergesetzt habe, sich eine andere Mentorin zu suchen. Damit ist die Hoffnung verbunden, dass das Mentoring so möglicherweise auf einer persönlicheren Ebene stattfinden würde. Diesen Gedanken habe sie jedoch verworfen, als nach dem dritten Treffen mit ihrer Mentorin „das Eis bricht" (I). Ausschlaggebend dafür ist für Frau Kuhn die berufliche Parallele mit ihrer Mentorin. Das Bild vom Eis bezieht sich also nicht auf ein persönlicheres Verhältnis zueinander, sondern auf die Profession der Mentorin, die nun als wesentliches Identifikationsmerkmal hervorgehoben wird. Hierzu meint Frau Kuhn: „also die ist echt gut dabei, also die passt auch total cool zu mir, weil die macht irgendwie voll das was ich mal machen will" (I).

Diese Beschreibung der Mentorin verweist auf die große Bedeutung der beruflichen Parallele für die Mentee. Denkbar ist auch, dass die Mentorin hier als Türöffnerin gesehen wird, um im gleichen beruflichen Feld Fuß fassen zu können. Jennifer Kuhn spricht davon, durch die Mentorin wichtige berufliche Kontakte knüpfen zu können oder einen Praktikumsplatz zu finden:

sie hat da einfach total coole Sachen gemacht und ganz viele
wichtige Organisationen kennengelernt und war auch schon

viel im Ausland und wow, total fitte Frau und genau das will ich
ja auch machen (I)

Die Beschreibung der Mentorin als „total fitte Frau" lässt an eine sehr aktive, gesunde und ehrgeizige Person denken. Der Begriff „fit" verweist auf
physische Gesundheit, wird aber auch im Zusammenhang mit Klugheit
und Flexibilität benutzt. Die in der Aussage verbalisierte Anerkennung für
die umfassenden Erfahrungen und die hohe Mobilität der Mentorin könnte
auf den Wunsch hindeuten, ebenfalls eine „fitte Frau" sein oder werden zu
wollen.

Zu fragen wäre, welche Rolle die eigene und die Erkrankung der anderen
Frau in diesem Zusammenhang spielt: Wird Krankheit als eine Hürde gesehen, die den Zugang zum Berufsleben erschwert? Hat der akademische
Werdegang der Mentorin eine starke Vorbildfunktion für die Mentee, weil
sie sich mit einer Erkrankung im Berufsleben durchgesetzt hat? Für diese
Interpretation spricht auch der Vergleich des Berufslebens ihrer Mentorin
mit den eigenen beruflichen Wünschen: „genau das will ich ja auch machen" (I). Diese Vorbildfunktion wird auch in folgender Passage aus dem
ersten Interview unterstrichen:

> die Mentorin, die hat auch selber eine Krankheit, also auch eine
> chronische Krankheit, und es hilft mir jetzt einfach auch zu
> wissen, man muss sich selber besser einschätzen können und
> dass man sich auch zurücknehmen darf und nicht immer so
> viel von sich selber verlangt und da ist sie echt eine große
> Hilfe (I)

Hier wird deutlich, dass die Mentee sich mit der Haltung ihrer Mentorin
auseinandersetzt und sich dabei vergleicht: Wie geht die andere Frau mit
ihren Belastungsgrenzen um? Entscheidend ist, dass diese Grenzen legitim
sind – „dass man nicht immer so viel von sich selber verlangt" – und die
Mentorin als eine Hilfe im Umgang mit dieser Situation erlebt wird. Jennifer Kuhn sagt, sie sei nun in der Lage „sich selber besser einschätzen" zu
können. Dabei setzt sie sich mit dem eigenen Leistungsanspruch auseinander und thematisiert, dass sie durch den Vergleich mit ihrer Mentorin
ein Gefühl dafür entwickelt habe, sich nicht zu überfordern und den eigenen Anspruch zu relativieren.

Ihre Wünsche, „sich selber besser einschätzen zu können", sich „zurückzunehmen" und nicht immer so viel „von sich selber" zu verlangen, verweisen auf den Leistungsdruck, mit dem sich die Mentee im akademischen Werdegang und im Umgang mit ihrer Krankheit konfrontiert sieht. Den Eintritt in das Erwerbsleben bezeichnet sie als eine große Hürde und sie äußert die Befürchtung, diese nur mit sehr viel Aufwand überwinden zu können. Gleichzeitig legt der Interviewausschnitt den Schluss nahe, dass die Mentee die eigene Leistungsfähigkeit aufgrund der Erkrankung als eingeschränkt erlebt und sich durch die Erfahrungen der Mentorin einen Blick von außen erhofft, der sie beruhigt und ihr ein realistisches Bild vermittelt. Zumindest benennt sie das als eine Motivation für das Mentoring: „deswegen habe ich das eigentlich auch gemacht, damit ich jemanden habe also der mir da so ein bisschen die Augen öffnet" (I).

Die bildhafte Beschreibung der Mentorin als jemand, der der Mentee „so ein bisschen die Augen öffnet", ruft die Assoziation hervor, dass Jennifer Kuhn den Übergang von Studium zu Beruf als eine Situation erlebt, die ihr undurchsichtig erscheint. Welche Aufgaben und Hürden begegnen mir auf diesem Weg ins Erwerbsleben? Wie gehe ich mit hohen Leistungsansprüchen um? Und wie thematisiere ich meine Erkrankung gegenüber einem möglichen Arbeitgeber? Die Mentorin wird hier zu einem wichtigen Vorbild, auch im Umgang mit den eigenen Leistungspotenzialen.

Die Themen der Tandembeziehung erscheinen vornehmlich studienbezogen, wie die Besprechung von Abschlussarbeiten und Projekten, aber auch die Entwicklung von beruflichen Perspektiven. Die Treffen mit ihrer Mentorin beschreibt Frau Kuhn inhaltlich als sehr offen, hier könne sie flexibel eigene Themen einbringen, auch findet ein Austausch über die Berufserfahrungen der Mentorin statt. Diese starke fachliche Ausrichtung schätzt sie im Interview als entscheidend für die Entwicklung eigener Berufsperspektiven ein. Gleichzeitig thematisiert sie den Wunsch, mehr Persönliches über die Mentorin erfahren zu wollen:

> man versteht sich auch miteinander, aber ich weiß nichts von ihr ich weiß nicht, ist sie jetzt alleine, ist sie verheiratet, hat sie Kinder, ich weiß das irgendwie nicht, das ist irgendwie total komisch, dass man so was nicht weiß über jemanden, ich meine, ich soll ihr jetzt hier total die privaten Sachen erzählen von

> mir, womit ich grade meine Probleme habe und ich weiß ei-
> gentlich gar nicht wer sie ist, das ist so wie ein Psychiater, man
> geht da hin (I)

Jennifer Kuhn beschreibt hier ein Ungleichgewicht in der persönlichen Öffnung, das sie mit dem Besuch beim „Psychiater" vergleicht. Dieser Vergleich veranschaulicht ihr Gefühl einer einseitig verlaufenden Kommunikation, bei der die eine Person sich öffnet und die andere zuhört, diagnosti-
ziert und berät. An anderer Stelle spricht sie von einer rein „geschäftli-
chen" (I) Beziehung und gibt dieser damit einen Anstrich von Sachlichkeit.
In beiden Bildern wird der Wunsch nach einem wechselseitigen und persönlicheren Austausch deutlich. Ihre Frage nach der familiären Situation
der Mentorin könnte auf das Interesse hinweisen, zu erfahren, inwieweit
deren akademischer Werdegang auch im Zusammenhang mit Partnerschaft oder Mutterschaft gelungen ist. Zudem wird durch das Interesse an
einer wechselseitigen Öffnung auch der Aspekt der gleichwertigen Stellung
innerhalb der Mentoringbeziehung angesprochen.

Im Verlauf des ersten Interviews setzt die Mentee sich intensiv mit der
Ausgestaltung der Tandembeziehung auseinander und hinterfragt die
starke Ausrichtung auf die berufliche Seite als zu formal. Dabei stellt sie
sich die Frage, ob sie das ansprechen oder ob sie sich damit abfinden sollte. Im Zusammenhang mit der starken beruflichen Ausrichtung zieht die
Mentee einen Vergleich zwischen sich und ihrer Mentorin:

> ich glaube, sie ist so ein Arbeitsmensch, ich glaube die arbeitet
> auch nur, die macht nichts anderes den ganzen Tag und das
> könnte ich gar nicht, ich bin eher so der Familie und kümmern
> und noch ein bisschen arbeiten (I)

Zwar benennt sie in anderen Interviewausschnitten die Erfahrungen ihrer
Mentorin als sehr motivierend für den eigenen Werdegang, jedoch wird in
dieser Passage auch eine Abgrenzung sichtbar: Jennifer Kuhn beschreibt
sich als eine Person, die neben dem Erwerbsleben auch Familie verwirkli-
chen möchte. Zugleich vermutet sie, dass ihre Mentorin „nur" arbeitet,
was für sie selbst nicht in Frage käme. Ihre strikte Abgrenzung könnte
auch damit zusammenhängen, dass Jennifer Kuhn durch die Zurückhal-

tung der Mentorin verunsichert ist. Trotzdem thematisiert sie diese Situation in der Tandembeziehung nicht.

Im späteren Längsschnittinterview erzählt Frau Kuhn resümierend über das gesamte Jahr. Beim Abschlussgespräch mit ihrer Mentorin habe diese ihr angeboten, weiterhin in Kontakt zu bleiben und sich nach Bedarf zu melden. Während das für Jennifer Kuhn im ersten Interview noch ein wichtiger Punkt war, zweifelt sie nun daran, ob sie das annehmen wird:

> ich denke aber das würde mir sowieso nicht viel bringen, weil sie nie irgendwie aktiv dann sagt ,so dann machen wir das so und so', sondern immer versucht, dass ich mir selber dann helfe und das bringt mir einfach nichts, ich brauche jemanden der für mich auch mal was macht (II)

Hier zeigt sich, dass Jennifer Kuhn im Verlauf des Prozesses andere Erwartungen an ihre Mentorin entwickelt hat. Sie habe sich mehr Initiative und konkrete Unterstützung von der Mentorin gewünscht, wie beispielsweise die direkte Vermittlung eines Praktikumsplatzes. Jennifer Kuhn schildert nun, dass sie ein anderes Verständnis der Tandembeziehung hatte als ihre Mentorin. Während die Mentorin sie habe motivieren wollen, sich selbst zu helfen und eigene Lösungen zu finden, habe sie sich mehr konkrete Unterstützung erhofft: „ich wollte jetzt jemanden haben, der mich so ein bisschen auch an die Hand nimmt, das hat sie nicht gemacht" (II).

Der Ausdruck, „an die Hand" genommen werden, lässt an ein Betreuungsverhältnis bzw. ein umsorgendes Verhältnis denken. Auf jeden Fall vermittelt das Bild das Bedürfnis, stärker geführt und begleitet zu werden. In Bezug auf das Mentoring zeigt das den möglichen Wunsch nach konkreteren Förderangeboten und Unterstützungen durch die Mentorin. Jennifer Kuhn erzählt weiter, dass die Mentorin zwar fachlich sehr gut zu ihr gepasst habe, aber im Vergleich zu ihr sei sie „so karrieremäßig, irgendwie ein ganz anderer Typ als ich" (II). Während sie im ersten Interview die berufliche Aktivität der Mentorin noch als etwas Positives hervorhebt, wird diese im Längsschnittinterview zu einem Differenzmerkmal. Möglicherweise fühlt sich die Mentee durch das berufliche Engagement der Mentorin auch zusätzlich unter Druck gesetzt, eine ähnliche Leistung zu erbringen.

Auch die anfänglich als Parallele gesehene Erkrankung beschreibt die Mentee rückblickend eher als Unterschied, da es sich bei der Erkrankung der Mentorin nicht um eine sich stetig verschlechternde Krankheit handele:

> ich meine, ich kann jetzt keine OP machen lassen und dann ist es wieder gut, das geht einfach nicht und dann hat sie halt dadurch glaube ich auch so ein paar Sachen nicht so verstanden, das war dann so ein bisschen doof, ich hätte mir halt jemanden gewünscht der vielleicht sogar die gleiche Krankheit hat (II)

Während die Erkrankung der Mentorin im ersten Interview noch als eine vereinende Parallele gedeutet wird, zeigt das Längsschnittinterview, dass Jennifer Kuhn sich mit ihrer Krankheit nicht richtig verstanden fühlt. Der Wunsch, jemanden mit der „gleichen Krankheit" als Tandempartnerin zu haben, verweist auf die mögliche Annahme, dass daraus auch gleiche Bedürfnisse resultieren. Die Mentee folgt dem Gedanken, dass bestimmte Erfahrungen nur nachvollziehbar sind, wenn diese gleich sind.

Obwohl sich Jennifer Kuhn im Verlauf der Interviews immer weiter von der Mentorin abgrenzt, resümiert sie ihre Tandembeziehung dennoch als „schön" und sagt, dass sie sich durchaus vorstellen könne, ein weiteres gemeinsames Mentoringjahr anzuschließen (II).

Die Sicht der Mentorin

Evelyne Freund hat einmal kurz nach dem Start des Mentoringprogramms und einmal nach dem Abschluss mit uns gesprochen. Sie erzählt, dass sie durch den Hildegardis-Verein für die Mentorinnentätigkeit angefragt wurde und führt dies auf ihre berufliche Aktivität zurück. Sie schildert, dass sie sehr eindringlich vom Hildegardis-Verein darum gebeten wurde, Frau Kuhn zu begleiten:

> ehrlich gesagt, anders als beknien kann man das nicht bezeichnen, weil es klang wirklich so als ob die unbedingt jemand brauchen und sie hatten die Frau Kuhn und für die hatten sie irgendwie niemand geeigneten (I)

Ihre Schilderung vermittelt ein doppeltes Bild. Zum einen beschreibt sie eine Notsituation, sie wird dringend gebraucht, da sich niemand anderes als Mentorin finden lässt. Zum anderen führt sie die Umwerbung durch den Verein darauf zurück, dass ihr beruflicher Werdegang sie dafür prädestinierte, an dem Programm mitzuwirken und insbesondere Frau Kuhn zu begleiten.

Bei ihrem ersten Treffen mit der Mentee sei der Austausch über berufliche Erfahrungen, aber auch berufliche Perspektiven ein wichtiger Gesprächsinhalt gewesen. Frau Freund schildert das Anliegen ihrer Mentee so: „im Prinzip war ihr Anliegen ,Begleiten Sie mich bitte ins Berufsleben hinein' und da habe ich gesagt ,ja klar mache ich'" (I).

Dies klingt, als ob sich die Tandempartnerinnen einig über den Inhalt des Mentoring gewesen seien. Dieser Eindruck entsteht auch, wenn Frau Freund die Einschätzung formuliert, der Mentee viele Erfahrungen weitergeben zu können, die für diese „interessant und inspirierend" (I) seien. Die Erfahrungen mit einer chronischen Erkrankung zu leben, betrachtet Evelyne Freund als eine wichtige Parallele zwischen ihrer Mentee und sich. Die Mentorin erzählt, dass sie sich beim ersten Treffen mit der chronischen Erkrankung ihrer Mentee auseinandergesetzt habe und dadurch verstanden hätte, in welchen Bereichen ihre Mentee sich eingeschränkt fühle. Sie beschreibt einen Eindruck, den Frau Kuhn in diesem Zusammenhang bei ihr ausgelöst hat: Die Mentee habe am Anfang auf sie sehr oft „müde und lethargisch" (I) gewirkt:

> am Anfang hatte ich das Gefühl, die ist schwer depressiv und müsste eigentlich in eine Therapie und wie verantwortungslos von den Leuten, das nicht zu sehen, sondern sie einfach nur in ein Mentoringprogramm zu schicken, und inzwischen kann ich mir vorstellen, dass das Mentoring trotzdem eine ganze Menge bringt

Die anfängliche Wahrnehmung der Mentee als „schwer depressiv" und im Mentoringprogramm eigentlich fehl am Platz, ändert sich im Verlauf der Treffen. Denkbar ist, dass sich die Mentorin anfangs vor eine Situation gestellt sah, die sie verunsichert oder überfordert hat. Auch vermittelt ihre Schilderung deutlich eine gewisse Hilflosigkeit, da ihr zunächst unklar ist, wie sie ihre Mentee unterstützen kann. Ihre Erkenntnis, dass die wahrgenommene Müdigkeit und die von ihr daraus abgeleitete Motivationslosigkeit mit der Erkrankung der Mentee zusammenhängen, führt zu einem Perspektivwechsel und der Feststellung, dass die Mentee durchaus einen positiven Nutzen aus dem Mentoring ziehen könne. So entsteht ein komplexes Bild, denn Evelyne Freund spricht ihrer Mentee viele Fähigkeiten zu, thematisiert jedoch gleichzeitig die Einschränkungen, die die chronische Erkrankung aus ihrer Sicht mit sich bringt:

> die kann sehr viel die Frau Kuhn, aber sie ist auch wirklich behindert, sie ist wirklich sehr müde und erledigt und das ist ganz schwierig für sie mit Pfeffer durch den Tag zu gehen (I)

Die Feststellung „sie ist auch wirklich behindert" zieht Evelyne Freund als Erklärung dafür heran, warum sich vieles für die Mentee schwierig gestaltet. Besonders mit ‚Elan' durch den Tag zu gehen sieht sie als eine große Herausforderung für die Mentee. Denkbar ist, dass die Mentorin hier einen Vergleich zwischen der eigenen Leistungsfähigkeit mit einer chronischen Erkrankung und der ihrer Mentee zieht. Auf jeden Fall scheint die Erschöpfung, die sie auf Seiten der Mentee wahrnimmt, aus ihrer Sicht ein Problem zu sein. Darauf deutet auch das Bild vom fehlenden Schwung, den die Mentorin offenbar als unverzichtbar voraussetzt, um „durch den Tag" zu kommen.

Frau Freund spricht in beiden Interviews über ihr Anliegen, die Mentee im akademischen Werdegang zu unterstützen, ihr Tipps zu geben und ihr auch nützliche Kontakte zu vermitteln, wie beispielsweise einen Praktikumsplatz. Zudem möchte sie ihre Mentee im Umgang mit ihrer Erkrankung unterstützen:

> zum Beispiel für so Praktikum, da ist es völlig legitim nach einem Fünfzig-Prozent-Praktikum zu fragen und das sozusagen Auf-sie-Zugeschnittene, darin unterstütze ich sie, dass sie die Dinge so macht wie sie sich wohlfühlt und wie sie die kann und mag und sich nicht irgendwie überstrapaziert (I)

In dieser Passage wird deutlich, dass Evelyne Freund ihrer Mentee einen bewussteren Umgang mit den eigenen durch die Krankheit begrenzten Ressourcen vermitteln möchte. Aber auch, dass sie selbstbewusst mit ihrem Können umgehen soll. Die Mentorin veranschaulicht mit ihrer Aussage, dass es für die ganz individuellen Bedürfnisse der Mentee eine Lösung gibt. In diesem Zusammenhang schildert sie die Erwartungen der Mentee: „also sie hat mir gesagt sozusagen ‚Sie sind meine letzte Hoffnung‘ und das ist natürlich eine Überforderung für so ein Programm" (I).

Die Ansprache der Mentorin als letzte Hoffnung kann ein Hinweis auf die verzweifelte Situation sein, in der sich die Mentee am Ende ihres Studiums erlebt. Beachtenswert ist, dass die Mentorin hier lediglich von einer „Überforderung des Programms" spricht und nicht von einer Überforderung für sich selbst. Dahinter könnte eine mögliche Abgrenzung stehen, um von der Anforderung der Mentee nicht erdrückt zu werden. Entscheidend ist dabei, dass die Mentorin die Situation so erlebt, ohne dass wir wissen, ob die Mentee selbst ihre Haltung als einen solch starken Hilfeappell erlebt hat.

Als ein wesentliches Unterscheidungsmerkmal zwischen sich und ihrer Mentee sieht Frau Freund das verschieden ausgeprägte Selbstbewusstsein:

> ich bin aufgewachsen in einem Gefühl, dass ich viel kann und ich glaube eigentlich nicht, dass Frau Kuhn dieses Selbstbewusstsein hat und dass es für sie viel schwieriger ist zur Erkenntnis zu kommen, dass sie eigentlich ein begabter Mensch ist (I)

Evelyne Freund äußert die Vermutung, dass es ihrer Mentee an „Selbstbewusstsein" fehle und dass es ihr deshalb schwerer falle, ihre eigenen Fähigkeiten zu erkennen. Diese Einschätzung verbindet sie mit einer These zur Sozialisation der anderen Frau und deutet gleichzeitig an, dass sie selbst mit einem selbstbewussten Gefühl aufgewachsen sei, das sie bei der Mentee vermisst. Diese Schilderungen der Mentorin verdeutlichen, dass sie nicht die chronische Erkrankung als ursächlich für bestimmte Zweifel der Mentee sieht, sondern stattdessen als eine Frage des „Selbstbewusstseins". Möglicherweise möchte sie mit dieser Sichtweise ihrer Mentee auch zeigen, dass sie bestimmte Veränderungen selbst erreichen kann. Während die chronische Erkrankung eine Konstante bleibt, wird mit dem Selbstbewusstsein etwas Wandelbares, das selbst verändert werden kann assoziiert.

Mit dem offiziellen Abschluss des Programms beschreibt Frau Freund auch eine Umgestaltung der Tandembeziehung, die zwar weiter bestehen, nun aber weniger intensiv stattfinden soll. Sie möchte weiterhin in Kontakt mit ihrer Mentee bleiben, um zu erfahren, wie es ihr im weiteren Werdegang ergeht. Sie erklärt ihre Bereitschaft, Frau Kuhn forthin bei bestimmten Aufgaben unterstützen zu wollen. Die Tandembeziehung und den Gewinn für die Mentee resümiert sie folgendermaßen: „ich habe wirklich das Gefühl, dass es sie echt stabilisiert, dass sie eine Mentorin hat. Ich glaube wirklich die würde mehr im Dunkeln tappen ohne mich" (II). In dieser Formulierung wird deutlich, dass Evelyne Freund ihren Anteil am Mentoring positiv bewertet und davon ausgeht, dass die Mentee von ihrer Hilfestellung profitieren konnte. Interessant ist, dass hier ein ähnliches sprachliches Bild auftaucht, wie auch im Erstinterview mit Frau Kuhn. Ihr Wunsch, im Mentoring jemanden zu haben „der mir da so ein bisschen die Augen öffnet" (I), zeigt eine deutliche sprachliche Parallele zu dem Resümee der Mentorin. Dabei geht sie davon aus, dass sie für die Mentee Licht ins Dunkel bringen konnte. Entsprechend äußert sie sich auch im Längsschnittinterview:

> ich vermute, dass ich Frau Kuhn inspiriert habe, das ist das, was bei mir angekommen ist, dass sie mich als Inspiration empfindet, so eine Mischung aus Inspiration und Vorbild ‚Sie machen ja so tolle Sachen' und ich glaube sie hat durch mich eine Idee bekommen, wie man so leben kann (II)

Eine Inspiration für die Mentee zu sein, verweist auf die Annahme, dass sie durch den Erfahrungsaustausch die Mentee für etwas Neues anregen oder begeistern konnte. Hier beschreibt sie sich als „eine Mischung aus Inspiration und Vorbild", was auf eine gelungene Tandembeziehung aus Sicht der Mentorin schließen lässt. Auch wird deutlich, dass sie ihre Vorbildfunktion als eine persönliche „Inspiration" für die Mentee versteht und weniger nur an den eigenen beruflichen Werdegang knüpft.

Das Tandem

Für die Tandembeziehung zwischen der Mentee Jennifer Kuhn und der Mentorin Evelyne Freund ist die berufliche Parallele zunächst sehr wichtig für das Mentoring. Die Befürchtungen der Mentee, aufgrund ihrer Erkrankung auf bestimmte Hürden im akademischen Werdegang zu treffen, werden von ihr sehr deutlich in den Beweggründen für eine Teilnahme am Programm thematisiert. Hierbei geht es jedoch nicht nur um Befürchtungen, die an die Erkrankung geknüpft werden, sondern vielmehr um eine generelle Auseinandersetzung mit den eigenen Erwartungen und Fähigkeiten im akademischen Werdegang. An dieser Schnittstelle zwischen Studium und Beruf soll die Mentorin unterstützend tätig sein und gemeinsam mit der Mentee berufliche Perspektiven entwickeln. Dadurch, dass Evelyne Freund ebenfalls mit einer chronischen Erkrankung lebt, stellt sich ihr beruflicher Werdegang aus Sicht der Mentee als besonders motivierend dar. Die Mentorin zeigt exemplarisch, wie eine akademische Laufbahn mit einer Erkrankung gelingen kann. Auch ist der Kontakt zur Mentorin mit dem Wunsch verbunden, über ihre beruflichen Kontakte profitieren zu können und so bereits erste Schritte im Berufsleben machen zu können.

Während Evelyne Freund ihre Mentee anregen und motivieren möchte, bestimmte Aufgaben selbst zu bewältigen, wünscht sich Jennifer Kuhn aber eine viel engmaschigere Betreuung. Ihr genügen die Impulse, die ihre Mentorin setzt, nicht. Stattdessen benennt sie ihren Wunsch nach einer intensiveren Betreuung, verbunden mit mehr Anleitung. Sie möchte mehr „an die Hand" (II) genommen werden. Hier zeigen sich unterschiedliche Haltungen und Erwartungen beider Tandempartnerinnen in der Ausgestaltung des Tandems. Für Evelyne Freund ist ein wesentlicher Inhalt die Beratung ihrer Mentee, diese soll von ihren eigenen Erfahrungen im beruflichen Feld profitieren.

Den akademischen Werdegang ihrer Mentorin erlebt Jennifer Kuhn als motivierend, jedoch tritt bei ihr im Verlauf des Mentoring ein starker Wunsch nach einer persönlichen Beziehungsgestaltung auf. Dadurch, dass es oft um eigene Zweifel und Schwächen geht, hat sie das Gefühl, dass auf einer rein formalen Ebene („geschäftliche Beziehung", I) über ihre Probleme gesprochen wird. Hier würde sie sich wünschen, dass ihre Mentorin sich mehr öffnet und vielleicht auch von eigenen Zweifeln im Werdegang berichtet. Auch das Privatleben der Mentorin bleibt für Jennifer Kuhn unklar. Der Wunsch nach einem Austausch der unterschiedlichen Lebensentwürfe wird hier besonders deutlich.

Die in den Interviews deutlich hervortretende Diskrepanz zwischen fachlichem und persönlichem Austausch wird von Jennifer Kuhn im Tandem nicht angesprochen. Während die Mentorin das gemeinsame Jahr als gelungen und „inspirierend" (II) für die Mentee reflektiert, schildert die Mentee im zweiten Interview eher eine Unzufriedenheit, die sie im Kontakt mit der Mentorin erlebt hat. So bleibt der Wunsch der Mentee, auf einer persönlicheren Ebene und mit bestimmten Angeboten begleitet zu werden, offen. Hier wird deutlich, dass die Mentee ganz konkrete Erwartungen an die Mentorin hatte, wie beispielsweise die direkte Vermittlung eines Praktikumsplatzes, die sie jedoch im Prozess nicht thematisiert.

4.1.2 „Beatrice ist keine Frau, die hilfesuchend um Hilfe sucht" – Beatrice Carsten und Hannelore Ittermann

Das Tandem von Beatrice Carsten und Hannelore Ittermann zeichnet sich durch eine offene Steuerung der Beziehung aus. Im Zentrum des Tandems steht dabei der Wunsch der Mentee, sich fachlich und beruflich zu etablieren. Hier lässt sich zu Beginn des Mentoring eine starke Leistungsorientierung finden, die aber im Verlauf durch den Erfahrungsaustausch und den Einblick in das Berufsleben der Mentorin an Bedeutung verliert. Es wird schnell deutlich, dass Frau Carsten sehr selbstständig agiert und nur wenige Unterstützungswünsche formuliert. Diese Selbstständigkeit löst bei ihrer Mentorin einerseits Wertschätzung, andererseits auch Fragen aus: Benötigt die Mentee mehr Unterstützung? Gibt es unausgesprochene Themen? Hätte ich mich aktiver einbringen müssen? Im Zusammenhang mit dieser Verunsicherung kommen Zuschreibungen von Behinderung zur Geltung und die Auseinandersetzung mit der Rolle und den Aufgaben einer Mentorin intensiviert sich.

Die Sicht der Mentee

Beatrice Carsten hat mit uns zu Beginn des Mentoring-Programms gesprochen und ein zweites Mal nach Ende des Programms. Als Teilnahmemotivation schildert sie den Wunsch, ihren Berufseinstieg besser zu koordinieren und sich selbst von einer zu starken Definition über die Behinderung zu lösen:

> also mich ein bisschen zu lösen von diesem zu sehr über die Behinderung definiert zu sein, sondern mich von meinem Fähigkeitsprofil quasi so aufzustellen, dass ich sag ‚okay ich bring zwar auch noch das Handicap mit, aber ich bring auch die Fähigkeiten mit, die ich nur durch das Handicap habe‘ (I)

Hier wird die Sorge deutlich, im Übergang vom Studium in den Beruf möglicherweise auf die Behinderung reduziert zu werden. Will Frau Carsten sich zunächst von einer Definition als behindert abgrenzen und ihr „Fähigkeitsprofil" nicht daran geknüpft wissen, dass sie mit einer Behinderung lebt, betont sie schließlich selbst ihr „Handicap" – als Ausgangspunkt für „Fähigkeiten", die, wie sie sagt, „nur" mit der Behinderung zusammenhängen. Diese widersprüchliche Argumentationsfigur entwirft sie zusammen mit dem Bild, sich „aufzustellen". Die Formulierung, das eigene „Fähigkeitsprofil quasi so aufzustellen" klingt nach einer gezielten Selbstoptimierung, bei der die Behinderung nicht als Hürde, sondern als Teil des eigenen Profils zum Erfolg beiträgt.

Mit dieser argumentativen Wendung grenzt Beatrice Carsten sich von einer Sicht ab, in der Behinderung als Malus wahrgenommen wird und betont das genaue Gegenteil. Statt sich von einer Definition als behindert zu „lösen", wie sie dies zunächst anstrebt, wertet sie das „Handicap" auf. Das sprachliche Bild, das sie dabei einsetzt – ihr „Fähigkeitsprofil quasi so aufzustellen" – ist vielschichtig. Es erinnert einerseits an Redewendungen der Selbstvermarktung, wie sie im Zusammenhang von Personal- und Organisationsberatung gängig sind. Andererseits weckt es Assoziationen einer Bühne, auf der Schauspieler eine Aufstellung, also deutlich sichtbare Positionen beziehen. Diese Assoziation verweist auf die Bedeutung des Körpers und auf die Verkörperung sozialer Beziehungen im Raum, wie sie beispielsweise bei Familienaufstellungen eingesetzt werden. Hinzu kommt, dass sich aufstellen auch als eine Geste der Wachsamkeit und des Schutzes gegenüber Angriffen gelesen werden kann: Frau Carsten möchte lernen, sich zu positionieren – im Umgang mit erwarteten Abwertungen, Reduzierungen und Diskriminierungen und mit Bezug auf ihre Fähigkeiten.

Als Tandempartnerin wünscht Frau Carsten sich eine Mentorin, die im Berufsleben steht und ihr Tipps vermitteln kann, wie der Berufseinstieg gelingt. Auch soll der Vorsprung der Mentorin an Lebenserfahrungen ihr helfen, selbstsicher aufzutreten. Dabei hebt sie hervor, dass sie durch die Mentorin mehr Klarheit über die eigenen Fähigkeiten und Potentiale für den akademischen Werdegang gewinnen möchte. In diesem Zusammenhang thematisiert Beatrice Carsten erneut, dass sie sich von einer „Defizitperspektive" (I) auf die eigene Person lösen möchte. Hier erwartet sie eine „ehrliche" Haltung von ihrer Mentorin:

> ich erwarte mir, dass sie ein ehrlicher Spiegel für mich ist, weil schon in anderen Situationen wirklich ehrliches Feedback zu bekommen, grade mit einer Behinderung, für die Dinge die man gut macht aber auch für die Dinge die man nicht gut macht schwierig ist (I)

Die Metapher des „ehrlichen Spiegels" bringt zum Ausdruck, dass Beatrice Carsten auf eine aufrichtige und realistische Rückmeldung hofft, die nichts, was sie tut oder kann, beschönigt oder verklärt. Diesen Wunsch bezieht sie darauf, dass es „mit einer Behinderung" nicht einfach sei, angemessene Rückmeldungen zu erhalten. Aus ihrer Sicht schmälert eine Behinderung die Chancen für ein „ehrliches Feedback". Diese Einschätzung einer unrealistischen und besonderen Behandlung „in anderen Situationen" korrespondiert mit einer sehr konkreten Erwartung an die Mentorin – sie soll „ehrlich" sein, heißt, sich nicht auf Zuschreibungen von Behinderung zurückziehen, wenn sie Frau Carsten ein Feedback gibt. Dabei hebt Frau Carsten für die Tandembildung hervor, dass es ihr wichtig ist, dass ihre Mentorin nicht mit einer Behinderung lebt, weil sie sich hierdurch konkrete Rückmeldungen für ihren Schritt in das Berufsleben erhofft:

> weil ich es immer auch interessant finde oder wichtig finde, so die Bedenken oder Reaktionen eines potenziell möglichen Arbeitgebers aus der anderen Seite kennen zu lernen und das dann eben vielleicht gemeinsam ausbügeln zu können (I)

Frau Carsten verallgemeinert die Erfahrungen ihrer Mentorin: Sie soll die „Bedenken oder Reaktionen" von Entscheidungsträgern auf dem Arbeitsmarkt spiegeln und der Mentee damit einen Einblick in die Perspektive von

Arbeitgeberinnen und Arbeitgebern gewähren. Mit dem Bild von der „anderen Seite" veranschaulicht Frau Carsten einerseits, dass sie sich als Andere wahrgenommen fühlt und dass sie fürchtet, stereotype Zuschreibungen von Behinderung könnten ihren Bewerbungsprozess beeinflussen und ihren Erfolg einschränken. Andererseits verortet sie auch die „potenziell möglichen Arbeitgeber" und ihre Mentorin als Andere, indem sie einen gemeinsamen Blick auf Behinderung voraussetzt, den Menschen ohne Behinderung teilen. Die Mentorin verkörpert in dieser Sicht eine mächtige Gruppe. Frau Carsten möchte deren Erfahrungshorizont nutzen und sich gemeinsam mit ihrer Mentorin in die Perspektive eines entscheidungsmächtigen, imaginären Gegenübers einarbeiten, um „vielleicht gemeinsam ausbügeln zu können", was den Blick von Arbeitgebern trübt.

Ihre Hoffnung, die in diesem Lernprozess gewonnenen Erkenntnisse in Bewerbungen einsetzen zu können, ist auf die Möglichkeit der Veränderung der eigenen Person in Zusammenarbeit mit der Mentorin fokussiert: Etwas „gemeinsam ausbügeln" bedeutet, die möglichen Falten oder verknautschten Stellen einer Bügelwäsche zu glätten. Weckt dieses Bild zunächst den Eindruck, als würde Beatrice Carsten sich selbst glätten wollen, wird auf den zweiten Blick deutlich, dass sie sich das Ganze als einen intersubjektiven Prozess vorstellt, in dem die Positionen der einen und der „anderen Seite" in einen wechselseitigen Austausch treten und die verknitterte Situation gemeinsam glätten.

Neben dieser eindeutigen Begründung ihrer Präferenz für eine Mentorin, die ohne Behinderung lebt, wird aber auch eine Diskrepanz deutlich. Frau Carsten erzählt zwar im ersten Interview, dass es für sie wichtig ist, dass ihre Mentorin aus dem angestrebten Berufsfeld kommt und ihr die Perspektive eines „möglichen Arbeitgebers" aufzeigen kann. Sie sagt aber auch, dass sie im Zuge der Bewerbung für das Programm die Befürchtung hatte: „dass es jemanden mit Behinderung in diesem speziellen Bereich vielleicht nicht gibt" (I). Der Wunsch nach einer Mentorin ohne Behinderung ist also auch eine vorweg genommene Kompromissbildung, um der Situation vorzubeugen, keine zu finden, die zu ihr passt.

Als sie ihre Mentorin Frau Ittermann dann kennenlernt, berichtet Frau Carsten, dass sie sich „von Anfang an sehr gut" (I) verstanden hätten und erzählt von den gemeinsamen Parallelen im Lebenslauf. Ihre Mentorin hätte sich „überhaupt nicht schwer getan" (I) im Umgang mit ihrer Behinderung. Das sieht Frau Carsten als keine Selbstverständlichkeit und thematisiert die Souveränität und das große Interesse der Mentorin an ihrer Person als eine sehr positive Erfahrung. Die Anerkennung, die Frau Carsten formuliert, verweist zugleich auf ihre erfahrungsbasierten Erwartungen, dass jemand, der keine Erfahrungen mit Behinderung mitbringt, unsicher und verhalten auf den Kontakt mit einem Menschen mit Behinderung reagieren würde.

Zum Zeitpunkt des ersten Interviews haben beide sich etwa fünfmal getroffen. Frau Carsten erzählt, dass diese Treffen nicht immer einfach zu organisieren waren, da ihre Mentorin „wirklich eine total beschäftigte Frau" (I) sei, die beruflich oft ins Ausland reisen müsse. Frau Ittermann ist aus ihrer Sicht eine sehr einflussreiche Person, die auch im Unternehmen viel zu sagen hat und ihrer Mentee ein großes Netzwerk bieten kann. Als diese sie bei ihrem zweiten Treffen einer Vorgesetzten vorgestellt, ist sie sehr beeindruckt:

> huch, da ist jemand der ist schon sehr viele Sprossen der Karriereleiter hochgestiegen und bewegt sich da in diesem Konzerntumult, den das Unternehmen natürlich auch hat, sehr leichtfüßig und ich muss erst mal noch gucken, dass ich mich überall angebracht benehm (I)

Der berufliche Erfahrungsvorsprung ihrer Mentorin wird in dieser Passage mit den „vielen Sprossen der Karriereleiter" illustriert. Frau Ittermann ist schon weit aufgestiegen. Das Bild von der Sprossenleiter vermittelt auch den Eindruck, dass die Mentorin bereits einige Hürden gemeistert hat. Zugleich wird sie als „leichtfüßig" im „Konzerntumult" beschrieben, das heißt Frau Carsten nimmt Frau Ittermann in einer sicheren und beschwingten Position wahr, ihr kann der Alltagstrubel im Konzern nichts anhaben.

Die Sorge, sich vielleicht nicht „angebracht" zu benehmen, spiegelt im Gegensatz dazu die Unsicherheit der Mentee, sich im fremden und unübersichtlichen Alltag des Unternehmens zurechtzufinden und dabei sofort auf die Führungsebene mitgenommen zu werden. Es schwingen aber auch Bewunderung und Stolz mit, wenn Frau Ittermann als leichtfüßige Führungskraft dargestellt wird, die sich ihrer Mentee mit voller Unterstützung zuwendet, ihren Weg auf die Sprossen der Karriereleiter begleitet und ihr Orientierung gibt:

> weil durch ihre Erfahrungen in dem Unternehmen ist sie für mich ein absoluter Erfahrungsschatz, einen Kämpfer an meiner Seite zu haben, der sozusagen wirklich Unterstützung als Ziel sozusagen hat und mir da sicher enorm behilflich sein kann, mich einfach in diesem Konzerndschungel zurecht zu finden (I)

Die beruflichen Erfahrungen ihrer Mentorin sind ein Gewinn für Frau Carsten, ihr wird ein ‚Schatz' angeboten. Dieses märchenhafte Bild ist unmittelbar verknüpft mit dem des „Kämpfers" an der eigenen Seite. Hier wird eine Parallele zu der eingangs vorgestellten Sequenz deutlich, in der der Wunsch geäußert wurde, sich für das Berufsleben „aufstellen" (I) zu wollen. Hannelore Ittermann unterstützt Beatrice Carsten bei ihrem Kampf um eine anerkannte berufliche Position. Das bereits zitierte Bild vom „Konzerntumult" wird nun vom „Konzerndschungel" abgelöst – beiden Metaphern gemeinsam sind das Undurchsichtige und der drohende Orientierungsverlust. Während der „Konzerntumult" aber ein verwirrendes Chaos vermuten lässt, das nicht so leicht zu durchschauen ist, betont der „Konzerndschungel" die Perspektive des überwucherten, unklaren und vor allem gefährlichen Weges und ist mit Bildern des Pionierhaften assoziiert. Im Dschungel gibt es keine geraden, freien Wege, hier wird sich der Weg mit der Machete frei gekämpft. Dabei besteht immer die Gefahr, sich zu verlaufen, auf wilde Tiere zu treffen und auf giftige Pflanzen zu stoßen. Bei dieser Expedition eine Kämpferin zur Seite zu haben, kann wesentlich sein, um sich einen Weg zu bahnen, aber auch um einen richtigen Weg einzuschlagen und sich nicht zu verirren. Ein ähnlich starkes Bild für die Erfahrungen und Empfindungen der Mentee kommt auch in nachfolgender Passage aus dem ersten Interview zum Ausdruck, in der sie eine Konfliktsituation beschreibt, bei der ihre Mentorin ihr geholfen hat:

> ja das fand ich schon irgendwie sehr unangenehm und hat mir auch total leid getan, weil das soll eigentlich ja nicht ihre Aufgabe sein, dass sie mich aus dem Sumpf hebeln muss (I)

Dass ihre Mentorin ihr bei einem persönlichen Konflikt weitergeholfen hat, empfindet Frau Carsten als „unangenehm", es ist ihr peinlich. Zugleich passt das Bild vom „Sumpf" zu dem vom „Dschungel" und damit unterstreicht Frau Carsten, dass sie den Konflikt ohne fremde Hilfe nur schwerlich hätte bewältigen können. Denn Frau Ittermann musste sie aus dem „Sumpf hebeln", sie steckte also tief und fest im Morast. Folgen wir dem Bild und verbinden es mit dem vom „Dschungel", wird deutlich, dass Frau Carsten im Urwald auf Abwege geraten ist und Hilfe benötigt, um sich aus dem „Sumpf" zu befreien. Ihre Mentorin kennt auch hier den richtigen Hebel, also die Technik, mit der es gelingt, nicht zu versinken.

In allen bisher vorgestellten Sequenzen bringt Beatrice Carsten ihre Anerkennung und Bewunderung für die Mentorin zum Ausdruck. Dabei vergleicht sie sich auch mit ihr und sieht eine wesentliche Gemeinsamkeit: es ist die Zielstrebigkeit und die damit verbundene Hartnäckigkeit. Hier betont sie, dass sich beide nicht „so schnell wieder abschütteln" (I) lassen. Sie bleiben also beide an einem Vorhaben dran und geben nicht so schnell auf. Als eine weitere Parallele benennt sie das Networking und erläutert, dass es beiden ein sehr großes Anliegen sei, sich zu vernetzen und Kontakte zu pflegen. Zudem setzt Frau Carsten sich sehr intensiv mit der Teilnahmemotivation ihrer Mentorin auseinander und spricht im Interview auch darüber, welchen persönlichen Gewinn Hannelore Ittermann aus ihrem Engagement als Mentorin ziehen könnte:

> ich könnt mir vorstellen, dass es für sie was Schönes ist, weil sie selber zum Beispiel keine Kinder hat, so jemanden eben zu fördern, zu entwickeln, als Ratgeber dazu zu stehen, auch mit ansehen zu können wie der seinen beruflichen Weg irgendwie macht, da was weitergeben zu können, das glaub ich ist sicher was, wo sie profitiert oder was sie daraus mitnehmen kann (I)

Erinnert diese Passage auf den ersten Blick an das gängige Klischee der kinderlosen Karrierefrau, wird auf den zweiten Blick deutlich, dass das latent bleibende Bild der Mutter-Tochter-Beziehung auch jenseits solcher Klischees gelesen werden kann – als Ausdruck einer reziproken Austauschbeziehung zwischen zwei Frauen, die sich einerseits ähneln, andererseits aber auch deutlich voneinander unterscheiden und sich gegenseitig etwas geben. Während Frau Ittermann die Mentee über unübersichtliches Gelände begleitet und aus einer bedrohlichen Situation rettet, bringt Frau Carsten eine familial konnotierte Beziehungsqualität in das Leben der

Mentorin ein, indem sie ihren Entwicklungsweg mit ihr teilt. Damit bringt sie zugleich die emotionale Qualität der Beziehung zu ihrer Mentorin ins Gespräch, indem sie sie als eine Elternfigur entwirft. Die Bindung, die damit zum Ausdruck gebracht wird, hat sich laut Frau Carsten aber erst langsam entwickelt. Gegen Ende des ersten Interviews resümiert sie ihre Erfahrungen während des ersten halben Jahres und vergleicht den Prozess mit einem Zug, der langsam Fahrt aufnimmt und dann beginnt, „sich zu beschleunigen" (I). Dies liegt aus ihrer Sicht auch daran, dass sie selbst im ersten halben Jahr durch einen Umzug und den Einstieg in das Berufsleben beansprucht war.

Zum Zeitpunkt des zweiten Interviews ist das Mentoring bereits abgeschlossen und Frau Carsten schaut nochmal resümierend auf den Verlauf. Als Kern der Tandembeziehung sieht sie nun das Networking, hier ging es wesentlich um berufliche Vernetzung und dabei die konkrete Art und Weise, wie ihre Mentorin sie in Kontakte eingebunden hat:

> sie hat mich da trotzdem irgendwie ganz geschickt eingebunden, nicht nur einfach ‚das ist meine Mentee die sitzt jetzt heute hier dabei', sondern mich tatsächlich in die Diskussion mit einbezogen hat und das war ein toller Kick für das Selbstbewusstsein da in diesem Meeting sitzen (II)

Hier differenziert sie zwischen einer Situation, in der eine Mentee nur „dabei sitzen" würde und der Erfahrung, von ihrer Mentorin aktiv in die Situation eingebunden worden zu sein. Daraus zieht Frau Carsten einen „Kick für das Selbstbewusstsein" und bringt mit dieser Formulierung auf den Punkt, dass sie die Meetings als einen wichtigen Anstoß für die Veränderung ihres Selbstbilds erlebt hat.

Ein wichtiges Thema war aus ihrer Sicht der Übergang vom Studium in den Beruf, verbunden mit dem konkreten Einstieg ins Berufsleben und dem sich zurechtfinden in „dieser neuen Rolle" (II). In der zweiten Hälfte des Jahres sei es aber mehr um die konkrete Unterstützung im Berufsleben gegangen, „wenn man tatsächlich zum ersten Mal in ein richtiges Arbeitsverhältnis eintritt" (II). Besonders hervorgehoben wird dabei der zweimalige Besuch der Mentorin am eigenen Arbeitsplatz. Diesen Schritt erlebt Frau Carsten als ein wichtiges Zeichen von Anerkennung, wenn sie sagt „also da auch eine Anerkennung für das zu bekommen was ich jetzt da so angefangen hab mir an beruflicher Identität aufzubauen" (II).

Bei ihrem Rückblick auf die Tandembeziehung, schildert sie, dass sie sich diese zu Beginn des Programms etwas anders vorgestellt habe und ganz erstaunt über die Offenheit des gemeinsamen Prozesses gewesen sei:

> ich hätte geglaubt, dass sie mehr von mir fordert, dass es viel stärker so ist, dass sie sagt ‚ja bis zum nächsten Mal überleg dir da das und das und irgendwie ein konkretes Ziel und wir gucken wie wir das erreichen können' [...] und das Erstaunliche war eben für mich, dass sie da sehr viel offener und nach einer sehr viel emotionaleren oder gefühlsmäßigeren Ebene ran gegangen ist (II)

Hier wird deutlich, dass die Mentee stärker leistungsorientierte oder zielgerichtete Vorgaben erwartet hatte. Stattdessen hat sie einen offenen und viel „gefühlsmäßigeren" Umgang erlebt, was dazu beiträgt, dass ihr Bild von Mentoring sich im Lauf der Zeit verändert. Während sie zu Beginn erwartet hat, dass ihre Mentorin mit ihrer „Expertise" ein „Coaching" durchführt, um mit bestimmen „Maßnahmen und Strategien" (I) angestrebte Ziele zu erreichen, blickt sie heute anders auf Mentoring, das sie als eine „Art Absprunghilfe" beschreibt:

> ich denk mittlerweile, wie soll ich sagen, nehm ich Mentoring eher als so eine Art Absprunghilfe sozusagen oder jemand, der einen begleitet und wenn man dann irgendwie unsicher ist kann man kurz auf den zurückgreifen (II)

Während ihre anfänglichen Vorstellungen durch abgesteckte Ziele und Leistungsvorgaben geprägt sind – was dem landläufigen Bild von karriereorientierten Förderprogrammen entspricht – stellt sie rückblickend fest, dass es vielmehr darum ging, auf Unterstützung beim „Absprung" zurückgreifen zu können. Hier greift Beatrice Carsten wieder eine aussagekräftige Metapher auf, um ihre Erfahrungen zu verbalisieren. Abzuspringen bedeutet, sich von einem bestimmten Punkt zu lösen und dabei darauf zu vertrauen, auf einem anderen Punkt zu landen. Dabei unterstützt zu werden, kann Verschiedenes heißen: einen Impuls für den Sprung zu erfahren, im Sprung angefeuert zu werden oder am Ziel aufgefangen zu werden. Wie auch immer, Frau Carsten definiert Mentoring rückblickend als eine situationsbezogene Interaktion, bei der sie sich „kurz" auf jemand anderen stützen kann, um dann ihren Weg zu gehen. Jemanden zu haben, auf den im Fall einer Hürde zurückgegriffen werden kann, wird von Frau Carsten als sehr wesentlich benannt. Auch für diese Erfahrung findet sie ein aussagekräftiges Bild:

> dann stärkt der einem mal den Rücken oder macht einem Räuberleiter, aber dann klettert man auch wieder ein Weilchen weiter und hat man sich irgendwie zu weit gewagt und traut sich nicht und ist irgendwie unsicher und dann dreht man sich um und dann kriegt man gesagt ‚hey ich bin ja noch da und wenn du umkippst dann bin ich an deiner Seite' (II)

In dieser Passage wird die Bedeutung der Mentorin konkret ausgemalt. Die Mentee kann in ihre Hände steigen, um beim Klettern an Höhe zu gewinnen. Auch anschließend, beim Weiterklettern, ist sie nicht vollkommen auf sich gestellt, sondern kann zurückschauen, wenn sie sich „zu weit gewagt" hat und Hilfe braucht, um sich nicht zu gefährden. Das Bild des alleine weiter klettern ohne sich ganz aus der sicheren Bindung zu lösen, erinnert an die weiter oben vorgestellten Metaphern „Tumult", „Dschungel" und „Sumpf", weil es auch Assoziationen von gefährlichen und pionierhaften Situationen weckt. Den Einstieg ins Berufsleben zu bewältigen, ohne sich zu verlaufen oder zu überschätzen, diese Anforderung wird in den Interviews mit Beatrice Carsten sehr deutlich. Aus ihrer Sicht ist das Mentoring eine „Chance" (II), die es erlaubt, „sich reflektieren zu können" (II). Sie wünscht sich auch weiterhin Kontakt zu ihrer Mentorin, weil „kaum jemand anders diese besondere Funktion von einem Mentor oder einer Mentorin auch fühlen kann, weil die Eltern zum Beispiel die sind viel zu sehr emotional involviert" (II). Dieses Resümee ist bemerkenswert, weil Beatrice Carsten die besondere Qualität der Mentorin darin verortet, dass diese „Funktion" gefühlt, also emotional erlebt wird – eine Perspektive, die Eltern aus ihrer Sicht nicht übernehmen können, weil sie emotional involviert sind, also nicht genügend Abstand zu ihr haben.

Die Sicht der Mentorin

Frau Ittermann hat zweimal mit uns gesprochen. Einmal zu Beginn des Mentoring und ein zweites Mal nach der offiziellen Beendigung des Programms. Für die Teilnahme als Mentorin wird sie direkt durch den Hildegardis-Verein angefragt. Hierzu schildert sie, dass sie sich aufgrund ihrer beruflichen Vorerfahrungen im Bereich der Beratung angesprochen fühlte, mitzuwirken. Auch benennt sie im zweiten Interview verschiedene Unterstützungsformen aus der eigenen Studienzeit, die ihr Anlass geben, Erfahrungen „zurückgeben" zu wollen. Zudem erwähnt sie, dass sie auch „wirklich neugierig" (II) war, sich mit dem Thema Behinderung auseinanderzusetzen. Mentoring sieht sie als eine Förderung im Werdegang, die in einem gemeinsamen Dialog stattfinden sollte. Hier hält sie zum Zeitpunkt des ersten Interviews fest, dass sie ihre Mentee Beatrice Carsten mithilfe der eigenen Erfahrungen unterstützt und gemeinsam „Lösungsansätze" erarbeitet werden sollen. Dabei hebt sie auch die Rolle von Frauen im akademischen Bereich hervor und schildert:

> es gibt tatsächlich einfach wenige Frauen in Unternehmen, die dann entsprechend in der Laufbahn auch auf einem entsprechenden Level sind um diese Erfahrungen weiter zu geben, also es gibt auch Männer, die ich als Mentorin betreue, aber tatsächlich ist mein direktes Interesse auch Frauen stärker zu fördern (I)

In dieser Passage wird deutlich, dass Frau Ittermann sich auch über das Programm hinaus als Mentorin engagiert und bereits Vorerfahrungen in der Förderung von jungen Akademikerinnen und Akademikern mitbringt. Sie erklärt, dass sie zwar auch Männer unterstütze, ihr „tatsächliches" Anliegen aber sei, „Frauen stärker zu fördern". Dieses Anliegen verdeutlicht, dass Frau Ittermann hier einen Handlungsbedarf sieht. Dieser resultiert aus ihrer Sicht aus der Tatsache, dass in Unternehmen nur wenige Frauen auf einem „entsprechenden Level" sind, um ihre Erfahrungen weitergeben zu können. Mit dieser Einschätzung nimmt sie implizit Bezug auf einschlägiges Wissen zum Zusammenhang von Führung und Geschlecht, beispielsweise indem sie die geringe Repräsentanz von Frauen in hohen Positionen betont und dies mit ihrem Interesse, gezielt Frauen zu fördern, verbindet.

Nach dem Kennenlernen ihrer Mentee schildert sie, dass Frau Carsten gut zu ihr passt. Hier spricht sie von einem „perfect match" (I) und erklärt weiter, dass beide sich aufgrund ihrer Profession und ihres Tätigkeitsfeldes ähneln:

> ich erlebe sie als ausgesprochen klar und sehr strukturiert und auch bestimmend in manchen Punkten und ich denke, was uns wahrscheinlich verbindet ist so diese Suche auch nach Herausforderung, sie scheint da auch recht ehrgeizig zu sein (I)

Anerkennend beschreibt die Mentorin die Klarheit und Strukturiertheit, die sie bei ihrer Mentee wahrnimmt. Ihre Bestimmtheit relativiert sie allerdings, wenn sie sagt, „bestimmend in manchen Punkten". Diese Relativierung könnte bedeuten, dass Frau Ittermann punktuelle Unsicherheiten bei Frau Carsten wahrnimmt. Statt diesen Aspekt weiter auszuführen, unterstreicht sie aber die Stärken der Mentee und ihre Gemeinsamkeiten: die Suche nach „Herausforderung" und den Ehrgeiz.

Hier könnte auch eine Mentee die Eigenschaften ihrer Mentorin beschreiben. Dieser Eindruck entsteht, weil Frau Ittermann die Fähigkeiten ihrer Mentee und ihre Gemeinsamkeiten betont und ihr viel Autonomie und Unabhängigkeit zuschreibt, statt sie als hilfe- und unterstützungsbedürftig darzustellen. Insbesondere die „Suche nach Herausforderung" rückt die kämpferische, aktive Seite von Frau Carsten ins Bild und enthält zugleich die Selbstbeschreibung von Frau Ittermann als offensive und kampferprobte Frau, die andere Frauen ermutigt.

Im ersten Interview erzählt Frau Ittermann, dass der Beginn des Mentoring weniger intensiv war, als sie dies erwartet habe und beschreibt einen Prozess auf einer „flacheren Ebene" (I). Die fehlende Tiefe macht sie daran fest, dass ihre Mentee im Übergang zu einer neuen beruflichen Situation zunächst mit vielen organisatorischen Dingen beschäftigt war und es hierbei keinen Unterstützungsbedarf gab, weil „sie ist selber offensichtlich sehr gut organisiert also sehr beeindruckend" (I).

Ein konkreter Unterstützungsbedarf ergibt sich erst, als die Mentee in einer persönlichen Konfliktsituation steckt und die Mentorin ihre Hilfe anbietet. Die Konfliktsituation reflektieren sie dann gemeinsam, was Frau Ittermann wie folgt resümiert:

[der Mentee] Einblick zu vermitteln in Vorgänge und Prozesse und Reaktionsweisen in Unternehmen und welche alternativen Verhaltensformen es gegeben hätte, das ist so was ich als Vorstellung damit verbinde, aus eigenen Erfahrungen, auch mit komplexen Unternehmen, eher dann zu schöpfen und dafür auch Hinweise und Tipps zu geben (I)

Diese Passage veranschaulicht das Selbstverständnis der Mentorin und ihre Vorstellung, wie Mentoring funktioniert: Am konkreten Konfliktfall kann sie der Mentee einen „Einblick vermitteln" in organisationstypische Abläufe und Zusammenhänge, die diese noch nicht kennt. Die Mentorin nutzt ihre eigenen Erfahrungen und ihr Fachwissen. Sie „schöpft" aus diesen Quellen eine Analyse der Situation und entwirft alternative Handlungsentwürfe.

Mentoring wird hier als ein intersubjektiver Prozess des exemplarischen Lernens beschrieben, in dessen Verlauf Erfahrungen und Wissen weitergegeben und dabei gleichzeitig reflektiert werden. Das Verb „schöpfen" verdeutlicht, dass vergangene Erfahrungen gehoben, in eine aktuelle Situation eingebettet und transferiert werden. Das Erfahrungswissen der Mentorin ist Expertenwissen, von dem die Mentee im Konflikt profitieren kann. Sie erhält „Hinweise" und „Tipps", vor allem aber Hintergrundwissen über „komplexe Unternehmen", über das sie aufgrund ihrer Berufsanfängerinnenposition noch nicht verfügt.

Die Erfahrung der gemeinsamen Konfliktbearbeitung stellt für Hannelore Ittermann eine Art Wendepunkt in der Tandembeziehung dar, wenn sie sagt: „also meine Vermutung ist das jetzt die zweite Hälfte des Jahres dann nachdem wir eine Beziehung hergestellt haben es auch inhaltlich stärker interessant wird" (I). Hier wird deutlich, dass die Etablierung einer Beziehung, die Frau Ittermann als Voraussetzung für einen inhaltlich interessanten Prozess sieht, aus ihrer Sicht erst anhand eines konkreten Falls gelingt, mit dem ihre Mentee nicht allein zurecht kommt. Ausgangspunkt für die Vertiefung der Beziehung ist also die erkennbare Hilfebedürftigkeit der Mentee, die im deutlichen Kontrast zur vorherigen Beschreibung der selbstständigen, gut organisierten und strukturierten jungen Frau steht. Findet die Mentorin zunächst keinen Ansatzpunkt für ihre Vorstellungen von einer inhaltlich ausbuchstabierten Unterstützungsbeziehung und gewinnt den Eindruck, ihre Mentee käme auch ohne ihre Unterstützung zurecht, ergibt sich schließlich doch eine Situation, in der Frau Ittermann ihre Hilfe anbieten kann.

Hannelore Ittermanns Wunsch nach einer intensiven inhaltlichen Arbeit steht auch im Kontext ihres großen Interesses daran, wie Nachwuchsakademikerinnen ihre Situation gegenwärtig einschätzen. Hier möchte sie von ihrer Mentee lernen und sagt:

> was für mich auch schon interessant ist von Beatrice auch stärker zu lernen wie anders heute junge Hochschulabsolventen sich selbst sehen, ihre Ausbildung sehen, ihre Chancen sehen, da sind einfach [...] Jahre dazwischen, da hat sich viel verändert, das find ich schon extrem spannend ich hab keine Kinder, ich hab Nichten und Neffen die aber noch jünger sind das find ich extrem interessant (I)

Die Passage vermittelt ein vielschichtiges Bild des Interesses der Mentorin am Austausch mit ihrer Mentee. Zum einen ist Hannelore Ittermann neugierig auf die Selbstbilder und die Erfahrungen von jungen Menschen und beschreibt in diesem Zusammenhang ihre Generationenlage. Zum anderen begründet sie ihr Interesse an den Entwicklungen und Ansichten ihrer Mentee mit ihrer Situation als Frau ohne eigene Kinder, die sie auf ihrem Weg begleiten kann. Dabei entwirft sie sich selbst als neugierig Lernende, nicht als überlegene, erfahrenere Elternfigur. Ihre vergangenen Erfahrungen mit dem Studium und der Ausbildung sind nicht vergleichbar, es hat sich „viel verändert" und ihre Mentee kann ihr diesen Wandel nahe bringen. Eine Mentee auf ihrem akademischen Werdegang zu begleiten, eröffnet einen persönlichen Erkenntnisgewinn über das Selbsterleben und die Studiensituation von jungen Akademikerinnen und Akademikern.

Eine weitere Dimension des Lernens betrifft die Tatsache, dass Frau Ittermann selbst nicht mit einer Behinderung lebt. Die Auseinandersetzung mit dieser für sie fremden Situation wird im ersten Interview sehr deutlich. So hebt sie hervor, dass ihr der Kontakt zu Beatrice Carsten die Möglichkeit bietet, einen Einblick in eine für sie „völlig fremde Welt" (I) zu gewinnen. Über die ersten Begegnungen sagt sie:

ich war überrascht, die Beatrice hat auf mich im ersten Anlauf keinen Eindruck einer Behinderten gemacht [...] im Gespräch also jetzt das erste Mal zusammensitzen und miteinander sprechen, war das eigentlich gar kein Thema (I)

„Überrascht" zu sein bedeutet, mit etwas nicht gerechnet oder etwas anderes erwartet zu haben als das, was dann passiert. Hier bleibt der „Eindruck einer Behinderten" im ersten Anlauf aus und die Behinderung von Beatrice Carsten ist in der Erinnerung von Hannelore Ittermann während der ersten persönlichen Begegnung „gar kein Thema". Frau Carsten entspricht also nicht dem erwarteten Bild und ihre Situation als Akademikerin mit einer Behinderung scheint für das gegenseitige Kennenlernen weniger von Bedeutung als die Mentorin dies möglicherweise erwartet hat. Zugleich entsteht der Eindruck, dass die Thematisierung von Behinderung in der Zusammenarbeit des Tandems auch durch die Mentorin nicht ausdrücklich angestoßen wird. Die Situation, dass ihre Mentee das eigene Leben mit einer Behinderung wenig thematisiert, beschäftigt Frau Ittermann nicht nur in der ersten Zeit des Kennenlernens. Vielmehr fragt sie sich auch weiterhin, mit welchen Belastungen Beatrice Carsten umgehen muss, ohne dass dies zwischen ihnen zur Sprache zu kommen scheint:

was heißt das eigentlich auch für Beatrices emotionale und psychische Verfassung, was ist das für ein Kraftaufwand der damit verbunden ist, das ist eigentlich wenig thematisiert, das ist eher sachlich, das ist eher so, unter dem Gesichtspunkt bewundere ich sie wie sie diese verschiedenen auch rein administrativen logistischen Probleme bewältigt und sie ist hochreflektiert (I)

Aus dieser Passage spricht eine deutliche Ambivalenz im Hinblick auf die Bedeutung von und den Umgang mit Behinderung, den die Mentorin bei ihrer Mentee wahrnimmt. Frau Ittermann verdeutlicht, dass sie die Perspektive ihrer Mentee nicht einschätzen kann und stellt sich selbst verschiedene Fragen – nach der emotionalen Belastung und dem „Kraftaufwand", den ein Leben mit Behinderung bedeutet. Dabei schwankt sie zwischen Bewunderung und Sorge, was die sachliche und pragmatische Haltung betrifft, die sie bei Beatrice Carsten wahrnimmt. Aus ihrer Sicht spricht diese nicht viel darüber, wie es ihr psychisch geht und sie bewältigt alle „administrativen, logistischen Probleme" auf eine Weise, die Frau Ittermann bewundert. Die besondere Betonung des hohen Reflexionsniveaus weckt allerdings auch gegenteilige Assoziationen: Findet die Mentorin ihre Mentee vielleicht etwas zu reflektiert und auf sich selbst gestellt? Macht sie sich Sorgen, dass diese ihre Situation nicht genügend mit ihr bespricht oder besprechen kann? Zweifelt sie an dieser Stelle an ihrer Rolle als Mentorin?

Die letzte Frage ist damit verbunden, dass Frau Ittermann sich über beide Interviews hinweg fragt, welche Unterstützung Frau Carsten überhaupt benötigt. Hierbei bringt sie immer wieder den Begriff der „Herausforderung" ins Gespräch, der für sie wesentlich ist, um einen Mentoringprozess inhaltlich zu füllen. Bei ihrer Mentee ist ihr jedoch immer wieder unklar, wo solche Herausforderungen liegen. Diese Unsicherheit ist insofern bemerkenswert, weil Frau Ittermann mögliche Herausforderungen des Berufseinstiegs für eine Akademikerin, die mit einer Behinderung lebt, von sich aus nicht zu thematisieren scheint. Damit bringt sie einerseits ihre Anerkennung gegenüber den Fähigkeiten und der Haltung von Beatrice Carsten zum Ausdruck. Andererseits nimmt sie bestimmte Herausforderungen, die Frau Carsten bewältigt, möglicherweise nicht wahr, weil die Mentee solche Situationen auch ohne sie meistern kann.

So bleibt sie auch bis zum Schluss bei ihrer Einschätzung, dass Beatrice Carsten ihren Weg auch ohne sie gegangen wäre. Im zweiten Interview, nach der offiziellen Beendigung des Mentoring-Programms, resümiert Frau Ittermann, ihre Mentee habe „keine Unterstützung von mir gebraucht oder abgefragt oder nötig gehabt". Diese Einschätzung steht in starkem Kontrast zu den Bildern, die die Mentee in ihren Interviews entwirft, wenn sie die Tandembeziehung als eine intensive Unterstützungserfahrung und wichtigen Entwicklungsraum beschreibt. Die Diskrepanz passt dazu, dass Frau Ittermann sich im zweiten Interview fragt, ob sie vielleicht zu wenig aktiv gewesen sei:

> vielleicht beeindruckt mich einfach die ganze Orientiertheit und Organisiertheit von Beatrice so sehr, dass ich das übersehen habe, wo ihre Fragen da drin stattfinden, ne also wo sie stärker eine aktive Rolle von mir gebraucht hätte (II)

Wie kommt es, dass Frau Ittermann fürchtet, sie habe die Fragen ihrer Mentee „übersehen"? Warum zweifelt sie daran, dass sie ihre Aufgabe als Mentorin gut ausgefüllt hat? Die Erklärung, nach der sie sucht, liegt für sie „vielleicht" darin, dass sie sich zu sehr hat beeindrucken lassen: Beatrice Carsten ist so gut orientiert und organisiert, dass sie keinen Ansatzpunkt und keine „Fragen da drin" gefunden hat. Vor dem Hintergrund der Interviews mit Beatrice Carsten zeigt sich, dass die Mentorin die Wirkung ihrer Person und ihres Beziehungsangebots ganz anders einschätzt, als dies aus Sicht der Mentee der Fall ist. Erst in den Einzelinterviews tritt diese unausgesprochene Dimension der wechselseitigen Lernbeziehung zu Tage, die für Frau Ittermann mit der Frage verbunden ist, ob sie etwas übersehen hat.

Im Kontrast zu diesen Zweifeln steht, dass Frau Carsten sich ausdrücklich wünscht, dass die Beziehung fortgesetzt wird. Mit dieser Frage setzt die Mentorin sich im weiteren Verlauf des zweiten Interviews auseinander. Aus ihrer Sicht tauchen die wesentlichen Themen ihrer Mentee tatsächlich erst nach Abschluss des Mentoringprogramms auf. Deshalb entschließt sie sich, die Begleitung fortzusetzen. Dies soll aber für eine „begrenzte Zeit" (II) geschehen, damit kein „unendlicher Prozess" (II) entsteht und es sollen ganz bestimmte Ziele definiert werden. Indem Frau Ittermann diesen Rahmen absteckt, wird erneut deutlich, dass es ihr schwer fällt, den Unterstützungsbedarf von Beatrice Carsten zu identifizieren und sie sich deshalb deutlichere Ansatzpunkte wünscht. Dazu passt die folgende Einschätzung:

> Beatrice ist keine Frau die, ich sag jetzt mal so, hilfesuchend um Hilfe sucht, also die ist wirklich gut organisiert und wenn sie um Hilfe fragt, dann ist das quasi wie in einem Programm ‚wir haben ja noch ein Programmpunkt, das wollten wir mal angucken' (II)

Die Aussage, dass die Mentee nicht „hilfesuchend um Hilfe sucht", unterstreicht die durchgängige Einschätzung der Mentorin, ihre Mentee sei sehr selbstbestimmt und außerordentlich gut organisiert. Diese Fähigkeit verwehrt ihr aber zugleich den Zugang dazu, welche Hilfe Beatrice Carsten benötigt. Dass sie „um Hilfe fragt wie in einem Programm", ihre Anliegen also wie „Programmpunkte" formulieren kann, scheint die Mentorin zu befremden, mindestens aber so zu verunsichern, dass sie nicht einschätzen kann, ob sie eine Hilfe war. Die Interviewsequenz bietet Ansatzpunkte für mehrere Lesarten. Einerseits wird sehr stark betont, dass Beatrice Carsten keine hilflose Person, sondern eine Persönlichkeit darstellt, die in der Lage ist ihren Wunsch nach Hilfe strukturiert vorzubringen. Mit dieser Anerkennung ihrer Fähigkeit, sich zu strukturieren, ist aber anderseits der Zweifel verbunden, ob die Mentorin als Außenstehende überhaupt in der Lage ist, die Hilfebedürftigkeit der Mentee zu erkennen oder ob sie sich möglicherweise durch deren Strukturiertheit abweisen lässt. Eine weitere Lesart betrifft den bisherigen Erfahrungshintergrund der Mentorin: Hat sie mehr Hilflosigkeit erwartet, weil sie dies von anderen Mentees kennt? Hat sie erwartet, dass eine Mentee, die mit einer Behinderung lebt, weniger selbstbestimmt und organisiert handeln würde? Ist sie befremdet, weil sie eine Konstellation erlebt, in der ihre bisherigen Handlungsorientierungen nicht mehr greifen? Diese Fragen bleiben offen. Festhalten lässt sich aber, dass die Sicht der Mentorin im Gegensatz zur Sicht der Mentee sehr stark darauf fokussiert ist, dass in der Tandembeziehung möglicherweise etwas verborgen geblieben ist, das aus ihrer Sicht hätte aufgegriffen werden sollen.

Das Tandem

Im Mittelpunkt der Tandembeziehung von Beatrice Carsten und Hannelore Ittermann steht der Eintritt der Mentee in das Berufsleben. Die Mentee wünscht sich ausdrücklich, sich mit Hilfe des Mentoring von einer zu starken Definition über die Behinderung zu lösen und begründet damit auch ihre Wahl einer Mentorin, die ohne eine Behinderung lebt. Gleichzeitig räumt Frau Carsten ein, gerade erst durch die Behinderung bestimmte Fähigkeiten für das Berufsleben mitzubringen. Mit dieser argumentativen Wendung grenzt sie sich von einer defizitären Perspektive auf Behinderung ab und betont die gewinnbringenden Aspekte der Erfahrung von Behinderung. Statt sich also von einer Definition als „behindert" (I) zu lösen, deutet sie die damit verbundenen Zuschreibungen um. Ihr Wunsch, eine Mentorin ohne eine Behinderung zur Seite zu haben, stellt sich dabei ebenso widersprüchlich dar, denn sie fürchtet zugleich, dass in ihrem Arbeitsfeld keine Person mit einer Behinderung zur Verfügung gestanden hätte.

Nach dem Matching und der ersten Kontaktaufnahme erzählt Frau Carsten sehr bildhaft von den beruflichen Erfolgen ihrer Mentorin und beschreibt sie als höchst erfahrene und erfolgreiche Führungskraft, von der sie sehr aktiv in Netzwerke eingebunden wird. Dabei rückt sie die Vorbildfunktion von Hannelore Ittermann in den Fokus und schildert anschaulich, in welcher Weise sie sich von dieser begleitet und unterstützt fühlt. Ihre bildhaften Schilderungen vermitteln die Dynamik eines Wechselspiels von Autonomie-in-Bindung, wenn sie beispielsweise die Metapher des Kletterns einsetzt und beschreibt, dass sie das Mentoring als eine Art Steighilfe erlebt, um alleine ein Stück weiter auf der „Karriereleiter" (I) zu klettern, sich aber jederzeit umdrehen und um Hilfe bitten zu können, wenn sie sich zu weit vorgewagt habe.

Aus den Interviews mit Beatrice Carsten wird sehr deutlich, dass sie die Beziehung zu ihrer Mentorin als großen Gewinn betrachtet und eine neue Qualität von Unterstützung erlebt, die aus ihrer Sicht durch die spezifische Funktion, aber auch die Fähigkeiten ihrer Mentorin entsteht. Dabei wird auch klar, dass sie zunächst eine formalere Vorstellung von Mentoring hatte, den offenen Prozess, den sie erlebt, schließlich aber sehr schätzt. Sie erzählt, dass sich ihr Bild über Mentoring im Prozess verändert habe. Während zu Beginn eine starke Leistungsorientierung im Fokus stand, begreift sie Mentoring gegen Ende eher als einen Anstoß und eine Rückenstärkung für die eigene Entwicklung und betont die besondere Bindungserfahrung im Gegensatz zur Unterstützung durch Angehörige oder Freunde. Ebenso betont sie die vielen Möglichkeiten der Partizipation, die sie durch den Kontakt zu ihrer Mentorin erlebt. Zu diesem positiven Resümee passt auch, dass sie sich wünscht, die Beziehung nach Ablauf des im Programm vorgesehenen Jahres fortzusetzen.

Hannelore Ittermann wird aus mehreren Gründen als Mentorin aktiv. Als Frau in einer hohen Position und vor dem Hintergrund ihrer Erfahrungen in der Beratung von Nachwuchs fördert sie gezielt Frauen und sie möchte die Perspektive der jüngeren Generation kennen lernen, die an der Hochschule gegenwärtig ganz andere Erfahrungen durchläuft als sie selbst in der Vergangenheit. Für sie ist Mentoring ein intergenerationaler Prozess, in dessen Verlauf sie ihre Erfahrungen weitergeben, aber auch etwas von einem jüngeren Menschen lernen will. Die Bedeutung der Generationenbeziehung stellt sie auch in den Zusammenhang, dass sie keine eigenen Kinder auf ihrem Bildungsweg begleitet. Zudem begründet sie ihre Teilnahme am Programm des Hildegardis-Vereins mit ihrer Neugier bezogen auf die Dimension Behinderung.

Frau Ittermann betrachtet die Zusammensetzung des Tandems als perfekte Lösung, was sie mit den gemeinsamen beruflichen und fachlichen Interessen begründet. Im Gegensatz zu den Einschätzungen, die Beatrice Carsten in beiden Interviews formuliert, zweifelt Hannelore Ittermann an ihrer Wirkung als Mentorin und fragt sich bis zum Schluss, ob sie ihrer Mentee zu wenig Hilfe angeboten habe. Diese Zweifel hängen damit zusammen, dass die Mentorin ihre Mentee als außerordentlich gut organisiert, strukturiert und selbstständig wahrnimmt und wenig erkennen kann, ob und welche Hilfe sie vielleicht von ihr benötigt. Eine Ausnahme bildet dabei eine von der Mentee thematisierte Konfliktsituation, die es Frau Ittermann erlaubt, ihr Fachwissen und ihre Erfahrungen durch die Analyse der Situation einzubringen, um gemeinsam mit der Mentee alternative Handlungsoptionen zu entwickeln. Während der Mentoringprozess von Frau Ittermann eingangs als eher oberflächlich beschrieben wurde, sorgt dieser Konflikt für eine veränderte Wahrnehmung. Der nun entstandene Unterstützungsbedarf bietet ihr konkrete Anknüpfungspunkte und unterstreicht ihr Verständnis eines Betreuungsverhältnisses. Frau Carsten sieht diese Unterstützung zwar als hilfreich an, räumt aber ein, dass es ihr bezogen auf diesen persönlichen Konflikt unangenehm ist, auf die Hilfe ihrer Mentorin zurückgreifen zu müssen.

Frau Ittermann ist nach den ersten Begegnungen erstaunt, wie wenig die Behinderung von Frau Carsten zum Ausdruck kommt. Das Bild einer unabhängigen und ehrgeizigen jungen Professionellen korrespondiert für sie offenbar zunächst nicht mit Zuschreibungen von Behinderung. Diese Irritation der eigenen Vorstellungen geht mit der Bewunderung der Fähigkeiten von Frau Carsten einher, aber auch mit der Frage, welche Hilfe sie nun eigentlich bräuchte oder gebraucht hätte. Dies gilt auch für die Thematisierung des Lebens mit und ohne Behinderung. Obwohl beide die Bedeutung von Behinderung hervorheben, schildern weder Frau Carsten noch

Frau Ittermann, dass diese Dimension ihrer Beziehung von ihnen gezielt aufgegriffen und reflektiert wurde. So gelangt die Mentorin im zweiten Interview zu der selbstkritischen Betrachtung, sie habe die beeindruckenden Fähigkeiten der Mentee, sich selbst und ihre Situation zu strukturieren, möglicherweise zu stark im Vordergrund gesehen und deren Unterstützungsbedarf nicht genügend erkannt.

Die Auseinandersetzung mit der Eigenständigkeit der Mentee zieht sich als ein zentrales Thema durch beide Interviews mit Frau Ittermann. Frau Carsten hingegen thematisiert nicht den Wunsch nach mehr unterstützenden Angeboten, sondern erzählt, wie sehr sie allein durch den Erfahrungsaustausch mit ihrer Mentorin und den Einblick in ihr Berufsleben profitiert habe. Hier zeigt sich, dass die begeisterte Haltung der Mentee der skeptischen und selbstzweifelnden Einschätzung der Mentorin gegenübersteht. Ob die bemerkenswerte Diskrepanz, die sich an dieser Stelle zwischen der Sichtweise der Mentee und der Mentorin auftut, auch zwischen den beiden Frauen zur Sprache kommt, geht aus den Interviews nicht hervor. Die Interviews mit der Mentorin legen aber nahe, dass die Situation nur im Interview, nicht im Mentoringprozess selbst hinterfragt wurde.

4.1.3 „Er hatte die Vorstellung, wir sind befreundet und das bleibt fürs Leben, und ich, das muss nach dem Jahr zu Ende sein" – Friedericke Glaser und Armin Baumann

Die Interviews mit dem Tandem von Friedericke Glaser und Armin Baumann zeigen eine Diskrepanz im Erleben der Tandembeziehung. Während Herr Baumann eine persönliche und private Verbindung zu seiner Mentee initiiert und dabei von einem Konsens in der Beziehungsgestaltung ausgeht, distanziert sich Frau Glaser im Verlauf des Mentoringprozesses von diesem intensiven Beziehungsangebot und wünscht sich eine eher fachlich-beratende Ausrichtung, die weniger durch ihren Mentor gesteuert wird. Die hier sehr deutliche Perspektivendivergenz von Nähe und Distanz sowie persönlicher und fachlicher Ausrichtung führte zu einem Konflikt innerhalb des Tandems.

Die Sicht der Mentee

Friedericke Glaser sprach zweimal mit uns, einmal zu Beginn des Mentoringprogramms und einmal im Längsschnitt nach dem Abschluss. Sie berichtete, dass ihre Beweggründe für eine Teilnahme mit dem Eintritt in das Berufsleben verbunden waren. Hier wünschte sie sich, eine Tandempartnerin oder einen Tandempartner zu finden, an deren Erfahrungen sie fachlich anknüpfen konnte, um dadurch Berufsperspektiven aufgezeigt zu bekommen. Das Geschlecht oder die Behinderung hätten bei ihren Wunschkriterien zunächst keine Rolle gespielt. Nach dem Matching durch den Hildegardis-Verein und dem Kennenlernen ihres Tandempartners habe sie es jedoch als sehr positiv empfunden, dass ihr Mentor mit der gleichen Behinderung lebt wie sie selbst. Dass das Mentoring auf einer sehr persönlichen Ebene startet und Frau Glaser Einblick in das Privatleben ihres Mentors erhält, beschreibt sie zunächst als ein ungewohntes und überwältigendes Gefühl, das sie jedoch gerne angenommen habe. Die Behinderung beider bildet dabei eine wichtige Parallele. Friedericke Glaser drückt die Hoffnung aus, durch ihren Mentor wichtige Erfahrungen im Umgang mit der Behinderung vermittelt zu bekommen. Offensichtlich geht sie davon aus, dass ihr Mentor durch seinen Erfahrungsvorsprung, anders als ihre Eltern und Freunde, auch bestimmte Lösungswege parat habe, die er ihr weitergeben könne. Hier wird deutlich, dass die Mentee das Leben mit einer Behinderung als eine Voraussetzung betrachtet, um in einer Unterstützungsbeziehung Erfahrungswissen weitergeben zu können. Außerdem grenzt sie die Erfahrungen ihrer Eltern und Freunde von den Erfahrungen ihres Mentors ab, indem sie davon ausgeht, dass sie durch die Parallele der Behinderung wesentlich von seinen Erfahrungen profitieren wird. Sie fügt hinzu, dass es ihr jedoch wichtig sei, dieses Wissen anderer dann auch zu hinterfragen und auf die eigene Situation zu beziehen. Ihren Mentor beschreibt sie im ersten Interview als sehr engagiert. Er investiere viel Zeit und auch finanzielle Mittel in das Mentoring. Das schaffe jedoch gleichzeitig auch eine ungleiche Ausgangssituation, die die Mentee als verunsichernd schildert:

> ich hatte auch relativ viel Angst vor diesem Treffen, weil er bietet mir einfach unglaublich viel an, er hat dann zum Beispiel das Hotel bezahlt, er hat mich überall zum Essen eingeladen

und dann hatte ich auch Angst, dass eine Verpflichtung draus
wird irgendwie, er ist dann der Gönner, weil er einfach auch
das Geld hat und auch diese Sache mit Mann und Frau und
dass sich dann gleich eine Hierarchie einspielt und ich irgendwie das kleine Mädchen bin, dem er alles bezahlt und dann
sagt ,hier und da geht es lang' (I)

Friedericke Glaser thematisiert in dieser Passage die Sorge, durch die
starke Steuerung des Mentors möglicherweise in ein Abhängigkeitsver-
hältnis zu geraten, was sie vermeiden möchte. Dadurch, dass ihr Mentor
wie ein „Gönner" die Rechnungen für die privaten Mentoringtreffen bezahlt, wird aus ihrer Sicht eine Hierarchie hergestellt, in der sie dem Mentor wie ein „kleines Mädchen" untergeordnet ist. Die Verknüpfung von finanziellen Leistungen und Verpflichtungen mit alt bekannten Geschlech-
terrollen zeigt, wie hier gesellschaftliche Abhängigkeitsverhältnisse wirken,
von denen sich die Mentee distanzieren möchte. Frau Glaser sieht das Bild
eines möglichen „Lehrer-Schüler-Verhältnisses" (I) kritisch und rückt
stattdessen das gegenseitige Lernen in den Mittelpunkt. Sie betont, dass
ihr Mentor eher ein „Berater" (I) sein sollte, mit dem ein Austausch über
verschiedene Lebensthemen gelingt. Die Tandembeziehung soll zur beruflichen Perspektiverweiterung dienen und ein wechselseitiger Austausch
stattfinden.

Bereits im ersten Interview wird deutlich, dass Friedericke Glaser das Verhalten ihres Mentors hinterfragt. Sie erklärt, dass sie bestimmte Lösungswege ihres Mentors individuell für die eigene Situation betrachten müsse,
ohne diese eins zu eins zu übernehmen. Nicht jede Lösung, die bei anderen gelinge, sei für einen selbst auch die richtige. Die Mentee grenzt sich
somit von den Erfahrungen ihres Mentors ab. Gleichzeitig hebt sie die beratende Funktion des Mentors hervor. Dieser biete ihr durch seinen Erfahrungsvorsprung „realistischere Einschätzungen" (I) von Situationen, die
ihr ebenfalls begegnen könnten. Jedoch beschreibt sie ihren Mentor auch
als einen „dominanten Menschen" (I), der bereits sehr gefestigte Ansichten habe und weniger auf ihre beruflichen Wünsche eingehe. Hier stellt sie
fest, dass durch seine gefestigten Meinungen nur wenig Austausch gelingen könne. Zwar habe sie das Gefühl, dass ihr Mentor durch den fachlichen Austausch auch etwas für sich mitnehmen könne, jedoch sei ihr die

Steuerung der Beziehung durch den Mentor zu stark. Der hinter diesen Einschätzungen aufscheinende Wunsch nach mehr Offenheit, Flexibilität und Wechselseitigkeit zieht sich wie ein roter Faden durch das erste Interview.

Im Längsschnittinterview, nach dem offiziellen Ende des gemeinsamen Jahres, reflektiert Frau Glaser die Beziehung zu ihrem Mentor erneut. Sie resümiert, dass sie durch die schnelle Öffnung der Tandembeziehung ins Private „überrumpelt wurde":

> der hat mich ja am Anfang total überfahren also, dass er an-
> kam beim ersten Treffen und gleich sagte ‚ja ich erzähl dir alles
> aus meinem Leben' und ich dachte, das passt überhaupt nicht,
> weil wir uns eben überhaupt nicht kannten, er das aber gleich
> schon so setzte, also der hat das von Anfang beschlossen, dass
> wir jetzt aber auf jeden Fall die total vertrauensvolle Beziehung
> haben und dann war ich erst mal ziemlich überrumpelt (II)

Diese Passage verdeutlicht unterschiedliche Sichtweisen auf Nähe und Distanz. Das Streben des Mentors, eine möglichst persönliche Beziehung zu etablieren, erscheint der Mentee zu Beginn des Mentoring unangebracht. Sie benutzt hier ein ausdrucksstarkes Bild: Er habe sie „total überfahren". Auch die Formulierung, dass der Mentor eine „total vertrauensvolle Beziehung" „beschlossen" habe, lässt den Schluss zu, dass die Mentee sich mehr Mitspracherecht in der Ausgestaltung der Kommunikation wünscht. Die Beziehung wird von ihr nicht als ein wechselseitiger Prozess wahrgenommen, in dessen Verlauf die Inhalte gemeinsam ausgewählt und ausgestaltet werden. Sie erlebt vielmehr einen einseitigen Prozess, in dem die Inhalte der Zusammenarbeit durch ihren Mentor vorgegeben werden. Diese Diskrepanz und die unterschiedlichen Vorstellungen von Nähe und Distanz führen letztlich innerhalb des Tandems zu einem Konflikt, den die Mentee kurz vor dem Ende des einjährigen Prozesses thematisiert. Im rückblickenden Interview beschreibt sie die unterschiedliche Wahrnehmung, die Mentor und Mentee von der Tandembeziehung hatten: „er hatte die Vorstellung, wir sind befreundet und das bleibt fürs Leben, und ich, das muss nach dem Jahr zu Ende sein" (II). Die Beschreibung zeigt anschaulich das differente Erleben aus Sicht der Mentee. Hier grenzt sie sich ausdrücklich von einer freundschaftlichen Beziehung zu ihrem Mentor ab und äußert ihren Wunsch nach einem Abschluss der Beziehung nach dem dafür vorgesehenen Jahr. Im gleichen Interview erzählt sie von einem Gespräch mit ihrem Mentor, das nach einer kurzen Kontaktpause stattfand:

> ihm wäre auch klar geworden, dass er auch viel hätte von mir erfahren können, was er aber einfach nicht genutzt hat und dass er das im Grunde schade findet und hofft, dass er eben im Nachhinein noch die Chance hat mehr von mir noch zu erfahren, das fand ich dann eigentlich eine ganz gute Lernleistung auf seiner Seite (II)

Friedericke Glaser schildert, dass ihr Mentor sich ihre Kritik zu Herzen genommen und den wechselseitigen Nutzen des Mentoring rückblickend thematisiert habe. Auch wenn ihrem Mentor aus ihrer Sicht nachträglich eine Selbstreflexion gelungen ist, äußert sie kein Interesse an einer unmittelbaren Fortführung der Beziehung:

> wobei ich dann in dem Moment keine Lust mehr hatte irgendwie das konkret nachzuholen, aber das kann ja noch kommen, also wir haben dann beschlossen, dass wir auf jeden Fall den Kontakt weiterhalten, aber eben in lockerer Art (II)

Dass es irgendwann noch einmal anders kommen könnte, hält sie sich offen, spricht jedoch von einem weniger intensivem Kontakt. Es scheint, dass durch die Thematisierung des Konfliktes durch die Mentee eine Auflockerung der Tandemgestaltung, zumindest im Nachhinein, gelungen ist.

Die Sicht des Mentors

Armin Baumann hat einmal nach dem Abschluss des Mentoringprogramms mit uns gesprochen. Seine Motivation für eine Teilnahme am Programm begründet er mit dem Wunsch, Lebenserfahrungen weitergeben zu können, um dadurch seiner Mentee „schmerzliche" Erlebnisse zu ersparen. Wie er dies seiner Mentee gegenüber beim ersten Kennenlernen kommuniziert, schildert er im Interview folgendermaßen:

> dann hab ich ihr gesagt ,ich hab das deshalb gemacht, um dir bestimmte Erfahrungen, die ich leider machen musste, zu ersparen', damals hatte ich viele Jahre Leben mit Behinderung

und mit akademischer Ausbildung, mit akademischer Berufser-
fahrung, und ich habe ihr gesagt ‚diese Jahre vertraue ich dir
an, du darfst in meinem Lebenswerk lesen wie in einem Buch,
ich geb dir alle Erfahrungen weiter, auch die Dinge die man
normal nicht weitersagt, auch gerade im Intimbereich‘, ja weil,
es ist als behinderter Mensch ganz schwierig einen Partner zu
finden und das war mein höchstes Frustrationspotenzial

Seinen Erfahrungsvorsprung mit einem Leben mit Behinderung verortet er
nicht nur im beruflichen Kontext, sondern auch im privaten Bereich und
betont dabei auch die Bedeutung, die der Umgang mit Intimität aus seiner
Sicht hat. Er möchte seine Mentee nicht nur mit seinem akademischen
Wissen unterstützen, sondern auch bei privaten Themen, beispielsweise
bei Fragen zu Sexualität, zur Seite stehen. Insbesondere seine Aussagen
hierzu und die Erwähnung des eigenen „Frustrationspotenzials" zeigen,
mit welcher Offenheit er der Mentee gegenübertritt. Der Mentee „bestimmte Erfahrungen" zu „ersparen", verweist auf den Wunsch des Mentors, vermeintliche negative Erfahrungen vermeiden zu können. Hier wird
deutlich, dass er eine Behinderung als erschwerenden Faktor ansieht, um
einen Beziehungspartner oder eine Beziehungspartnerin zu finden.

Zwischen sich und Friedericke Glaser erkennt er wesentliche Parallelen.
Diese benennt er nicht nur mit der gleichen Behinderung, sondern auch im
akademischen Werdegang sieht er Gemeinsamkeiten:

der ausgesprochene Fleiß meiner Mentee, die ausgesprochene
Konsequenz, die harte Arbeit, die sie auf sich nimmt, eine junge Frau mit Mitte zwanzig, aber ich hab dann in den Spiegel
gesehen, so war ich auch

In der starken Leistungsorientierung seiner Mentee erkennt Herr Baumann
sich wieder, er beschreibt dieses Erleben als würde er in den Spiegel sehen. Dies könnte auf eine Identifikation mit der Lebenssituation der
Mentee verweisen und somit auf einen der Gründe, weswegen es ihm ein
wichtiges Anliegen ist, sein Erfahrungswissen über die starke Öffnung der
Mentoringbeziehung ins Private an die Mentee weiterzugeben. Im weiteren
Verlauf des Interviews wird deutlich, dass Herr Baumann der Meinung ist,
dass ohne „Fleiß" sowie „Konsequenz" kein Erfolg möglich sei. Er spricht

davon, dass Menschen mit Behinderung für Erfolg im akademischen Werdegang wesentlich mehr leisten müssten als Menschen ohne Behinderung, weil „man sie sonst nicht für voll nimmt". Seine Mentee hätte das aber „verinnerlicht". Armin Baumann betont hier die unabdingbare Verbindung zwischen überdurchschnittlichem „Fleiß" und Leistungen und beruflichem Erfolg. Neben den beruflichen Erfahrungen, die er an Frau Glaser weitergeben möchte, geht er auch davon aus, dass sie durch ihn im „Umgang mit dem anderen Geschlecht profitiert", was er auf den Austausch über „Partnerschaftsdinge" bezieht. Dass das möglicherweise Grenzen der Mentee überschreiten könnte, reflektiert er folgendermaßen:

> sie hätte ja auch genauso gut sagen können ‚mein Intimleben, mein Privatleben geht Sie nichts an da will ich gar nichts von Ihnen wissen‘, wäre aber schade gewesen, ich konnte ihr auf diese Art und Weise sehr viel Positives mitteilen und insoweit sind meine Erwartungen an das Mentoringprojekt voll und ganz erfüllt worden

Herr Baumann setzt sich im rückblickenden Interview mit der Möglichkeit auseinander, dass die Themen Partnerschaft und Sexualität zu privat gewesen sein könnten, geht aber davon aus, dass Frau Glaser ihm das mitgeteilt hätte. Er äußert zudem die Überzeugung, dass die Nähe es ihm ermöglicht habe, der Mentee sehr viele positive Rückmeldungen mitzugeben. Zu der aus seiner Sicht entstandenen vertrauensvollen persönlichen Beziehung sagt er:

> was ich wirklich ganz positiv sehe, ist einfach das Vertrauen, das wir gegenseitig entwickeln konnten, sie weiß vieles von mir was außer meiner Frau keiner weiß und ich denk, ich weiß auch vieles von ihr, was sie auch nicht jedem anvertrauen würde und das ist in guten Händen bei beiden, da vertrauen wir drauf und das ist eine große Sympathie, Freundschaft

Während die Mentee im zweiten Interview erzählt, dass sie sich von dem Freundschaftsgedanken verabschiedet habe, geht ihr Mentor auch nach der offiziellen Beendigung des Mentoringjahres von einer Freundschaft aus. Den Austausch von privaten Themen sieht er als wesentlich dafür an, dass „Sympathie" entstanden ist. In dieser Passage stellt er die Mentee seiner Frau gleich, was persönliche Themen anbelangt, und verdeutlicht so, wie vertrauensvoll er seine Beziehung zu ihr sieht. Dabei sind die eigenen „schmerzlichen" Erfahrungen in Zusammenhang mit Behinderung und Partnerschaft in dem Interview mit Armin Baumann sehr präsent:

> wie kommuniziere ich, dass es auch in einer Partnerschaft mit einem behinderten Menschen ein qualitätsvolles und schönes und niveauvolles Miteinander gibt, das ist unendlich schwer und da habe ich viele düstere Täler durchschreiten müssen und viele Schmerzen erlitten und ich glaube, dass ich ihr da vieles mitgeben konnte, was sie positiv genutzt hat

Der Wunsch, seiner Mentee die selbst erlebten Schmerzen zu ersparen, wird in dieser Passage sehr deutlich. Hier geht er davon aus, dass er Friederike Glaser einen positiven Nutzen aus dem Erfahrungsaustausch vermitteln konnte. Im Weiteren verortet Herr Baumann eine Benachteiligung aufgrund der Behinderung stark im Privaten und begründet dies mit den eigenen Erfahrungen:

> aber was diese privaten Dinge angeht, da liegen die eigentlichen Schmerzen der Behinderung und wie gesagt deswegen war es auch gelungen, weil das habe ich von Anfang an ganz offen angesprochen, ich habe dann ausdrücklich gesagt ‚auch die allerprivatesten Dinge sage ich dir, ich verlass mich auf deine Diskretion' und das hat sie auch genutzt, um diese Schmerzen, die sie auch erleben muss, zumindest ein bisschen kühlen können, bisschen lindern können und das ist mir unheimlich viel wert

Auch hier klingt wieder der Wunsch Armin Baumanns an, sein Gegenüber vor schmerzlichen Erfahrungen im Bereich der Partnerschaft zu bewahren. Dort verortet er „die eigentlichen Schmerzen der Behinderung". Mit seinem Gesprächsangebot beschreibt Armin Baumann sich als eine Art „offenes Buch", aus dem Friederike Glaser lesen und profitieren kann. Im Gegenzug erwartet er von seiner Mentee Diskretion. Aus seiner Sicht hat seine Offenheit wesentlich zum Gelingen der Mentoringbeziehung beigetragen. Er schildert, dass er seine Mentee zwar nicht vor schmerzlichen Erfahrungen bewahren, diese jedoch „lindern" konnte. Der von ihm als

Motivation für das Mentoring genannte Wunsch, die eigene Lebenserfahrung weiterzugeben, konnte seiner Meinung nach umgesetzt werden. Armin Baumann resümiert die Tandembeziehung als „gelungen" und geht davon aus, dass die Mentee von seinem Beratungsangebot „erheblich" profitieren konnte.

Das Tandem

Das Tandem von Friedericke Glaser und Armin Baumann zeigt deutlich, wie unterschiedlich eine Tandembeziehung durch die Beteiligten wahrgenommen werden kann. Nach dem Matching durch den Hildegardis-Verein bewertet Frau Glaser die Behinderung ihres Mentors als ein wesentliches Kriterium, das schnell eine Gemeinsamkeit zwischen ihr und ihrem Mentor geschaffen habe. Hier sieht die Mentee besonders in dem beruflichen Erfahrungsvorsprung ihres Mentors, aber auch durch sein Leben mit Behinderung, viele Anknüpfungspunkte. Gerade sein selbstsicheres Auftreten mit der Behinderung beschreibt sie als wesentlich. Auch Armin Baumann sieht in der Behinderung eine wichtige Gemeinsamkeit, an die er thematisch anknüpfen möchte. Der akademische Werdegang mit einer Behinderung stellt für beide ein zentrales Thema dar, was jedoch mit einer starken Leistungsorientierung erklärt wird. Ein hohes Maß an „Fleiß" im Studium wird von Herrn Baumann als eine Selbstverständlichkeit verstanden, um als Mensch mit Behinderung erfolgreich sein zu können. Hier erkennt er sich selbst in der Leistungsorientierung seiner Mentee wieder. Die damit verbundenen Zuschreibungen von Behinderung und die Konsequenz des Leistungsdrucks werden im Tandem nicht hinterfragt.

Während die Mentee sich einen Austausch über Studium und Berufsperspektiven in Bezug auf die Behinderung wünscht, rückt ihr Mentor den Erfahrungsaustausch über die Behinderung ins Private. Er möchte die Mentee an seiner Lebenserfahrung teilhaben lassen, um sie vor „schmerzlichen Erfahrungen" zu bewahren. Diese sieht er vor allen Dingen in den Bereichen Partnerschaft, Familie und Sexualität. Dem Wunsch der Mentee, über die Teilnahme am Mentoring berufliche Perspektiven entwickeln zu können sowie Selbstsicherheit im Umgang mit der Behinderung zu finden, steht die starke Ausrichtung des Mentors auf private Themen gegenüber. Während die Mentee im Längsschnittinterview thematisiert, dass sie sich von der starken Öffnung ins Private „überrumpelt" (II) fühlte, erlebt ihr Mentor ihre Tandembeziehung auch nach dem offiziellen Abschluss als vertrauensvoll, freundschaftlich und gelungen.

Die Erwartung der Mentee, dass ein wechselseitiger Erfahrungsgewinn im Mentoring stattfindet, scheint mit den Vorstellungen und der Steuerung des Mentors nicht reibungslos vereinbar. Während sich Friedericke Glaser eher eine beratende Funktion ihres Mentors wünscht, bringt dieser klare Vorstellungen über die Inhalte in die Tandembeziehung ein. Für Frau Glaser entsteht so das Gefühl einer Hierarchie, in der sie dem Mentor untergeordnet ist. Diese Diskrepanz in der Motivation für das Mentoring führt zu einem Konflikt innerhalb des Tandems. Nach dem anfänglichen Interesse der Mentee an den persönlichen Erfahrungen des Mentors wünscht sie sich später ein anderes Verhältnis von Nähe und Distanz.

Trotz der starken Steuerung durch den Mentor gelingt es der Mentee, den Konflikt anzusprechen und für sich zu reflektieren. Aus ihrer Sicht hat die Thematisierung des Konflikts auch ihren Mentor zum Nachdenken gebracht. Die nachträgliche Reflexion des Mentors empfindet sie als sehr positiv, was möglicherweise für einen Wandel in der Ausgestaltung der Beziehung stehen könnte. Dennoch hält Friedericke Glaser es sich offen, inwieweit sie wieder in Kontakt mit Armin Baumann treten möchte. Diese Perspektivendivergenz im Tandem verdeutlicht eine Konstellation, in der die unterschiedlichen Motive und Erwartungen, die in einem Tandem zum Tragen kommen, nicht in jeder Konstellation sofort offen ausgehandelt werden können.

4.1.4 „Mir ist wichtig, dass ich das anpacke und er ist eher Berater" – Nathalie Oppermann und Ingo Kürschner

Die Tandembeziehung von Nathalie Oppermann und Ingo Kürschner ist durch eine Balance zwischen Fördern und Herausfordern gekennzeichnet, indem sich beide offen und wechselseitig auf den Prozess des Mentoring einlassen. Hierbei überlässt Herr Kürschner die Festlegung der Inhalte wesentlich Frau Oppermann. Die berufliche Aktivität ihres Mentors hilft Nathalie Oppermann eigene „Selbstzweifel", die in Zusammenhang mit dem akademischen Werdegang und der Behinderung stehen, einzudämmen. Ingo Kürschner wird zu einem wichtigen Berater, der sie motiviert, Hürden selbstständig zu bewältigen. Auch im politischen Engagement sehen beide eine wichtige Parallele in ihrer Beziehung.

Die Sicht der Mentee

Nathalie Oppermann hat einmal zu Beginn des Programms mit uns gesprochen. Ihre Motivation für die Teilnahme begründet sie mit negativen Erfahrungen innerhalb des Bildungssystems. Hier fühlte sie sich oft „wie gelähmt" und sei „verunsichert" gewesen, beispielsweise bei Schulwechseln oder dem Übergang von der Schule zum Studium. Diese immer wiederkehrenden Gefühle haben sie dazu bewegt, sich für das Mentoring des Hildegardis-Vereins zu bewerben. Aufgrund der benannten Verunsicherung habe sie gehofft, eine Tandempartnerin oder einen Tandempartner zu finden, der oder die sie „mental stärkt". Dabei sei es ihr beim Eintritt in das Programm besonders wichtig gewesen, dass ein „gemeinschaftliches Voneinander lernen" stattfinde, in dem beide Seiten von dem Prozess profitieren können. Auch benennt sie es als wesentlich, dass man sich im Tandem mit dem Erleben von Behinderung auseinandersetzen könne und ein Austausch in der Gesamtgruppe stattfinden sollte. Es wird deutlich, dass Frau Oppermann neben dem eigenen Gewinn am Mentoring auch eine gesellschaftspolitische Perspektive verfolgt:

> ich will das nicht nur machen, damit ich irgendwann besser dastehe im Leben, sondern ich möchte, dass behinderte Menschen generell mehr Chancen haben, dass man ihre Potenziale sieht und nicht nur ihre Defizite und dafür war es mir auch dann so wichtig einen Beitrag zu leisten

Frau Oppermann schildert hier ihren politischen Anspruch, den sie mit dem Mentoringprogramm verbindet. Ihr ist es wichtig, den Blick auf Behinderung innerhalb der Gesellschaft zu verändern, sodass er nicht nur Defizite, sondern auch die Potenziale von Menschen mit Behinderung in den Fokus nimmt. Denkbar ist, dass sie die Teilnahme am Mentoringprogramm als ein Statement zum akademischen Werdegang von Menschen mit Behinderung sieht, in dem die eigenen Stärken viel mehr in den Vordergrund rücken können. Diese politische Motivation benennt sie als einen entscheidenden Grund für die Auswahl ihres Tandempartners.

Der ihr zugeteilte Mentor hat ebenfalls eine Behinderung und ist politisch aktiv. Aus ihrer Sicht finden sie schnell inhaltliche Anknüpfungspunkte und tauschen sich über ihre politische Arbeit aus. Die Parallele der Behinderung ist für Nathalie Oppermann ebenfalls von Bedeutung:

> und das baut einen einfach auf, dass er eben auch behindert ist und das baut dann auch so diese Zweifel ab, wenn man so Bücher liest über Selbstbewusstsein, hab ich ja auch gemacht, da steht dann drin ,stehen Sie zu ihren Stärken' und da hab ich mir manchmal gedacht ,ja die Gesunden können das, aber ich bin behindert' und wenn ich weiß, dass mein Mentor genau dieses tut, dann ist das schon mal noch einmal ein Mittel, um so gewisse destruktive Tendenzen abzubauen

Die Passage veranschaulicht die Vorbildfunktion des Mentors, da er es mit einer Behinderung geschafft hat, sich im akademischen Feld zu etablieren. Frau Oppermann schildert sehr anschaulich, dass es ihr schwer fällt, die eigenen Stärken zu betonen und sie vielmehr mit Zweifeln zu kämpfen hat. Folgen wir ihrer Erzählung, wird deutlich, dass sie die Behinderung als ursächlich für ihre Selbstzweifel sieht. Sie vergleicht Behinderung mit Gesundheit und geht dabei davon aus, dass Menschen mit einer Behinderung nicht zur Gruppe der „Gesunden" gehören. Dies legt den Umkehrschluss nahe, Behinderung sei wie eine andauernde Krankheit. Dadurch, dass sie ihren Mentor jedoch als selbstbewusst mit einer Behinderung lebend und zu seinen Stärken stehend empfindet, kann sie diese Zuschreibung relativieren und beginnt, die „destruktiven Tendenzen" des eigenen Denkens zu reflektieren. Es wird ein Weg aufgezeigt, der es erlaubt, sich aus dem Dilemma der Benachteiligungen und Selbstzweifel lösen zu können. Durch den Kontakt zum Mentor wird eine positive Form der Selbstwahrnehmung oder auch Selbstpräsentation erlebt, an der sich die Mentee orientieren möchte. Dies unterstreicht die Annahme einer starken Vorbildfunktion des Mentors. Dabei ist Frau Oppermann der wechselseitige Austausch über Erfahrungen mit einer Behinderung im akademischen Werdegang ganz besonders wichtig:

> aber vor allen Dingen, dass da ein Austausch stattfindet auch über seine Bewältigungsstrategie, wie er mit seiner Behinderung durch das Leben gekommen ist, wie er seinen beruflichen

Einstieg gefunden hat und im Grunde, dass ich von ihm lerne
im Austausch von ihm, mit ihm

Das Gespräch über den „beruflichen Einstieg" mit einer Behinderung ist in diesem Abschnitt ein wesentliches Thema. So interessiert sich die Mentee sehr konkret für die Frage: Wie ist dem Mentor der Einstieg in das Erwerbsleben gelungen? Frau Oppermann vergleicht ihre verschiedenen Lebenswege und verbindet dies mit der Hoffnung, über einen gemeinsamen Austausch „Bewältigungsstrategien" für mögliche Hürden zu erhalten. Die Erwartung, dass der Mentor eine „Bewältigungsstrategie" parat hat, wirft die Frage nach der Weitergabe von Lösungswegen auf. Hier geht die Mentee davon aus, dass es für die erlebte Hürde der Behinderung eine Überwindungsmöglichkeit gibt. Die Passage vermittelt einerseits, wie einschränkend Nathalie Oppermann eine Behinderung für ihren und für den beruflichen Werdegang von anderen Menschen, die mit einer Behinderung leben, einschätzt. Andererseits zeigt ihr die Beziehung zu ihrem Mentor neue Wege auf, mit strukturellen Hürden umzugehen, ohne nur sich selbst für alles verantwortlich zu sehen. Von dem Erfahrungsaustausch im Tandem möchte sie entsprechend viel profitieren, dabei ist es ihr wichtig, dass dieser wechselseitig stattfindet. Als einen motivierenden Faktor sieht sie auch das Alter ihres Mentors an, das sie als wesentlich für dessen Erfahrungsvorsprung betrachtet:

> man muss ja auch sehen als mein Mentor jung war, damals war die Lage für Behinderte noch schwieriger und der hat es trotzdem geschafft und das alleine, dass es halt vor allen Dingen den mentalen Effekt hat so bestimmte Zweifel, die sich dann oft so wie so Schwelbrände im Kopf ausbreiten und die Produktivität und Kreativität irgendwie zerstören und man dann seine Potenziale nicht mehr ausnützt, es ist leichter das einzudämmen

Dass ihr Mentor es geschafft hat, sich mit einer Behinderung beruflich zu etablieren zu einer Zeit, in der es ihrer Meinung nach „noch schwieriger" war, beschreibt die Mentee als ein entscheidendes Kriterium, welches ihr hilft Selbstzweifel „einzudämmen". Auch wird in dieser Passage die Perspektive des gesellschaftlichen Wandels deutlich, indem die Mentee von einer veränderten oder verbesserten gesellschaftlichen Situation im Um-

gang mit Behinderung ausgeht. Das ausdrucksstarke Bild der „Schwel-
bränd im Kopf" beschreibt den erfolgreichen akademischen Werdegang
des Mentors als eine Art Gegenbild für die Zweifel, die im eigenen Kopf
rauchen. Die Mentee spricht hier von einem „mentalen Effekt", der ihr hilft
sich in solchen Situationen auf die eigenen Potenziale zu besinnen. Das
drastische Bild des schwelenden Feuers im eigenen Kopf gibt einen ein-
drucksvollen Einblick in die quälende Seite von Selbstzweifeln und Unsicherheiten. Hier wirkt der Mentor entlastend und zeigt durch seinen Werdegang neue Wege auf, mit den eigenen Zweifeln umzugehen. In Bezug
auf die Beziehungsgestaltung distanziert sich die Mentee gleichzeitig von
einer zu starken Steuerung:

> also ich sehe das nicht so wie in der Schule, er ist der Lehrer,
> er textet mich zu und ich lerne dann das, was er mir da vor-
> sagt, sondern ich sehe es durchaus als Austausch von dem wir
> beide profitieren und ich würde mir selber durchaus eine aktive
> Rolle zuschreiben also dass ich die Sachen wirklich anpacke

Sie grenzt ihren Mentor von dem Bild eines Lehrers ab und geht davon
aus, dass beide Seiten im Tandem voneinander profitieren. Diese Betonung des wechselseitigen Nutzens könnte dafür stehen, dass es hier darum geht, sich von dem an die Rolle der Mentee geknüpften Förderbedarf
zu lösen. Setzen wir wechselseitiges Lernen und dadurch auch Profitieren
voraus, habe beiden Seite einen Nutzen, ohne dass eine Seite aufgrund
des Förderbedarfes in eine untergeordnete Position gerät. Unterstrichen
wird diese Annahme auch von der eigenen Positionierung im Tandem. Hier
begreift sich die Mentee als „aktiv" und handlungsorientiert: „mir ist wichtig, dass ich das anpacke und er ist eher Berater".

Zum Zeitpunkt des ersten Interviews hatten Nathalie Oppermann und Ingo Kürschner noch keine Gelegenheit sich persönlich kennenzulernen, hatten aber Kontakt per Email. Frau Oppermann erzählt, dass sie von diesem
Kontakt profitiert habe: „allein diese Sicherheit zu haben, dass da noch
jemand ist, der mir den Rücken stärkt, auch wenn ich diesen nicht gesehen habe, aber allein das, was die Mails von ihm ausdrücken". Obwohl sie
ihren Mentor noch nicht persönlich kennenlernen konnte, beschreibt sie
den virtuellen Kontakt zu ihm über Email als motivierend. Die Gewissheit
zu haben, dass jemand „den Rücken stärkt", wird von Frau Oppermann als

ein sicherheitsgebendes Gefühl benannt, hier erlebt sie den virtuellen Kontakt zu ihm als wohlwollend und unterstützend.

Die Inhalte des Austauschs werden hauptsächlich durch die Mentee gesteuert. Sie beschreibt, dass sie sich zwar an der Zielvereinbarung des Hildegardis-Vereins orientiert, diese aber zusammen mit dem Mentor nach eigenen Wünschen abgeändert hat. Sie orientieren sich stattdessen an aktuellen Fragen und Bedürfnissen. Die Inhalte werden oft von Frau Oppermann bestimmt. Im folgenden Zitat wird die Bedeutung des Mentors für sie noch einmal besonders deutlich:

> ich habe eine Liste aufgestellt, also erstens, was sind die Chancen da habe ich meine ganzen Ideen zusammengefasst und das dann untergliedert in Chancen und Risiken die das eventuell haben kann und in Handlungsmöglichkeiten, dass es einen Plan gibt hat er als Erster gesehen und das hat mir sehr gutgetan, wie er dann einfach nur geschrieben hat ‚das klingt gut‘, das reichte im Grunde völlig

In dieser Passage wird anschaulich, wie strukturiert Frau Oppermann die Mentoringinhalte thematisiert. Sie schildert ihre Auseinandersetzung mit den eigenen Berufsperspektiven entlang von Chancen, Risiken und Handlungsoptionen. Das veranschaulicht, wie sehr sich die Mentee mit ihrem eigenen beruflichen Werdegang beschäftigt und sich mit positiven und negativen Situationen auseinandersetzt. Die Rückmeldung ihres Mentors beschreibt sie als wohltuende Motivation, die für sie eine Rückversicherung darstellt. Er übernimmt aus ihrer Sicht die Rolle einer unterstützenden und stärkenden Figur im Hintergrund, die sich gleichzeitig nicht zu sehr in ihre Vorstellungen einmischt.

Frau Oppermann beschreibt ihren Mentor als sehr engagiert und zuverlässig. Sie hebt besonders hervor, dass dieser sich trotz seines Berufes und des politischen Engagements immer Zeit für sie nehme und auf ihre Bedürfnisse eingehe.

Die Sicht des Mentors

Ingo Kürschner hat zu Beginn des Mentoring und nach Abschluss des Programms jeweils ein Interview gegeben. Seinen Beweggrund für die Teilnahme am Mentoring benennt er mit dem Wunsch, eigene Erfahrungen aus dem akademischen Werdegang an eine Mentee weitergeben zu wollen. Zwischen sich und Nathalie Oppermann sieht er einige Parallelen; diese liegen nicht nur in einem ähnlichen Studium, sondern auch im politischen Engagement. Ebenso wird deutlich, dass seine Sichtweise auf die Gestaltung der Tandembeziehung deckungsgleich mit der oben beschriebenen der Mentee ist:

> also es ist nicht im Sinne des Mentoringprogramms, dass der Mentor für den Mentee sozusagen die Entscheidung abnimmt, sondern nur Unterstützung, Hilfe, Hinweise, Tipps und so weiter halt gibt und entscheiden muss das der Mentee dann selbst (I)

In dieser Passage wird deutlich, dass Herr Kürschner die eigenen Vorstellungen von Mentoring in die Programmkonzeption einbettet, indem er davon ausgeht, dass es nicht im „Sinne des Mentoringprogramms" sei, dass Entscheidungen der Mentees von Mentoren übernommen werden. Diese Aussage veranschaulicht, wie er das eigene Vorgehen und die Entscheidungsfreiheit der Mentee als selbstverständliche Richtlinien des Programms wahrnimmt. Ähnlich wie Frau Oppermann sieht auch Ingo Kürschner sich selbst in einer beratenden Funktion – er kann ihr Tipps geben und Wege aufzeigen, den Weg beschreiten soll sie jedoch selbst. Die Wahl der Inhalte überlässt er hauptsächlich Frau Oppermann, hier schildert er, dass sie zu Gesprächen eine Tagesordnung mitbringe und oft Gesprächsprotokolle führe. Diese Beschreibung veranschaulicht, wie engagiert und strukturiert er Frau Oppermann bei den gemeinsamen Treffen wahrnimmt.

Ein wesentlicher Inhalt im Tandem ist auch die Auseinandersetzung mit der Behinderung im Zusammenhang mit dem Eintritt in das Berufsleben; das verdeutlicht er im ersten Interview:

> grade weil sie ja schon am Ende des Studiums [ist], ist die Zielorientierung ganz klar auf nach der Hochschule, Start in

Berufsleben, Bewerbungen und von daher haben wir die Ziel-
vereinbarungen darauf beschränkt, dass auch ein Austausch
stattfindet, die Fragestellung ist ‚wie gehe ich mit meiner Behinderung um und wie soll sie mit ihrer Behinderung umgehen‘
und auch die Frage der Akzeptanz war für mich besonders
wichtig, die Behinderung kann man nicht wegdiskutieren, weil
man aufgrund seiner Behinderung Bedürfnisse, Nachteile hat
und dafür Lösungen anbietet (I)

Den Austausch über eine berufliche Verwirklichung mit Behinderung arbeitet Ingo Kürschner hier als seine zentrale Erwartung an das Tandem heraus, gerade weil die Mentee dabei ist, das Studium zu beenden. Aus seiner Sicht ergibt sich also das deutliche Bild einer non-direktiven und zugleich inhaltlich fokussierten Haltung als Mentor. Für ihn geht es dabei
wesentlich um die Akzeptanz der Behinderung, da man diese „nicht wegdiskutieren" könne. Die gesellschaftspolitische Relevanz, die in der Erwähnung von Bedürfnissen und Nachteilen möglicherweise bereits anklingt,
wird im gleichen Interview an anderer Stelle noch deutlicher erörtert:

ich meine, das könnte ja auch eine Folge des
Mentoringprojektes sein, dass man sagt ‚bei den Mentees haben wir die und die Probleme festgestellt, die konnten die Mentoren ja auch nicht lösen‘, also ich als Mentor kann zwar bera-
tend tätig sein, aber ich kann nicht sagen ‚du kriegst jetzt von
mir Eingliederungshilfe‘, das sind Hindernisse, die können die
Mentoren nicht beiseite räumen, weil die müssen dann politisch
gelöst werden

Ingo Kürschner spricht hier die Grenzen des Angebots Mentoring an. Er
sieht Mentoring als Beratung. Zugleich betont er, dass nicht alle Probleme,
die auf die Mentees zukommen, durch Mentoring gelöst werden können.
Vielmehr verortet er hier einen Bedarf an Veränderungen innerhalb der
Politik. Ähnlich wie Frau Oppermann sieht Herr Kürschner eine gesellschaftspolitische Relevanz, sich für die Rechte von Menschen mit Behinderung einzusetzen.

Im Längsschnittinterview resümiert er seine Erlebnisse im Tandem. Besonders in Erinnerung geblieben ist ihm ein Besuch der Mentee an seinem

Arbeitsplatz. Dieses Ereignis beschreibt er als sehr wichtig, da sie so einen direkten Einblick in sein Berufsumfeld bekommen konnte, aber auch in sein politisches Engagement. Er setzt sich mit den anfänglichen Bedenken der Mentee auseinander, die befürchtete, an der eigenen sozialen Kompetenz beim Besuch an seinem Arbeitsplatz zu scheitern und nicht an ihrem fachlichen Auftreten: „das hat sie mir beim Abschluss auch gesagt, dass das Feedback war, dass ihre sozialen Kompetenzen doch nicht so schlecht seien, wie sie sich selber eingeschätzt hat" (II).

Die Thematisierung dieser Rückmeldung seiner Mentee könnte darauf hinweisen, dass Ingo Kürschner das Gefühl hat, er konnte ihr durch den Einblick in seinen Beruf etwas Positives vermitteln. Hier geht er davon aus, dass ihr dadurch eine bessere Einschätzung der eigenen Fähigkeiten gelingen konnte. Seine Teilnahme am Mentoringprogramm resümiert er im Rückblick als eine „Bereicherung", da er so Erfahrungen machen konnte, die ihm ansonsten verwehrt geblieben wären:

> man könnte auch sagen es ist vielleicht auch was Bleibendes, weil wir haben auch gesagt, wir bleiben in Kontakt und nicht ‚jetzt haben wir das Mentoring hinter uns und jetzt können wir ein Häkchen machen, jetzt aber auf Nimmerwiedersehen' und das ist nicht so, ob wir uns wiedersehen so schnell weiß ich jetzt nicht, aber wir wollen auf jeden Fall in Kontakt bleiben (II)

Die Beschreibung der Tandembeziehung als etwas möglicherweise Beständiges, und der Wunsch weiterhin in Kontakt bleiben zu wollen, deuten darauf hin, dass die Beziehung zu Nathalie Oppermann für ihn eine positive Erfahrung war. Die zitierte Passage zeigt, dass das Mentoring aus seiner Sicht keine Pflicht war, die nach Erledigung abgehakt wird. Wie der zukünftige Kontakt mit der Mentee gestaltet wird, bleibt hier jedoch offen.

Das Tandem

Die Tandembeziehung von Nathalie Oppermann und Ingo Kürschner wird von beiden zum Zeitpunkt der jeweiligen Interviews als ein wechselseitiger Prozess wahrgenommen. Auch wenn Frau Oppermann zum Zeitpunkt ihres Interviews noch kein persönliches Treffen mit ihrem Mentor hatte, erlebt sie den Kontakt zu ihm als engagiert und vertrauensvoll. Hier fühlt sie sich mit ihren Themen verstanden und durch seine Rückmeldungen wohlwollend motiviert. Durch die Tandembeziehung hofft Frau Oppermann, Lösungsmöglichkeiten im Zusammenhang mit der Behinderung zu erhalten. Dadurch, dass ihr Mentor erfolgreich mit einer Behinderung im Berufsleben steht und selbstsicher auftritt, hat er für sie eine Vorbildfunktion. Ihm sind aus Sicht der Mentee der akademische Werdegang und ein fester Stand im Berufsleben bereits geglückt. Der Abgleich der eigenen akademischen Biographie mit der des Mentors könnte somit dafür stehen, diese Etablierung im Berufsleben ebenfalls erreichen zu können. Hier hofft die Mentee, sich durch den gemeinsamen Austausch auf eigene Stärken und Potenziale zurückbesinnen zu können und weniger an den eigenen Fähigkeiten zu zweifeln. Es wird deutlich, dass für beide der Austausch über das Leben mit Behinderung ein wesentliches Thema im Mentoring darstellt. Dieses wird nicht nur in Bezug zum eigenen akademischen Werdegang und den damit verbundenen Befürchtungen und Hoffnungen betrachtet, sondern auch die sich daraus ergebenden gesellschaftlichen Perspektiven sind für beide ein wichtiger Aspekt des eigenen Lebens. Hier zeigen sowohl Mentee als auch Mentor eine große politische Aufmerksamkeit. Sich für die Interessen und Rechte für Menschen mit Behinderung einzusetzen, ist für beide eine Selbstverständlichkeit.

Innerhalb des Tandems übernimmt der Mentor eine beratende Funktion. Die Mentee betont die Wichtigkeit, Tipps und Ratschläge des Mentors als Anregungen und Motivation zu verstehen, die Probleme aber selbst zu bewältigen. Auch in den Erzählungen des Mentors wird deutlich, dass es der Mentee sehr wichtig ist, „aktiv" (I) und handlungsorientiert zu sein und deshalb einen Großteil der Strukturierung im Tandem zu übernehmen. Auch der Wunsch nach einem wechselseitigen Austausch würde diese Annahme unterstreichen. Hier hofft die Mentee, dass auch ihr Mentor aus dem gemeinsamen Kontakt einen Nutzen ziehen kann.

Herr Kürschner resümiert abschließend das Tandem als etwas Bereicherndes, das auch nach der offiziellen Beendigung des Programms bleibt. Die Tandembeziehung zwischen Nathalie Oppermann und Ingo Kürschner zeigt eine Balance zwischen Beratung und wechselseitigem Austausch. Die terminliche Gestaltung der Kontaktaufnahmen lösen beide flexibel nach Bedarf. Es zeigt sich, dass beide die Mentoringrichtlinien des Hildegardis-

Vereins als eine Anregung verstehen, diese aber nach eigenem Ermessen gestalten. Beiden gelingt es, ein gemeinsames Maß für den Umgang mit Hürden und deren mögliche Überwindung zu entwickeln.

4.1.5 *„Man ist nicht immer hundertprozentig dankbar, weil der Mentor auch kritische Sachen anspricht"* – Anna Bahnsen und Manuela Neugebauer

Die Tandembeziehung von Anna Bahnsen und Manuela Neugebauer ist geprägt durch die intensive und kontroverse Auseinandersetzung mit der Wahrnehmung von und dem Umgang mit einer Behinderung. Entscheidend ist dabei, dass beide Frauen mit einer vergleichbaren Beeinträchtigung leben, was aus ihrer Sicht eine wichtige Gemeinsamkeit darstellt, im Prozess aber auch zum Ansatzpunkt für Vergleiche und wechselseitige Abgrenzungen wird. Dabei tritt eine sehr differenzierte und kritische Auseinandersetzung zu Tage mit Fragen der Normalisierung und Anpassung an die Erwartungen eines Umfelds, das bestimmte Fertigkeiten fraglos voraussetzt.

Die Sicht der Mentee

Anna Bahnsen hat einmal zu Beginn des Mentoring mit uns gesprochen. Als Motiv für die Teilnahme formuliert sie den Wunsch, „Stolperfallen" umgehen zu wollen, die sie aufgrund einer eingeschränkten Hörfähigkeit im beruflichen Kontext vermutet. Hier befürchtet sie, etwas „akustisch [nicht] mitzubekommen" und dadurch auf Probleme zu treffen. Durch das Mentoringprogramm möchte sie Wege erkennen, ihre Situation besser zu thematisieren und Probleme lösen zu können.

Das Symbol der „Falle" weckt Assoziationen von versteckten und gefährlichen Stellen, die beim Beschreiten eines Weges oder Durchqueren eines Geländes nicht zu erkennen sind, bevor sie die eigene Bewegung stoppen und jemand zu Fall bringen. Solche riskanten Situationen befürchtet Frau Bahnsen im beruflichen Kontext. Dabei wird deutlich, dass sie es als ihre eigene Verantwortung betrachtet, mögliche Fallstricke zu erkennen und zu vermeiden, bevor sie ihr zum Verhängnis werden können. Anders gesagt, verdeutlicht die von ihr eingesetzte aussagekräftige Metapher, dass sie mit strukturellen Hürden im Berufsleben rechnet und deren Bewältigung als eine Aufgabe betrachtet, die in ihren Händen liegt.

Vor diesem Hintergrund setzt die Beziehung zu ihrer Mentorin wichtige Impulse für eine vertiefte Auseinandersetzung mit den persönlichen Erfahrungen und der eigenen Haltung im Umgang mit der Anforderung, alles „akustisch mitzubekommen", was in einer Situation passiert.

Zum Zeitpunkt des Interviews hat Frau Bahnsen regelmäßigen Emailkontakt mit ihrer Mentorin Frau Neugebauer und trifft sich aufgrund der verschiedenen Wohnorte beider alle zwei Monate mit ihr. Innerhalb des Tandems sieht sie den Vorsprung ihrer Mentorin an Lebenserfahrung als sehr gewinnbringend. Neben dem Aufspüren von „Stolperfallen" hofft sie auch darauf, neue Berufsperspektiven kennen zu lernen. Die Hörbeeinträchtigung ihrer Mentorin betrachtet Frau Bahnsen einerseits als wichtige Gemeinsamkeit. Andererseits sorgt dies auch für einen fortlaufenden Vergleich, wie er in der folgenden Szene anschaulich wird:

> weil ich nun eigentlich nicht telefonieren kann, hab ich dann meine Mutter gebeten da dort mal eben anzurufen, hat sie dann auch gemacht und da war da eben an dem Morgen, wo wir uns getroffen haben, auch noch der Partner von meiner Mentorin dabei, meinte dann so zu mir so in dem Ton ja es wäre peinlich, dass ich nicht telefonieren kann

Telefonieren können oder nicht ist hier der Dreh- und Angelpunkt einer Auseinandersetzung mit den eigenen Fähigkeiten und der Bewertung dieser durch Außenstehende. Wenn Anna Bahnsen sagt, sie könne „eigentlich" nicht telefonieren und habe deshalb ihre Mutter gebeten, dieses für sie zu übernehmen, wird eine Unsicherheit deutlich: Würde sie es vielleicht doch können? Muss sie telefonieren können? Wer legt fest, was sie kann und nicht kann? Während ihre Mutter ihr diese Aufgabe fraglos abzunehmen scheint, übernimmt der Lebenspartner ihrer Mentorin aus Sicht von Frau Bahnsen die Rolle eines bewertenden Kritikers. Er findet es „peinlich", dass sie nicht telefonieren könne, und setzt demnach voraus, dass sie dies können müsste. „Peinlich" bedeutet, dass Anna Bahnsens Haltung im Umgang mit einer Alltagsanforderung unangenehme Gefühle auslöst. Ihre Handlungsorientierung wird als unangemessen bewertet und aus ihrer Sicht geschieht dies in einer unangenehmen Weise, „so in dem Ton". Die Mentorin bleibt dabei zwar im Hintergrund, die Bewertung, die die Hilfebedürftigkeit der Mentee erfährt, verweist implizit aber auch auf die Situation ihrer Mentorin, mit der Anna Bahnsen sich wie folgt vergleicht:

> meine Mentorin, die ist zwar auch schwerhörig, hört aber nach meinem Gefühl aber wesentlich besser halt auch, sie kann da aber mehr raushören, ich war aber von Geburt an aber eigentlich fast taub, konnte man nicht viel machen

Frau Bahnsen betont hier zunächst das Gemeinsame, schränkt diese Sicht aber sofort ein, wenn sie feststellt, ihre Mentorin höre „wesentlich besser" als sie selbst. Ähnlich wie in der zuvor betrachteten Passage wird auch hier eine Unsicherheit deutlich – mit ihrer Einschätzung folgt sie dem eigenen „Gefühl". Zugleich bekräftigt sie die Unterscheidung aber, indem sie das Gemeinsame in unterschiedliche lebensgeschichtliche Kontexte einbettet: Sie selbst „war von Geburt an eigentlich fast taub". Im Gegensatz zu ihr könne die Mentorin „mehr raushören". Umgekehrt gesagt, geht Anna Bahnsen davon aus, dass sowohl ihre biographischen Erfahrungen als auch ihre Fähigkeiten sich deutlich von denen ihrer Mentorin unterscheiden. Dass diese unterschiedlichen Ausgangslagen von ihrer Mentorin und von deren Partner nicht gesehen werden und sie das Gleiche können soll wie diese, ärgert sie:

> das hat mich da doch bisschen geärgert, weil sie das Problem eigentlich an sich auch nicht gesehen hatten, sie meinte ich muss zwingend telefonieren im Beruf, aber es gibt viele andere Hörgeschädigte, die heute auch nicht telefonieren können, aber trotzdem erfolgreich sind und zum anderen denk ich einfach, es gibt auch E-Mail

Der vorsichtig zur Sprache gebrachte Ärger resultiert für die Mentee daraus, dass ihre individuelle Situation von den anderen „nicht gesehen" und sie stattdessen mit einer allgemeinen Norm konfrontiert wird: Im Beruf sei es „zwingend", das Telefon nutzen zu können, so zitiert sie ihre Mentorin. Diese Verallgemeinerung stellt die Mentee in Frage und spielt dabei implizit auch auf einen Wandel im Berufsleben an – „heute" stünden viele Menschen im Berufsleben, die „auch nicht telefonieren können" und sich deshalb anderer Kommunikationsmittel bedienen. „Auch nicht" bedeutet, sie zählt sich selbst „auch" zu einer Gruppe von Menschen, die im Erwerbsleben erfolgreich sind, ohne zu telefonieren.

Hier findet eine Auseinandersetzung mit Normalitätserwartungen im Kontext einer erfolgreichen akademischen Laufbahn statt. Während die Mentorin auf die Maßstäbe der Hörenden pocht und für eine Orientierung an diesen eintritt, hinterfragt die Mentee diese Perspektive: Muss ich telefonieren können, wenn ich eine Hörbeeinträchtigung habe? Warum kann ich nicht andere Wege der Kommunikation verwenden, wenn diese doch vorhanden sind? Inwieweit sollte die eigene Behinderung an eine von außen vorgegebene Norm angepasst werden? Der Kontakt zwischen beiden Frauen löst eine Konfrontation mit solchen Fragen aus und ihre Antworten lauten entsprechend unterschiedlich. Dabei hat Anna Bahnsen einerseits eine deutlich erkennbare Haltung, andererseits wirkt sie unsicher, was ihre Position als Mentee anbetrifft, ganz im Gegensatz zur Aufgabe der Mentorin: „da ist da doch schon ein Bild von dem Mentor einfach viel klarer umrissen weil er ja weil er erst mal einem jungen Menschen zur Seite stehen meinetwegen Ratschläge weitergeben [soll]". Hier verallgemeinert sie die Aufgabe, die „der Mentor" – als Rollenträger – übernimmt und beschreibt ein Gefälle aufgrund von Alter und Erfahrung. Im Gegensatz zu dieser klar umrissenen Handlungsorientierung bleibt die Rolle der Mentee für sie diffus, wenn sie fortfährt: „aber ein Mentee ich weiß nicht". Neben dieser Unklarheit ist Frau Bahnsen aber auch kritisch gegenüber den Ratschlägen, die ihr mitgegeben werden:

> ich denk, man ist auch nicht immer hundertprozentig dankbar, weil der Mentor auch kritische Sachen anspricht, dafür ist er auch da, aber das ist manchmal gar nicht so einfach, weil du ja auch manchmal denkst ‚will er denn jetzt eigentlich alles besser wissen'

Dankbarkeit gegenüber einer Ratgeberin, die „kritische Sachen" anspricht, fällt schwer. Bemerkenswert ist, dass diese Feststellung erneut mit einer männlichen Verallgemeinerung der Rolle verbunden wird – „der Mentor" spricht „kritische Sachen" an. Die Formulierung vermittelt den Eindruck, dass dies in jeder Tandembeziehung der Fall sei. Damit bleibt Frau Bahnsen auf Abstand, was die persönliche Bewertung ihrer eigenen Mentorin betrifft. Ob diese „alles besser [zu] wissen" scheint, wird allenfalls angedeutet, obwohl wir bereits wissen, dass Anna Bahnsen und Manuela Neugebauer keinesfalls einer Meinung sind. Die rhetorische Frage, „will er denn jetzt eigentlich alles besser wissen", deutet darauf hin, dass die Mentee die Kontroversen, die sie mit ihrer Mentorin erlebt, nicht als reziproken Austausch unterschiedlicher Möglichkeiten und Sichtweisen erlebt. Ihre Schilderung vermittelt vielmehr den Eindruck, dass sie sich belehrt fühlt. Zu diesem Eindruck der vorsichtigen, kritischen Abgrenzung gegenüber der Mentorin passt das Resümee, das Frau Bahnsen gegen Ende des einzigen Interviews, das sie gegeben hat, zieht. Sie sagt, das Tandem habe bis jetzt zwar „ganz gut funktioniert", sei aber „auch nicht herausragend":

> weiß nicht woran das jetzt liegt, verstehe mich mit ihr gut, eigentlich alles gut, aber bestimmte Sachen spreche ich dann doch, bespreche ich dann doch lieber so bei meinem Freund oder meinen Eltern, da doch eher durch, weil die einfach näher dran sind

Die Abgrenzung gegenüber der Mentorin manifestiert sich durch das Motiv der persönlichen Nähe. Auch wenn sie sich gut verstehen, so sind Eltern und Freund doch „näher dran", was dazu führt, dass Anna Bahnsen „bestimmte Sachen" mit diesen Menschen bespricht. Ohne dass erkennbar wird, welche „Sachen" Anna Bahnsen lieber mit bereits vertrauten Personen bespricht, wird aber deutlich, dass sie in der Tandembeziehung keine emotionale Basis findet, um sich anzuvertrauen. Diese Abgrenzung von zu viel Nähe korrespondiert mit dem Aspekt der räumlichen Distanz. Die beträchtliche Entfernung zwischen den Wohnorten wird von Frau Bahnsen als schwierig zu koordinieren eingeschätzt und ist zudem mit viel Zeit- und Kostenaufwand verbunden. Für die Zusammenarbeit im Tandem wünscht sie sich mehr direkte persönliche Gespräche statt des Emailkontaktes. Hierzu kommt sie gegen Ende des Interviews erneut auf das Thema des Telefonierens zurück und sagt:

> also wenn ich nicht hörgeschädigt wäre, würde ich wahrscheinlich mehr telefonieren, fast gar keine E-Mails, sondern wahrscheinlich mehr telefonieren, kann ich mir so vorstellen, weil

beim Telefon hat man auch noch die Stimme, die überträgt
auch noch mal so Informationen

Anna Bahnsen stellt sich vor, wie es wäre, wenn sie hören könnte. Dann,
so ihre Schlussfolgerung, wäre eine persönliche Begegnung auch über die
räumliche Entfernung hinweg besser auszugestalten, weil die „Stimme"
etwas „überträgt", das im Schriftverkehr der E-Mails nicht zum Ausdruck
gelangt. Diese Reflexion steht im Kontrast zu ihrer weiter oben herangezogenen Argumentation, die Kommunikation via E-Mail sei heutzutage eine Alternative zum Telefonieren. Mag dies im beruflichen Kontext zutref-
fen, bindet der persönliche Kontakt sich für sie auch an das Hören, womit
sie gleichzeitig eine Einschränkung thematisiert, die sie im Kontakt mit
ihrer Mentorin erlebt.

Möglicherweise korrespondiert dieses Resümee mit der Befürchtung, im
Berufsleben in „Stolperfallen" zu geraten. Der Vergleich, der in der Vorstellung, „nicht hörgeschädigt" zu sein, mitschwingt, prägt auch die Sicht
auf das Mentoring: Frau Bahnsen fragt sich im Interview, welche Vor- und
welche Nachteile eine Tandembeziehung hat, wenn beide Partnerinnen mit
einer vergleichbaren Beeinträchtigung leben. Diese Frage bleibt für sie offen.

Die Sicht der Mentorin

Manuela Neugebauer hat insgesamt zweimal mit uns gesprochen, einmal
zu Beginn des Mentoringprogramms und ein zweites Mal nach dem Abschluss des Programms. In ihrem ersten Interview erzählt sie, dass sich
die Frage, ob sie am Programm teilnehmen möchte, gar nicht gestellt hätte, da sie „vorgeschlagen" (I) wurde und somit direkt in das Geschehen
involviert war. Mentoring begreift sie als eine „Betreuung in sozialen Fragen und in psychologischer Hinsicht" (I) und erklärt, dass sie ihre Mentee
ermutigen und fachlich fördern möchte.

Weiterhin erklärt sie im ersten Interview, dass ihr Kontakt zu Frau Bahnsen sie an eine Situation erinnere, in der sie „selber mal gesteckt hat als
Studentin". Als „eine Basis" (I) zwischen sich und der Mentee sieht Frau
Neugebauer die fachliche Parallele und erklärt, dass beide das gleiche Arbeitsfeld haben und dadurch wichtige Anknüpfungspunkte existieren.

Neben dieser fachlichen Parallele nennt sie auch die Erfahrung, mit einer Behinderung zu leben, als wesentlich.

Die ersten Treffen mit ihrer Mentee beschreibt Manuela Neugebauer als „intensiv" (I). Sie möchte Frau Bahnsen „ermutigen" (I) sich mit den Problemen, aber auch mit ihren Rechten im Bezug auf Behinderung auseinanderzusetzen. Dafür gibt sie ihrer Mentee nicht nur Tipps, sondern stellt für sie auch ein Netzwerk an Kontakten bereit, das ihr zusätzlich im Kontakt mit Behörden und Ämtern helfen soll.

Wie Anna Bahnsen sieht auch Frau Neugebauer die räumliche Entfernung zwischen beiden als einen erschwerenden Faktor und schildert, dass die zeitintensiven Zugfahrten für beide Seiten „belastend" (I) seien und deswegen zum Zeitpunkt des ersten Interviews erst wenige Treffen möglich waren. Zudem wünscht sie sich, dass ihre Mentee ihr gegenüber mehr Initiative zeigt. Die Kontaktaufnahme sollte aus ihrer Perspektive ein wechselseitiger Prozess zwischen Mentorin und Mentee sein. Hier erlebt sie die bisherige Initiative von Frau Bahnsen als gering. Dazu erklärt sie:

> das ist eigentlich auch Zielsetzung in diesem Mentoring-programm, dass die Mentees selbst auch den Ablauf eines solchen Programms gestalten, das heißt also, dass sie eine gewisse Zielrichtung auch selbst festlegen und auch die Initiative ergreifen für Treffen und auch Gesprächsthemen (I)

In dieser Passage argumentiert Frau Neugebauer mit den „Zielsetzung" des Programms und verleiht ihrem Argument, die Mentee solle auch aktiver sein, mehr Gewicht, indem sie auf die allgemeinen konzeptionellen Vorgaben des Vereins verweist. Die abstrakten Orientierungsrichtlinien übersetzt sie in konkrete Erwartungen, an denen sie die Handlungsorientierungen der Mentee misst. Im zweiten Interview, nachdem der Prozess offiziell abgeschlossen ist, resümiert Frau Neugebauer die gemeinsamen Treffen:

> wenn wir uns getroffen haben war das schon eine sehr positive Atmosphäre, auch gute Gespräche, und ich hatte dann auch schon das Gefühl, ihr dann unter die Arme greifen zu können, sowohl mental als auch von der fachlichen Seite her (II)

Eine gute Stimmung und „gute Gespräche" kennzeichnen die Treffen, bei denen Frau Neugebauer sich als konkrete Unterstützerin erlebt hat. Wenn sie sagt, sie habe der Mentee „unter die Arme greifen können", wird ihre Einschätzung der Beziehung als eine Hilfebeziehung sowohl in fachlicher als auch in mentaler Hinsicht sinnbildlich. Trotz dieser positiven Einschätzung kommen nach der ersten Hälfte des Mentoringjahres nur noch selten persönliche Treffen zustande, was die Mentorin mit der privaten Situation der Mentee begründet. Sie selbst hätte es begrüßt, wenn noch mehr Treffen möglich gewesen wären, weil sie auch weiterhin Unterstützungsbedarf sieht:

> ich hätte mir gewünscht, das wäre jetzt noch zu häufigeren Treffen gekommen, so auch mehr hätte bewirken können, auch grade so was die Bewältigung ihrer Kommunikationsprobleme, jetzt in also medientechnischer Hinsicht betraf (II)

Für Frau Neugebauer ist etwas offen geblieben. Sie hätte gerne noch mehr Einfluss genommen und fokussiert dabei auf einen konkreten Punkt: die „Kommunikationsprobleme" von Anna Bahnsen. Der Begriff der „Bewältigung" unterstreicht die Einschätzung, es handele sich um ein immer noch nicht gelöstes Problem, für dessen Überwindung die Mentorin hätte noch mehr Einfluss auf die Mentee nehmen müssen. Die Formel „in medientechnischer Hinsicht" legt die Vermutung nahe, dass Frau Neugebauer auf das Telefonieren Bezug nimmt, worüber bereits aus der Sicht von Anna Bahnsen gesprochen wurde. Dabei vergleicht auch Manuela Neugebauer ihre eigenen mit den Erfahrungen der Mentee und ordnet alle beide in die Gruppe der Hörgeschädigten ein:

> diese kommunikationstechnischen Probleme die viele Hörgeschädigte haben und die ich selber jetzt im Laufe der Jahre auch noch nicht völlig überwunden hab, also man neigt ja eher dazu den Weg des geringeren Widerstands zu gehen so um die ganzen Schwierigkeiten herum zu lavieren anstatt da offensiv umzugehen, aber ich hoffe trotzdem damit so etwas wie Ermutigung und etwas mehr Courage in sie hineingesetzt zu haben, mit dem sie dann auch bauen kann (II)

Hier wird deutlich, dass Frau Neugebauer sich selbst mit ihrer Mentee vergleicht, wenn sie zunächst den eigenen, immer noch laufenden Prozess beschreibt, in dessen Verlauf sie sich mit ihren eigenen „kommunikationstechnischen Problemen" auseinandersetzen muss. Dieser persönliche Vergleich wird in Form einer Verallgemeinerung zum Ausdruck gebracht. Frau Neugebauer generalisiert und typisiert „viele Hörgeschädigte". Damit entlastet sie Anna Bahnsen, die nicht allein dasteht, wenn sie versucht, „den Weg des geringsten Widerstands zu gehen". Gleichzeitig wird deutlich, dass Manuela Neugebauer sehr gerne mehr Einfluss auf die Mentee genommen und „Ermutigung und Courage in sie hineingesetzt" hätte. Die eindringliche Formulierung vermittelt das große persönliche Engagement der Mentorin, verbunden mit der Vorstellung, etwas von ihrer Überzeugung in die andere Person einsetzen zu können. Umgekehrt betrachtet, beschreibt Frau Neugebauer mit dem, was für sie offen geblieben ist, die Grenze ihrer Vorstellung, eine bestimmte Haltung in einen anderen Menschen einpflanzen zu können.

Auch wenn gegen Ende des Mentoringprogramms nur noch wenige persönliche Treffen möglich waren, resümiert Frau Neugebauer im zweiten Interview ihre Beziehung als „freundschaftlich vertrauensvoll" und begründet diese Einschätzung damit, dass Frau Bahnsen mit ihr über eine sehr persönliche Erfahrung gesprochen habe. Auf die damit verbundenen offenen Fragen der Mentee reagiert sie mit konkreten Handlungsvorschlägen, was ihrem Selbstverständnis als Mentorin Ausdruck verleiht. Dieses beschreibt sie in der folgenden Sequenz aus dem zweiten Interview:

> ich betrachte eigentlich meine Aufgabe als Mentorin in erster Linie demjenigen dazu zu verhelfen mehr Selbstvertrauen zu entwickeln und auch mehr Offensivität im Umgang mit persönlichen Schwierigkeiten, ja also so etwas wie Busenfreundinnen in dem Fall wäre nicht angebracht (II)

Die Passage erinnert an die zuvor betrachtete Sequenz zu den Kommunikationshürden – wie zuvor, so betont die Mentorin auch hier ihr Ziel, „demjenigen" zu mehr „Selbstvertrauen" und zu einem offensiveren Auftreten zu verhelfen. Ob die Mentorin davon ausgeht, dass junge Frauen, die mit einer Behinderung leben, immer ein angeschlagenes Selbstvertrauen und eine defensive Haltung mitbringen, ist eine offene Frage. Deutlich wird, dass sie ihre Aufgabe als Mentorin grundsätzlich darin sieht, eine Mentee dazu zu motivieren, sich zu verändern, was aus ihrer Sicht unvereinbar mit dem Bild der „Busenfreundinnen" ist. Vor diesem Hintergrund zieht sie es vor, „das Private eher so ein bisschen außen vor zu lassen also privat halt da nur soweit dass man zum Beispiel Respekt und Vertrauen aufbaut". Privates sollte demnach nur so weit zugelassen werden, dass es zur Herausbildung einer vertrauensvollen Unterstützungsbeziehung beiträgt, also funktional ist für die Erreichung der gemeinsamen Ziele. Deshalb sollte die Beziehung auch „nicht vertraulich" (II) sein. Die Differenzierung zwischen notwendigem „Respekt und Vertrauen" (II) und einer dysfunktionalen Vertraulichkeit verdeutlicht, dass Frau Neugebauer Mentoring als eine professional gerahmte und reflexiv angelegte Praxis begreift, in der die Rollen klar abgesteckt sein sollen.

Wie bereits im ersten Interview reflektiert Frau Neugebauer auch im zweiten, dass sie selbst mehr in dem Kontakt mit ihrer Mentee hätte bewirken können und dass sie sich mehr Eigeninitiative von Frau Bahnsen gewünscht hätte. In diesem Zusammenhang kommt sie auch darauf zu sprechen, dass ihre Interventionen als Mentorin nicht immer bequem sind:

> ich sage dann auch was Sache ist und manche Wahrheiten oder Probleme, die da angesprochen werden müssen, sind einfach nicht nett und man muss einfach überlegen, wie wichtig das dann für sie dann auch später sein wird, so unpopulär das ist, also so auf der Ebene, also da verteil ich keine Streicheleinheiten (II)

Sie beschreibt sich als konfrontativ und weiß, dass Anna Bahnsen selbst überlegen muss, wie wichtig das, was sie hört, später für sie sein wird. Für Frau Neugebauer steht fest, dass sie auch „unpopulär" auftreten muss und es nicht sinnvoll ist, eine Mentee zu hätscheln. Mit diesen Worten unterstreicht sie ihre Überzeugung, dass bestimmte „Wahrheiten" angesprochen werden müssen und illustriert mit den vorenthaltenen „Streicheleinheiten", dass eine gewisse Härte sein „muss". Diese Einschätzung bezieht sich nicht zuletzt auf die Kontroverse zum Telefonieren, die auch im Interview mit Anna Bahnsen zur Sprache kommt. Hier bezieht Manuela Neugebauer sich erneut auf ihren eigenen, schmerzhaften Lernprozesse, wenn sie sagt: „ich kenn das Problem ich hab selber Jahre gebraucht um die

Angst vor dem Telefonieren zu überwinden" (II). Dabei wählt sie, wie in der Sequenz zuvor deutlich wurde, den Weg der Konfrontation, gleichwohl ihr aus eigener Erfahrung bewusst ist, dass der von ihr geforderte Lernprozess mit Angst einhergeht.

Wie schon Frau Bahnsen selbst, schätzt auch Frau Neugebauer die Hörbeeinträchtigung der Mentee als umfassend ein. Trotzdem beharrt sie darauf, dass solche Hürden überwunden werden müssen: „also und trotzdem kann man nicht da beharren ‚ja nee ich trau mich nicht, kann das nicht' man muss dann zusehen, dass man da weiterkommt" (II). Weiterkommen und Telefonieren-Lernen werden hier gleich gesetzt, wenn es darum geht, eigene Ängste zu überwinden. Hinzu kommt, dass Frau Neugebauer das Telefonieren als eine unabdingbare Fähigkeit für das Berufsleben sieht und feststellt, „dass sie [die Mentee] einfach nicht drum herum kommt" (II). Dabei betont sie, dass es an der Initiative der Mentee liegt, sich die entsprechenden technischen Hilfsmittel zu beschaffen und es mittlerweile auch sehr viel bessere Telefone für die Ausrüstung gäbe. An diesem Punkt treffen sich ihre und die Sichtweise von Anna Bahnsen insofern, als beide davon ausgehen, dass Hürden im Berufsleben mit Hilfe der eigenen Aufmerksamkeit und Selbstoptimierung überwunden werden können.

Auch wenn zum Zeitpunkt des zweiten Interviews kein Kontakt zwischen den Tandempartnerinnen besteht, betont Frau Neugebauer, dass sie beabsichtige, wieder Kontakt mit ihrer Mentee aufzunehmen. Für sie ist Mentoring nichts, was mit der Abschlussveranstaltung des Hildegardis-Vereins endet, sondern sie möchte weiterhin erfahren, wie Anna Bahnsen ihren Werdegang in Zukunft erlebt.

Das Tandem

Die Tandembeziehung der Mentee Anna Bahnsen und der Mentorin Manuela Neugebauer zeigt zunächst, wie unterschiedlich beide ihre Situation und ihre Fähigkeiten und Bedürfnisse wahrnehmen. Hier wird eine Diskrepanz der beiden Sichtweisen deutlich, indem Frau Neugebauer sich zwar mit der Situation und den Befürchtungen einer Studentin im Übergang in den Beruf identifizieren kann, deren Ängste und Unsicherheiten aber als Ansatzpunkt für Veränderungen sieht und ein entsprechendes Engagement von der Mentee erwartet. Der konkrete Umgang mit der eigenen Beeinträchtigung im Arbeitsleben und die Bereitschaft, sich an bestimmte Standards anzupassen, ist ein zentrales Anliegen der Mentorin. Die Motivation, die Mentee fachlich und psychologisch zu unterstützen, bedeutet für sie deshalb auch die Konfrontation mit unbequemen Themen.

Die Mentee stellt eine Anpassung an allgemeine Standards hingegen in Frage. Während Frau Neugebauer eine solche Anpassung als sehr wesentlich betrachtet, um im Berufsleben Fuß fassen zu können, grenzt Frau Bahnsen sich ab und betont die technischen Alternativen, die zur Verfügung stehen. Im Gegensatz dazu geht die Mentorin davon aus, dass mit einer Beeinträchtigung im Berufsleben zu stehen eine kontinuierliche Auseinandersetzung mit den eigenen Fähigkeiten voraussetzt, die mithilfe von technischen Hilfsmitteln angepasst werden können und aus ihrer Sicht auch müssen. Auch die Mentee Frau Bahnsen setzt sich sehr intensiv mit den möglichen Herausforderungen des Berufslebens auseinander und befürchtet auf Hürden zu treffen. Die erwartete Anpassung wirft dabei für sie viele Fragen auf und der Standpunkt ihrer Mentorin löst eine kritische Auseinandersetzung mit bestimmten gesellschaftlichen Normen, aber auch eine Ambivalenz im Umgang mit der eigenen Situation aus. Zum einen sieht Frau Bahnsen die Gefahr, in eine „Stolperfalle" zu geraten und möchte diese Befürchtung durch ihre Teilnahme am Mentoringprogramm überwinden. Zum anderen wird sie im Kontakt mit ihrer Mentorin mit solchen „Stolperfallen" konfrontiert, indem diese ihr vermittelt, dass eine Anpassung über Hilfsmittel ein wichtiger, ja unabdingbarer Schritt für das Berufsleben sei. Die Rückmeldungen der Mentorin sind eine Konfrontation im doppelten Sinn: mit den eigenen Möglichkeiten und Grenzen und mit gesellschaftlichen Normen einer ‚erfolgreichen Erwerbsbiographie'.

Hierbei wird auf Seiten der Mentee ein starker Wunsch nach der individuelleren Betrachtung von Behinderung und persönlichen Fähigkeiten und Bedürfnissen deutlich. Auf Seiten der Mentorin zeigen sich im Kontrast dazu feste, erfahrungsbasierte Überzeugungen, die sie der jüngeren Frau gerne mit auf den Weg geben würde. Die konfrontative Perspektive, die sie dabei vertritt, begreift Manuela Neugebauer als einen entscheidenden Motor für Veränderung. Anna Bahnsen ist hingegen unsicher, ob sie ihre Rolle als Mentee gefunden hat und ihr die Ratschläge der Mentorin immer passend erscheinen. Die Diskrepanz, die sich aus den Einzelinterviews zwischen den Perspektiven der beiden Frauen ergibt, manifestiert sich auch in den Bilanzierungen der Tandembeziehung, die beide formulieren. Während Anna Bahnsen sich abgrenzend auf ihre privaten Beziehungen zurückzieht, bleibt für Manuela Neugebauer etwas offen und sie hätte ihre Überzeugungen gerne stärker weiter vermittelt. So treffen sich die unterschiedlichen Einschätzungen der beiden Frauen in dem Punkt, dass jede die Tandembeziehung als gelungen, aber auch als nicht ganz zufriedenstellend beurteilt.

4.1.6 *„Das sachorientierte Arbeiten mach ich mit meiner Mentorin"* – Nora Osterloh und Almuth Becker

Die Verbindung zwischen der Mentee Nora Osterloh und der Mentorin Almuth Becker wird in den Interviews mit beiden durch eine Ambivalenz geprägt dargestellt, was die Wünsche an die Beziehung miteinander und deren tatsächliche Praxis betrifft. Diese Wünsche kommen zwar in den Einzelinterviews zur Sprache, werden aber miteinander nicht thematisiert. Das Paar hat sich offenbar in stillem Einvernehmen darauf festgelegt, eine Tandembeziehung zu praktizieren, die sich auf rein berufliche Themen beschränkt und private Anteile ausklammert. Obwohl beide Zufriedenheit bezüglich ihrer Zusammenarbeit äußern, thematisiert jede für sich in den Einzelinterviews die Möglichkeit einer stärker persönlich ausgerichteten Beziehung. Hier bietet die Interviewsituation offensichtlich einen zusätzlichen Raum, um Gedanken und nicht eingelöste Wünsche auszusprechen, die die Tandempartnerinnen während des gemeinsamen Jahres nicht miteinander besprochen haben.

Die Sicht der Mentee

Nora Osterloh hat uns das erste Interview gegeben, nachdem das Mentoring bereits abgeschlossen war. In diesem Interview wird deutlich, dass Frau Osterloh der Teilnahme am Mentoring von Anfang an sehr positiv und offen gegenüberstand. Sie hatte bereits in anderen formellen Zusammenhängen gute Erfahrungen mit Zweierverbindungen gemacht und die Ausrichtung auf Behinderung überzeugte sie sofort. Ihre Offenheit unterstreicht sie, indem sie auch mögliche Enttäuschungen antizipiert: Für sie zähle der Versuch, auch wenn sie später vielleicht herausfinde, dass es ihr „nicht so gut" gefalle. Als sie im Bewerbungsverfahren gefragt wurde, ob ihre Mentorin eine Behinderung oder eine ähnliche fachliche Ausrichtung haben sollte, hat sie sich für die berufliche Übereinstimmung entschieden. Ihre Entscheidung begründet sie damit, dass sie über Behinderung auch mit den anderen Mentees sprechen könne, dafür brauche sie die Mentorin nicht. Diese Erwartung hat sich für Frau Osterloh später erfüllt. Sie habe sich zudem für das Fachliche entschieden, weil sie in der damaligen Situation berufliche Orientierung gesucht habe.

Die Mentee berichtet weiter, dass sie beim Auftakttreffen des Hildegardis-Vereins eine Überraschung erlebt habe. Über ihre Mentorin sei sie verblüfft gewesen, da das Bild, welches sie sich aufgrund der vorab erhaltenen Informationen gemacht hatte, nicht zu der Person zu passen schien, der sie nun begegnete. Frau Becker wirkte auf sie etwas „sonderlich" und in der Kennlernsituation angespannt:

> da war sie auch ein bisschen verkrampft und hatte eben Angst
> was falsch zu machen und es musste alles irgendwie so ein
> bisschen akkurat sein und so, das war nicht schlimm, aber das
> ist mir aufgefallen

Die als „verkrampft" erlebte Haltung der Mentorin erklärt Frau Osterloh sich mit einer möglichen Sorge dieser, etwas „falsch zu machen". Sie sucht nach einer Erklärung für die Anspannung der anderen Frau, die aus ihrer Sicht durch deren Übergenauigkeit zum Ausdruck kommt. Ihre Fähigkeit, andere Menschen zu beobachten und deren Haltungen zu verstehen, einzuordnen und zu bewerten, balanciert Nora Osterloh im gleichen Atemzug aus, indem sie versichert, „das war nicht schlimm" – als sei ihre Sorge, die Mentorin abgewertet zu haben.

In dieser sehr differenzierten Beschreibung der ersten Begegnung und des ersten gemeinsamen Gesprächs spiegelt sich möglicherweise die anfängliche Unsicherheit beider Frauen wieder, wie sie die gemeinsame Beziehung gestalten sollen. Dabei fällt anscheinend gleich zu Beginn die unausgesprochene Entscheidung, solche Gefühle der Verunsicherung nicht anzusprechen. Stattdessen überwindet das gerade zusammengebrachte Tandem diese beschriebene Situationen durch eine ausgeprägte Handlungsorientierung. So berichtet die Mentee, dass sie nach einem kurzen, sehr sachlichen Vorstellungsgespräch über ihre beruflichen Situationen begannen, das gemeinsame Jahr zu planen:

> wir haben auch anfangs so Ziele verfasst und solche Sachen und sowas hatte ich mir auch gewünscht, also dass man ein bisschen zielorientiert wirklich sich irgendwas vornimmt und sagt okay, daran wollen wir jetzt das Jahr über mal arbeiten

Die Strukturiertheit, die hier zum Ausdruck kommt, scheint für Nora Osterloh gut zu beiden Tandempartnerinnen zu passen und Sicherheit zu geben. Das Tandem orientierte sich stark an den schriftlichen Ratschlägen des Hildegardis-Vereins, um den Kontakt miteinander zu gestalten. Später im Interview äußert sich die Mentee jedoch kritisch zu diesem Vorgehen: „das ist mit meiner Mentorin dann vielleicht ein bisschen zu trocken geraten, also sie hat sich halt ein bisschen zu sehr daran festgehalten, also mir wäre es dann ein bisschen entspannter manchmal dann doch auch lieber gewesen". Die ersten drei Monate habe es sie etwas „genervt" oder „gestört", dass ihre Mentorin so distanziert war, dann hätte sie sich damit aber schnell arrangiert. Hier wird deutlich, dass sich Frau Osterloh mit den Möglichkeiten einer fachlichen oder persönlichen Beziehungsgestaltung auseinandersetzt. Dabei hebt sie die positiven Seiten einer fachlich ausgerichteten Tandemverbindung hervor:

> was ich eigentlich auch ganz angenehm fand auf der anderen Seite, wenn man sich siezt und eine gewisse Distanz herrscht, dann kann man auch über Dinge anders reden und man kann auch eher mal sagen ‚okay, da möchte ich jetzt eigentlich von Ihnen kein Feedback zu haben, weil so gut kennen wir uns gar nicht'

Die Distanzierung in der Tandembeziehung, die sich hier auch in der Verwendung der Sie-Anrede und im Rückzug auf professionelles Verhalten zeigt, bietet der Mentee die Möglichkeit der Abgrenzung. So wird die fachliche Beziehung zur Mentorin als eine Beziehung mit positiver Distanz erlebt, die es ermöglicht, sich vor vermeintlicher Kritik oder unangenehmer Rückmeldung zu schützen. Weiterhin spricht Frau Osterloh von der Befürchtung, bei einer zu freundschaftlichen Beziehung könne der für das Mentoring immer wieder betonte „Blick von außen" verschwinden. Dies begründet sie mit der Annahme, indem die Mentorin zu einer Freundin würde, verlöre sie ihre besondere Stellung der Außenstehenden. Gleichzeitig thematisiert sie das Gefühl, dass die Distanz in der Tandemverbindung von der Mentorin ausging. Frau Osterloh resümiert, dass, wenn sie mit Almuth Becker stärker auf einer „Wellenlänge" gelegen hätte, sie sich auch mehr geöffnet hätte. So habe sie für sich entschieden, die Beziehung so hinzunehmen, was auch in Ordnung gewesen sei. Hier wird sehr deutlich, dass Frau Osterloh eine persönlichere Beziehung nicht ausgeschlagen hätte und gleichzeitig viele Gründe nennen kann, warum die Distanz zwischen beiden Frauen aus ihrer Sicht produktiv für den Mentoringprozess ist. Diese Ambivalenz löst sich während der gesamten Erzählungen nicht auf.

Ein weiterer Aspekt, den Nora Osterloh für sich als positiv deutet, ist ein gewonnener Kommunikationsraum bei den Treffen der Großgruppe. Sie beschreibt, dass sie sich aufgrund der Abstinenz privater Anteile in der Beziehung zu Frau Becker nicht dazu verpflichtet fühlte, gemeinsame Zeit miteinander zu verbringen und entschied sich auf diesen Treffen den Kontakt mit anderen Mentees zu pflegen. Gleiches gilt auch für die Auseinandersetzung mit dem Thema Behinderung. Hierzu erklärt Frau Osterloh, dass sie dafür bevorzugt den Austausch in der Menteegruppe nutzt. Innerhalb des Tandems würden die Gespräche über Behinderung hingegen eine untergeordnete Rolle spielen, hier möchte sie lieber berufliche Themen mit ihrer Mentorin besprechen.

Das Hauptthema des Tandems richtet sich nach dem Wunsch der Mentee, praktische Erfahrungen zu sammeln und hierdurch berufliche Orientierung zu finden. Die fachliche Verbindung bewertet Frau Osterloh auch mit Rückblick auf ihre eigenen Matchingkriterien insofern positiv, als ihre Mentorin das „System" eben kenne. Nicht nur daraus kann geschlossen werden, dass die Mentee mit ihrem Mentoringprozess und den daraus resultierenden positiven Effekten für sich sehr zufrieden ist, auch wenn der Wunsch nach mehr persönlicher Nähe in der Kommunikation nicht erfüllt wurde. Besonders hebt sie auch das Feedback als ein wichtiges Element hervor, um zu erfahren, wie sie auf ihr Gegenüber wirkt, „wenn man sich selber doch mal in Frage stellt". Insbesondere die praktischen Erlebnisse, zu denen ihre Mentorin sie stets ermutigt hat, thematisiert sie als einen

Gewinn: „sie hat mir geholfen bei der Organisation von Praktika, also sie hat ein bisschen unterstützend einfach, im Grund einfach dann monatlich mal nachgefragt ‚Wie weit sind Sie, was ist der Plan'".

Anfangs habe sie sich leicht unter Druck gesetzt gefühlt, etwas vorweisen zu müssen. Im Laufe des Jahres habe sie aber gemerkt, dass ihre Mentorin nicht negativ reagiert habe, wenn sie nichts vorweisen konnte, weil es in ihrer Situation gerade nicht möglich war. Insgesamt resümiert Frau Osterloh, dass „auch wirklich alles gut geklappt" hat und das es „wirklich auch angenehm" gewesen sei. Nicht zuletzt, weil ihr die Mentorin die Möglichkeit geboten hat, Netzwerke zu schaffen und „lauter wichtige Leute" zu treffen. Das Mentoringjahr habe ihr sicherlich etwas gebracht, denn sie bezweifle, dass sie ohne ihre Mentorin alles so umgesetzt hätte.

Interessant ist, dass sich die Abschiedsszene des Tandems in der Erzählung von Frau Osterloh etwas anders als in dem Interview mit ihrer Mentorin Frau Becker darstellt. Aus ihrer Sicht sind beide so verblieben, dass sie in einem lockeren Kontakt bleiben und dass diese Perspektive für beide in Ordnung ist. Diese bei der Mentee bestehende Option eines weiteren Kontaktes ist, wie wir später sehen werden, in der Sicht ihrer Mentorin nicht präsent. Dies spiegelt das in den Erzählungen dieses Tandems spürbare Ungleichgewicht von wechselseitiger Öffnung und Abgrenzung.

Einen der Gründe für die Distanz der Mentorin erfährt die Mentee erst in der Abschlussreflexion des Programms. Hier offenbart Frau Becker ihrer Mentee, dass sie Sorge gehabt hätte, den Vorstellungen und Erwartungen an sie (als Mentorin) nicht zu entsprechen. Dies passt zu der anfangs geschilderten Empfindung von Frau Osterloh, die Mentorin sei angespannt gewesen und habe möglicherweise befürchtet, etwas falsch zu machen. Die Mentee bedauert, dass die Mentorin ihre Sorge erst so spät und nicht schon früher mit ihr geteilt hat und beschreibt die Situation als eine Art Missverständnis, da sie gar nicht erwartet habe, dass ihre Mentorin sie „bevormundet" oder ihr die ganze Zeit „wahnsinnig einen erzählt". Gleichzeitig weist sie darauf hin, dass auch sie ihre Ängste nicht ausgesprochen hat. Sie erwähnt in einem Nebensatz, dass „nicht kommuniziert" worden sei und bemerkt an einer anderen Stelle, dass es „schwierige Momente des Schweigens gab". Frau Osterloh beschreibt die Tandemverbindung als frei von „Katastrophen", aber auch ohne „richtig leuchtende Höhepunkte", es sei „in Ordnung" gewesen. Bei der Frage nach einem besonders schönen Erlebnis sind sich Mentee und Mentorin einig, dies war ein informeller Moment in einem Restaurant.

Die Sicht der Mentorin

Almuth Becker hat zweimal mit uns gesprochen. Als eine der Mentorinnen ohne Behinderung bietet ihr das Mentoring einen besonderen Erfahrungsraum, der sonst in ihrem Alltag nicht präsent ist. Der Umgang mit Behinderung ist für sie eine gänzlich neue Erfahrung. Die Kombination des Konzepts Mentoring mit dem Aspekt Behinderung fand sie „interessant" (I) und resümiert im Längsschnittinterview, dass sie das damals als ein Lernfeld für sich begriffen hat. Zur Teilnahme motiviert hat sie die Möglichkeit, Unterstützung und Förderung zurückzugeben, wie sie es selbst in ihrer Studienzeit erfahren hat. Noch bevor sie ihre Mentee kennenlernte, hatte sie die Idee, ihr Praktika zu vermitteln. Auf diese Idee nimmt sie sowohl im ersten als auch im zweiten Interview Bezug und beschreibt es als „bereichernd, wenn man merkt, dass man etwas kann, vielleicht stärkt es auch das eigene Selbstvertrauen" (II).

Gleichzeitig äußert sie im ersten und im zweiten Gespräch jedoch die Sorge, dem Aufwand, der auf sie zukommen würde, nicht gerecht werden zu können und dass sich die Tandemverbindung als „Belastung" (II) herausstellen könnte:

> ich dachte, was erwartet die Studentin jetzt von mir, habe ich überhaupt was zu geben und ich dachte auch so die Chemie stimmt vielleicht nicht zwischen uns und habe gedacht, na das wird mir vielleicht doch zu viel und wenn die dann dauernd anruft, ich hatte ein bisschen Bedenken als es gestartet ist das Programm aber jetzt nach der Hälfte läuft alles ganz einfach (I)

In dieser Passage setzt sich Frau Becker mit ihrer anfänglichen Sorge auseinander, den Erwartungen der Mentee vielleicht nicht gerecht zu werden. Dabei spielt der Aspekt des Ungewissen eine entscheidende Rolle, da ihr zu diesem Zeitpunkt noch unklar ist, wie das Verhältnis zu ihrer Tandempartnerin sein wird. Zugleich hebt sie die Bedeutung von Sympathie hervor, indem sie ihre Sorge anspricht, dass die „Chemie" vielleicht nicht

stimmen könnte. Die Fragen nach der Sympathie, aber auch nach den Erwartungen der Mentee, zeigen sehr deutlich, dass Frau Becker sich ausführlich mit den möglichen Aufgaben, die an eine Mentorin herangetragen
werden, befasst. Was erwartet die Mentee von mir? Kann ich ihren Forde-
rungen gerecht werden?

Weiterhin thematisiert sie ihre Befürchtung, zu stark beansprucht zu werden, etwa indem die Mentee ständig anrufe oder sie als Mentorin zu weit
reisen müsse. Hier wird deutlich, dass Frau Becker einerseits hohe Ansprüche an ihre eigene Leistung hat, anderseits unsicher ist, ob sie sich
übernimmt und ihre zeitlichen Kapazitäten nicht ausreichen. Im späteren
Rückblick auf den Prozess ergänzt sie diesbezüglich, dass sie für die Teilnahme an den Treffen der gesamten Gruppe jeweils einen Urlaubstag
nehmen musste. Aus ihrer Sicht musste sie also einen Teil ihrer privaten
Zeit opfern, um das Programm mit zu gestalten. Die Mentorin schildert in
diesem Interviewabschnitt, dass es für sie einen Konflikt gab, an den Veranstaltungen der gesamten Gruppe teilzunehmen. Erinnern wir uns an die
Aussagen der Mentee, dass die Zeit auf den Gruppentreffen von ihr nicht
als gemeinsame Zeit des Tandems verstanden wurde, so reduzieren sich
die inhaltlichen Aspekte der Gruppentreffen für die Mentorin auf die Semi-
nareinheiten und die möglichen Kontakte zu anderen Teilnehmenden.

Für die konkrete Gestaltung des Mentoring favorisiert Frau Becker eindeutig eine möglichst praktische, anwendungsbezogene Form der Förderung
und sagt hier unmissverständlich: „nur Gelaber is nix" (II). Durch die Einschränkung „nur" stellt sie klar, dass sie ein Mentoring als nicht zielfüh-
rend erachtet, welches ausschließlich auf Kommunikation beruht und ohne
praktische Anteile oder Resultate auskommt. Was sie stattdessen unter
Mentoring versteht, bleibt trotzdem recht offen und stellt sich als flexibel
dar. Sie orientiert sich hier am Nutzen für die Mentee und ist klar in ihrer
Aussage, dass das Mentoring nicht für die Mentorin geschaffen wurde,
auch wenn Synergien sehr positiv sind. Sie möchte, dass vor allem die
Mentee etwas aus dem Mentoring mitnimmt. Hier fügt sie hinzu, dass dies
nicht in erster Linie positive Effekte sein müssten, sondern auch Irritationen und Zerwürfnisse innerhalb der Lebensplanung sein dürften. Sie beschreibt somit, dass das Mentoring aus ihrer Sicht Erkenntnisprozesse unterstützen soll, welche sowohl strukturerhaltende als auch transformieren-

de Wirkungen haben können. Als Beispiel nennt sie, dass die Mentee herausfinden könnte, dass ein Studium nicht das Richtige für sie sei und eine Ausbildung möglicherweise besser geeignet sei, oder dass ein Praktikum zu der Erkenntnis führen kann, dass ein „Bürojob" (II) nicht zu der Mentee passe. So betont sie im zweiten Interview, ein Mentoring dürfe ihrer Ansicht nach auch „das Leben umkrempeln" und müsse nicht immer „harmonisch verlaufen".

Frau Becker erzählt, dass, als sie auf dem Auftakttreffen ihre Mentee Nora Osterloh kennenlernte, all ihre Befürchtungen einzutreffen drohten und sie kurzzeitig darüber nachdachte, wieder aufzugeben. Sie hatte auch keine großen Erwartungen, aus dem Prozess einen Gewinn für sich selbst herausziehen zu können. Nach dem ersten oder zweiten Treffen hatte sie den Eindruck, dass die Mentee zu fordernd sei. Diesen Eindruck formuliert Almuth Becker sowohl in ihrem ersten als auch im zweiten Interviewgespräch, gleichwohl sie nun schon die Erfahrung gemacht hat, nicht zu sehr vereinnahmt worden zu sein. Wie weiter oben bereits erwähnt, stellt sich auch hier die Frage, ob die gleich lautenden Einschätzungen aus beiden Interviews, zwischen denen die Erfahrung des gemeinsamen Jahres liegt, darauf verweisen, wie präsent Frau Becker ihre eigenen Unsicherheiten und Sorgen trotz des tatsächlich unkomplizierten Verlaufs der Tandembeziehung immer noch sind.

Frau Becker beschreibt im ersten Interview, auf eine Mentee getroffen zu sein, die sehr selbstbewusst und engagiert wirkte. Dies scheint die Mentorin einerseits zu beeindrucken, andererseits aber auch zu erschrecken. Es klingt wiederholt so, als befürchte die Mentorin, sich nicht wehren zu können, falls die Mentee zu viel fordere. Gleichzeitig spricht Frau Becker von der Sorge, Frau Osterloh nicht das Richtige bieten zu können. Der Prozess, der sich im Tandem vollzogen hat, wird deutlich, wenn sie abschließend resümiert, es habe vom „Menschlichen" her gepasst, aber sie seien „keine Freunde" geworden. Aus beiden Interviews wird sichtbar, dass die Mentorin das anfängliche Problem einer drohenden Überforderung für sich durch eine starke Strukturierung des Mentoring im Tandem gelöst hat. Von dem Hildegardis-Verein angebotene Vorgaben nimmt sie von Anfang an dankend an, um einen festen Rahmen, auch für die Beziehung, zu haben. Des Weiteren handelt sie mit der Mentee einen Vertrag aus, der das gesamte

Jahr konkret strukturiert und Inhalte festlegt. Beispielsweise vereinbaren sie, dass die Mentee einen Tag vor einem verabredeten Telefonat – diese finden in etwa monatlich statt – eine Email mit den zu besprechenden Anliegen an ihre Mentorin sendet, damit diese sich vorbereiten kann.

Im Nachhinein stellt Frau Becker fest, dass sie ihrer Mentee durchaus etwas zu bieten hatte und sich dann auch ganz wohl fühlte. Es zeigt sich, dass neben der Frage der Anforderungen durch die Mentee als Person auch eine generelle Unsicherheit bestand, einer Mentee „etwas bieten" zu müssen und der Position der Mentorin gerecht werden zu können. Gleichzeitig formuliert Frau Becker auch ganz klar Grenzen des Mentoring und sieht die Verantwortlichkeit in der Umsetzung auf der Seite der Mentee, wodurch sie selbst etwas entlastet wird: „was sie selber machen muss, kann ich auch nicht mitbringen" (II).

Inhaltlich haben die Tandempartnerinnen gemeinsam Themen festgesteckt, die sie behandeln wollten. Hierbei ging es um Bewerbungen und Praktika sowie um die Bedeutung der Behinderung der Mentee in Arbeitskontexten. Damit verbunden war auch das Thema Selbstvertrauen.

Die Mentorin übernimmt die Aufgabe, Kontakte zu vermitteln und der Mentee einige Türen zu öffnen, damit diese praktische Erfahrungen sammeln kann, aber auch die Mentee zu beraten und mit ihr gemeinsam strategisch zu planen. Das Anliegen der Mentee, sich mit dem eigenen Selbstbewusstsein auseinandersetzen zu wollen, überrascht die Mentorin eher, da sie die Mentee, wie eingangs erwähnt, als sehr selbstbewusst wahrnimmt. Frau Becker beschreibt Frau Osterloh als gesellschaftspolitisch engagiert. Sie steht in der Öffentlichkeit, da sie ihre Anliegen auch praktisch umsetzt. Aus Sicht der Mentorin verhält sich die Mentee sehr selbstbewusst, nimmt sich selbst jedoch nicht so wahr: „Und sie merkt aber selber nicht, sag ich mal, dass das eigentlich der Hammer ist, was sie alles leistet und schafft (II)". Die Mentorin versucht der Mentee deutlich zu machen, wie unterschiedlich ihre Sichtweisen sind, und beschreibt die Mentee in ihrem Rückblick erstaunt als eine „Powerfrau" (II), die nichts davon wisse. Hierdurch fühlt sie sich gleichzeitig an ihre eigene Studienzeit zurückerinnert:

ich konnte immer so viel und habe auch viel geschafft und habe Sachen auch immer so gründlich und strukturiert gemacht, da waren wir uns glaube ich ziemlich ähnlich und hab aber selber nie gespürt was ich kann (II)

Der Vergleich mit der eigenen Haltung in der Vergangenheit verdeutlicht, dass Almuth Becker ihre Beziehung zu Nora Osterloh auch ins Verhältnis zu ihrer eigenen Entwicklung setzt. Sie selbst habe als junge Frau auch „nie gespürt", über welche Fähigkeiten sie verfüge. Auch vor diesem Hintergrund der biographischen Reflexion ist es ihr sehr wichtig, eine produktive Rückmeldung zu geben:

mir war ziemlich klar, dass sie eigentlich wahnsinnig selbstbewusst ist, es aber selber nicht spürt, und ihr das zu zeigen und klar zu machen, dass sie da eigentlich gar keine Sorgen haben müsste (II)

Trotz ihrer Ansätze, der Mentee ihr selbstbewusstes Auftreten zu spiegeln, reflektiert diese im Nachhinein gegenüber ihrer Mentorin, sie hätte dies noch stärker tun können. Auch hier sieht Frau Becker wieder Grenzen des Mentoring und grenzt sich im zweiten Interview deutlich ab:

das ist ein Lebenslernprozess, ich konnte jetzt nur ihr Mut machen oder ihr zeigen was sie alles erreicht und mit wie viel Engagement sie Dinge in Angriff nimmt und dass das eigentlich für viel Selbstbewusstsein und Vertrauen stehen könnte, mehr kann ich dann in dem Jahr auch nicht zeigen, da hat sie sich jetzt nicht komplett verändert (II)

Im Rückblick beschreibt die Mentorin die Tandemverbindung als berufliche Beziehung, es bleibt aber eine spürbare Ambivalenz in ihren Wünschen der Beziehungsgestaltung. Während sie ihre Verbindung als gelungene professionelle Zusammenarbeit beschreibt, fragt sie sich, ob nicht doch etwas mehr emotionale Offenheit möglich oder sinnvoll gewesen wäre. Mit ihrer Formulierung, es sei „eher eine berufliche Beziehung geblieben" (II), weist sie darauf hin, dass auch andere Varianten möglich gewesen wären, die Tandempartnerinnen diesen Weg aber nicht beschritten haben. Mehrfach grenzt sie sich im zweiten Interview von einer „Mutter-Tochter-Beziehung" und einer „Mutterrolle" ab, da diese eine Überforderung für sie gewesen wäre. Private Inhalte schloss sie kategorisch aus, um eine Distanz aufrecht zu erhalten. Hierdurch war anscheinend eine Beziehung zwischen den beiden Polen freundschaftliche/familiäre oder berufliche Verbindung ausgeschlossen. Sie greift in diesem Zusammenhang auf ein praktisches Denkbeispiel zurück und argumentiert mit der Professionalität ihres eigenen Handelns, denn wenn man sich vorstelle, das (Mentoring) beruflich zu machen, könne auch nicht mit allen so stark auf die emotionale Ebene gegangen werden. Hier wird nachvollziehbar, dass Frau Becker Mentoring analog zu beruflichem Engagement betrachtet. In der Interviewsituation nach Beendigung des Mentoring zeigt sich die bereits beschriebene Ambivalenz, wie die Beziehung auch anders hätte gestaltet werden können. Dies hat die Mentorin auch schon im ersten Interview gesagt: „Vielleicht hatte ich mir den Kontakt enger vorgestellt". Gleichzeitig ist ihr jedoch bewusst, dass durch ihre Sorge („zu jeder Tag- und Nachtzeit kommt da was auf mich zu", II) und die Einigung auf Verhaltensregeln ein „doch sehr reglementiertes" (II) Mentoring entstanden ist.

Auffallend ist zudem, dass das Tandem für die Treffen keine privaten Räume gewählt hat. Als persönlichster Kontakt, und in den Augen der Mentorin ein bemerkenswert positiver, wird ein gemeinsames Essen im Restaurant genannt, bei welchem sie das Beisammensein als eine „schöne Sache" (II) trotz eines „gewissen inneren Abstandes" (II) beschreibt. In der Prozessgestaltung überließ die Mentorin aus ihrer Sicht die Steuerung maßgeblich der Mentee. Sie resümiert im zweiten Interview, dass sie von sich persönlich kaum etwas thematisiert habe und beschreibt sich eher als die „Gebende", die zuhört.

Die Mentorin bewertet im Rückblick ihr Tandem und das gesamte Jahr positiv. Aus ihrer Sicht ist alles „planmäßig verlaufen"(II), was sie auf die Strukturiertheit des Prozesses und die Charaktereigenschaften des Paares zurückführt:

> wir hatten diesen Vertrag, das war sehr hilfreich, dass man sich mal Gedanken gemacht hat wie denn der Kontakt gestaltet werden soll und dann haben wir das auch genauso gemacht, wie wir das vereinbart hatten (II)

Frau Becker geht davon aus, dass ihre Mentee genau wie sie zufrieden mit dem Mentoringprozess war, da sie ihrer Einschätzung nach in der gemeinsamen Reflexion sehr ehrlich miteinander umgegangen seien. Bei der Beschreibung des Abschlusses klingt sie gleichzeitig erleichtert und wehmütig, wenn sie sagt „das war eben so, für dieses Jahr" (II). Zum Schluss hätten beide gemeinsam überlegt, wie es für sie nach dem offiziellen Abschluss weiter gehen könne und in Übereinstimmung gesagt: „dass das jetzt abgeschlossen ist, dass es gut war, wir aber keine stärkere Beziehung oder weiteren Kontakt haben wollen" (II).

Das Tandem

Bezogen auf die beiden Interviews mit Almuth Becker ist es bemerkenswert, dass sie ihre Sorge, sich zu viel zuzumuten, zu beiden Interviewzeitpunkten anspricht, ohne dass ihre Befürchtungen eingetroffen sind. Diese kontinuierliche Thematisierung zeigt neben der Sorge, der Mentee nicht gerecht zu werden, auch eine Auseinandersetzung mit den Anforderungen der Mentorinnenrolle. Persönliche Anteile werden durch die Interpretation des Mentoring als eine professionelle Verbindung ausgespart, hier einigen sich beide Teilnehmerinnen auf ein beruflich orientiertes Mentoring, möglicherweise zum Schutz vor Überforderung.

Im Nachhinein bedauern beide in unterschiedlichem Maße, dass die Beziehung jedoch wenig persönlich und eher distanziert oder kühl war. Jedoch wird dieses Bedauern erst im Prozess der Reflexion in den Einzelinterviews deutlich. Gleichzeitig zeigen sich beide sehr zufrieden mit dem Ergebnis ihrer Verbindung. Frau Becker übernimmt in diesem Tandem eine Gatekeeper-Funktion, öffnet Türen und unterstützt bei der Netzwerkbildung. Ganz konkret konnte die Mentorin ihre Mentee durch die Vermittlung von Kontakten und durch gezielte Beratung, aufgrund ihrer eigenen beruflichen Erfahrung im Umgang mit Bewerberinnen und Bewerbern, unterstützen. Das Mentoring hat dadurch Anteile eines Fortbildungs- oder Schulungsprozesses, was die Mentee als positiv wahrnimmt.

Dabei gibt es sozusagen eine stillschweigende Einigung, sich auf berufliche Themen zu beschränken, die letztendlich bei beiden Frauen das Gefühl hinterlässt, möglicherweise etwas versäumt zu haben. Zum Ende des Jahres gehen sie damit allerdings unterschiedlich um. Während die Mentee die Tür offenhält, um eventuell etwas nachzuholen, schließt die Mentorin scheinbar erleichtert diese Tür. Die Kommunikation hierüber scheint an dieser Stelle immer noch auszustehen.

4.1.7 *„Was heißt erfolgreich sein"* –
   Stephanie Thiessen und Vera Westermann

Das Tandem mit Stephanie Thiessen als Mentee und Vera Westermann als Mentorin ist auf berufliche Themen sowie das gesellschaftspolitische Interesse beider Tandempartnerinnen konzentriert. Das anfänglich formulierte Anliegen der Mentee, eigene Schwächen zu identifizieren, um ihre Chancen auf dem Arbeitsmarkt zu erhöhen, wandelt sich im gemeinsamen Diskurs in eine kritisch-distanzierte Sicht auf die Leistungsanforderungen des Bildungssystems und des Arbeitslebens. Mentee und Mentorin teilen nicht nur viele Ansichten, sondern auch die Wahrnehmung ihrer Beziehung als eine Freundschaft, die das Jahr des Mentoringprogramms überdauern soll.

Die Sicht der Mentee

Stephanie Thiessen hat zwei Interviews gegeben. Sie ist eine der wenigen Mentees im Programm, die keine leiblichen Erfahrungen mit Behinderung mitbringen. Darüber hinaus sagt sie im Interview, dass sie vor der Teilnahme keinerlei Berührungspunkte mit Menschen mit Behinderung hatte und neben einem Interesse an Antidiskriminierungsarbeit neugierig war herauszufinden, was es bedeute, mit einer Behinderung zu leben. In dem Mentoringprogramm hat sie nicht nur ihre Mentorin kennengelernt, zu der auch weiterhin regelmäßiger Kontakt besteht, sondern auch mit einigen Mentees dauerhafte Freundschaften entwickelt.

Bezogen auf das Mentoring erzählt sie im ersten Interview, dass sie, obwohl sie über ein Grundwissen verfügte, sich zunächst mit einer sehr offenen Haltung beworben und ihre Ziele nicht genau festgelegt habe. Ihr war ein Blick von außen wichtig, „von jemandem, der oder die nicht irgendwie Mutter oder Vater oder Freund Freundin" (I) ist. Diese Feststellung verdeutlicht ihren Wunsch, im Mentoring auf Personen zu treffen, die sie nicht kennen und denen sie nicht so nahe steht wie dies in familiären und freundschaftlichen Beziehungen der Fall ist. Es ist zu vermuten, dass sie damit auch die Erwartung verbindet, andere Rückmeldungen als aus ihrem unmittelbaren Umfeld zu gewinnen.

Im Vordergrund steht zu Anfang des Prozesses eine Analyse der eigenen Stärken und Schwächen sowie die daran anschließende Frage des Umgangs damit. Eine stark formalisierte Herangehensweise habe sich jedoch als für sie unpassend herausgestellt:

> wir hatten nicht dieses Ding von ‚okay ich möchte dann und dann darüber sprechen, ich habe hier so eine Liste, die ich abarbeiten will‘, das hat sich relativ schnell verworfen, weil ich irgendwie gemerkt habe ich komme damit, ich finde das blöd für so eine quasi persönliche Beziehung so einen Leitfaden umzusetzen (I)

Statt einem festen Arbeitsplan zu folgen, hat sich dieses Tandem mit situationsbezogenen, jeweils aktuellen Inhalten befasst. Stephanie Thiessen macht dabei die Erfahrung, dass die Zeitstruktur der Tandembegegnungen eine Flexibilität der Inhalte bedingt. Sie berichtet, dass es für sie nicht sinnvoll sei, Themen für ein Telefonat festzulegen, welches erst zwei Wochen später stattfindet, in einem Moment, der vielleicht ganz andere Themen in den Vordergrund rückt.

Die Mentee grenzt sich in den Interviews zudem stark von einer Orientierung ab, bei der die Karriereförderung die Inhalte des Mentoring bestimmt. Sie wendet sich bewusst gegen einen, wie sie sagt, in der Leistungsgesellschaft propagierten „Effizienzduktus" (I) und unterstreicht die Bedeutung eines offenen, wechselseitigen Austausches sowie die Unterstützung bei der Persönlichkeitsentwicklung. So stelle man am Ende eines langen Gesprächs zwar fest, dass keine Probleme wirklich gelöst seien und somit von der „Checkliste" (I) gestrichen werden könnten, „aber dass es halt auf eine komplett andere Art unfassbar gut getan hat gerade zweieinhalb Stunden zu telefonieren" (I).

Stephanie Thiessen erzählt zum Zeitpunkt des ersten Interviews, sie habe im Tandem gelernt, dass sie nicht gleich inhaltlich loslegen könne, sondern dass man mit seinem anfangs fremden Gegenüber zunächst einen gemeinsamen Weg definieren und „sich diese Beziehung auch erst mal erarbeiten" müsse. Im weiteren Verlauf konkretisiert sie, sie hätten im Tandem zunächst „einen Modus" finden bzw. herausfinden müssen, „wie man miteinander spricht". Für Frau Thiessen scheint es von Anfang an klar, dass es in den Rollen keine absolut „strikte Trennung von Mentorin und Mentee" (I) geben sollte. Vielmehr sei es „immer schon irgendwie so ein bisschen persönlicher" (I) gewesen. Was der Mentee anfangs Schwierigkeiten bereitet, ist eine durch die Fokussierung auf die Mentees implizierte „Beratungshierarchie" (I). Im anfänglichen Prozess des Kennenlernens sei zunächst sie selbst diejenige gewesen, die von sich erzählte oder erzählen musste und Beratung erhielt. Eine Wechselseitigkeit habe in dem Sinne nicht stattfinden können, da ihr bereits vorab auf der konzeptionellen Ebene aufgrund der Menteerolle ein bestimmter Förderbedarf zugeschrieben würde. Das Konzept des Mentoringprogramms habe sie demnach als Empfängerin von Hilfe klassifiziert. Dem entgegen steht ihr Wunsch, sich „auf Augenhöhe" (I) zu begegnen.

Die bislang herangezogenen Interviewsequenzen stammen aus dem ersten Interview mit Frau Thiessen, also aus einer Phase, in der der Mentoringprozess noch andauerte. Aber auch im Interview nach Abschluss des Programms verdeutlicht sie, dass sich das beschriebene anfängliche Hierarchiegefälle mit der Zeit und nicht zuletzt durch die konkrete Intervention der Mentee aufgelöst hat, so dass im weiteren Verlauf ein offener Austausch entstehen konnte. Durch dieses gemeinsam definierte Rollenverständnis entwickelte das Tandem eine individuelle Gestaltung des Mentoring, die den Bedürfnissen beider Tandempartnerinnen entsprach.

Ebenso war die Überbrückung von Fremdheit in diesem Tandem eine Herausforderung. Die fehlende räumliche Nähe wird in den Interviews deutlich kritisiert, da das Tandem vorrangig auf Email- und Telefonkontakte beschränkt ist. Während eines Treffens der Tandempartnerinnen entsteht die Dynamik, in einer scheinbar anonymen Situation, einer Fremden gegenüber viel mehr persönliche Dinge preiszugeben, als ursprünglich beabsichtigt war. Die Mentee formuliert dies im ersten Interview so: „wir haben uns auf einer ganz merkwürdigen Ebene über ganz persönliche Sachen unterhalten, ohne dass wir uns persönlich kannten und das war mir total unangenehm". Der Umgang mit diesem unangenehmen Gefühl ist eine der Herausforderungen im gemeinsamen Prozess. Durch ein offenes Gespräch über die Situation kann diese Erfahrung reflektiert und gemeistert werden.

Die Mentee spricht davon, dass nach der Überwindung der Anfangsphase im Tandem eine „große Vertrautheit besteht" (I).

Als gemeinsamer Nenner erscheint das persönliche Anliegen beider, sich in der Antidiskriminierungsarbeit für Frauen und Menschen mit einer Behinderung einzusetzen. Stephanie Thiessen erzählt, dass der „Gesprächsstoff nie ausging". Als weitere Themen der Gespräche werden im ersten Interview aktuelle Situationen genannt, wie zum Beispiel der Stress, den die Studienabschlussphase mit sich bringt. Frau Thiessen beschreibt ihre Mentorin mit Blick auf ihre Unterschiedlichkeit als jemand, die „verkörpert, wo ich gerne irgendwann mal wäre, persönlich, also auf der Ebene von einer persönlichen Entwicklung" (I). Damit betont sie die starke Vorbildfunktion der Mentorin und hebt dabei den Aspekt der eigenen persönlichen Entwicklung in Orientierung an der anderen Frau hervor. Als für sie besonders erstrebenswert nennt sie die Gelassenheit ihrer Mentorin. Sie berichtet, dass sie anfangs ihre Schwächen identifizieren wollte, um diese zu minimieren. Von ihrer Mentorin habe sie jedoch gelernt: „bestimmte Dinge kann man halt ändern, [aber] bestimmte Dinge lässt man dann halt einfach bleiben" (I).

Die beschriebene Fähigkeit zur Akzeptanz führt die Mentee auch auf die Erfahrung der Mentorin zurück, mit einer Behinderung zu leben. Dies verweist darauf, dass die Behinderung für die Mentee im Zusammenhang mit den Kompetenzen ihrer Mentorin eine tragende Rolle spielt, gleichzeitig ist Behinderung jedoch inhaltlich für Frau Thiessen kein explizites Thema. Lediglich bei einem zuvor vereinbarten Termin habe man sich eher informativ über die Behinderung der Mentorin ausgetauscht. Dass Behinderung für die Mentee eine nachgeordnete Bedeutung hat, wird auch im zweiten Interview deutlich, wenn sie rückblickend ihre Motivation zur Bewerbung beschreibt:

> dann probier ich das halt so, genau, und das hatte in dem Moment eigentlich echt überhaupt nichts mit irgendwie Behinderung zu tun, also es war so ein der tatsächliche Fokus lag wirklich in dem Mentoring im Sinne von quasi so jemanden von außen zur Seite gestellt zu bekommen und die halt so ein bisschen, die irgendwie keinen familiären Bezug hat, die nicht irgendwie Freundin ist oder so (II)

Dieser Rückblick kann sehr unterschiedlich verstanden werden. Auf den ersten Blick betont Frau Thiessen, dass für sie das Mentoring als Konzept im Vordergrund stand, als sie sich beworben hat. Andererseits sagt sie, „in dem Moment" und deutet damit möglicherweise an, dass die Erfahrung, eine Mentorin, die mit einer Behinderung lebt, an ihrer Seite zu haben, sehr wohl zentral für ihre Einschätzung des erlebten Prozesses ist. Ihre Mentorin und deren Lebensentwurf hat auf jeden Fall eine große Bedeutung für Frau Thiessen, auch über das bereits vergangene Jahr hinaus.

So resümiert sie bereits während des ersten Interviews, dass das Mentoring dazu geführt habe, dass sie sich selbst etwas „besser kennengelernt" habe und sie jetzt mit Blick auf die Berufseinstiegsphase weniger aufgeregt sei. „Diese Person in meinem Leben zu wissen, finde ich halt schon irgendwie eine Bereicherung" (I). Frau Thiessen ist der Ansicht, dass es erst nach Abschluss des Mentoring „richtig spannend" (I) werde, da sie dann beginnen werde, sich zu bewerben. Auch habe man während des Mentoring nicht viel Zeit gehabt, um gemeinsame Termine zu finden. Frau Westermann habe ihr gesagt, sie wolle jetzt auch gerne wissen, wie es weiter gehe. Frau Thiessen sagt schon im ersten Interview, sie könne gerade in der jetzt anstehenden Bewerbungsphase die Unterstützung von Frau Westermann nutzen, „jetzt nicht weiterzumachen, also es wäre ein völlig beliebiger Schnitt, der überhaupt keinen Sinn macht" (I). Mit dieser Einschätzung unterstreicht sie die Bedeutung, die die Beziehung zu Frau Westermann für sie hat – das formale Ende des Programms ist aus ihrer Sicht ein „beliebiger Schnitt" mitten durch einen Prozess, der noch nicht abgeschlossen ist. Dabei verbinden sich die persönliche Beziehung und konkrete Schritte, bei denen sie sich weitere Unterstützung erhofft.

Die Sicht der Mentorin

Vera Westermann hat zu Beginn des Programms ein Interview mit uns geführt. In diesem betont sie, dass sie zu Anfang unentschlossen war, ob sie die Rolle der Mentorin übernehmen solle, da sie beruflich und somit zeitlich sehr eingebunden sei. Diese Skepsis unterstreicht sie durch die Feststellung, dass sie in Konstellationen der Zusammenarbeit eher selten die Führung übernehme. Gleichzeitig hinterfragt sie dies für die Unterstützungsform Mentoring: Sollten Mentorinnen und Mentoren generell die

Steuerung in den Tandems übernehmen? Sie berichtet, dass sie heute sehr froh sei, ihre anfängliche Skepsis gegenüber einer Teilnahme am Mentoring überwunden und „den Job doch übernommen" zu haben. Die Beschreibung von Mentoring als „Job" weist auf eine professionelle Perspektive hin. Dies steht in einem auffallenden Kontrast zu Frau Westermanns späteren Beschreibungen der Tandembeziehung als Freundschaft. An ihren Erzählungen wird ein Entwicklungsprozess im Mentoring auf Seiten einer Mentorin besonders deutlich: Eine zu Beginn mit Vorbehalten betrachtete Aufgabe, die möglicherweise mehr Arbeit beinhaltet als zeitlich realisierbar ist, entwickelt sich im Verlauf des Prozesses zu einer von der Mentorin geschätzten Freundschaft.

Wie Frau Thiessen erzählt auch Frau Westermann von dem Prozess, eine eigene Position im Tandem und „einen gemeinsamen Weg" für die Umsetzung des Konzepts zu finden. Das erste selbstorganisierte Treffen beschreibt sie ebenfalls als problematische „Irritation". Hierbei schützt sie die Privatsphäre des Tandems im Interview, indem sie nicht konkret beschreibt, was diese Irritation ausgelöst hat, sondern abstrakt umschreibt, dass sie sich „ein anderes Bild gemacht hatten aufgrund der Emails". In ihrer Erzählung fokussiert sie auf den konstruktiven Umgang mit dieser anfänglichen „Irritation". Nach einem klärenden Gespräch darüber sei „irgendwie der Knoten geplatzt" und sie hätten sich das in dieser Situation Erlebte gegenseitig offen geschildert. „Seitdem läuft es wunderbar, weil wir offen damit umgegangen sind." Die beschriebene Offenheit wird in dieser Förderbeziehung bereits zu Anfang als individueller Erfolgsfaktor identifiziert und leitet das Tandem weiter durch das gemeinsame Jahr. Die Bewältigung von konflikthaften Herausforderungen hatte durch das hier entfaltete Potenzial positive Auswirkungen: „im Laufe dieses Austausches ist für mich eine große Vertrautheit entstanden". Hier scheint sogar eine längerfristige Bindung entstanden zu sein: „ich denke schon, dass wir noch länger Kontakt haben werden".

Eine weitere Herausforderung auf dem Weg zu einer funktionierenden Tandembeziehung war die unterschiedliche Wahrnehmung von Hierarchien im Tandem. Wir erinnern uns an die Mentee Frau Thiessen, die in ihrem Interview kritisch auf eine implizierte Beratungshierarchie hingewiesen hat. Hierbei wehrte sie sich gegen die Unterstellung, Mentees seien grundsätzlich förderungsbedürftig. Ihre Mentorin erlebt die Tandemhierarchie ebenfalls als Irritation, beschreibt jedoch aus ihrer Perspektive eine ganz andere Sicht, in der ihre vermeintlich sichere Position als Mentorin durch das Vorgehen der Mentee erschüttert oder sogar angegriffen wird. Ihre Mentee hätte zum Teil einen Rollentausch forciert. Aus Sicht von Frau Westermann verkehrt sich der Wunsch von Frau Thiessen, keine hierarchische Beziehung zu etablieren, für einen Moment ins Gegenteil. Die Mentorin fürchtet um ihre sichere Position. Hier zeigt sich eine bemerkenswerte Divergenz zwischen den Erzählungen der beiden Frauen. Während im Interview mit der Mentee sichtbar wird, dass diese eine wechselseitige, hierarchiefreie Beziehung anstrebt, erlebt die Mentorin dieses Streben als Ausdruck einer Hierarchie, in der sie sich unterordnen soll.

Auch diese Situation wird im Tandem bearbeitet. Hier geht aus den Interviews mit der Mentorin jedoch weniger klar hervor, wie offen dies kommuniziert wird. Deutlich ausgedrückt haben sich beide Tandempartnerinnen hingegen in der Ablehnung von formalen Vorgaben für die Gestaltung ihrer Beziehung und in ihrem Wunsch, etwas Eigenes schaffen zu wollen. Hierbei überlässt Frau Westermann ihrem Gegenüber die Steuerung, auch wenn sie deswegen dauerhaft daran zweifelt, ob diese Praxis zu weit vom eigentlichen Konzept abweicht. Einen Austausch mit anderen Mentorinnen und Mentoren habe sie sich in dieser Situation zwar gewünscht, jedoch nicht aktiv gesucht.

Den Vorstellungen ihrer Mentee entsprechend verzichtet sie also darauf, ihr Vorgaben zu machen und sie zu lenken. In ihrem Verständnis von Mentoring soll eine Mentee nicht überzeugt werden, sondern selbst entscheiden. Das gilt auch für die Inhalte des Mentoring:

> so habe ich meine Rolle verstanden, da dann möglichst gut zu liefern bei dem was sie gerade braucht und egal was es ist, also egal welcher Themenbereich oder ob sie einfach gerade mal jemanden braucht, der ein offenes Ohr für das hat

Frau Westermann machte ihrer Mentee somit ein offenes Begleitangebot. Inhaltlich waren im Verlauf des Jahres weniger bestimmte Themen sondern vielmehr die Situation der Mentee als Studentin, Akademikerin oder Bewerberin relevant. Die Mentorin gibt generell zu bedenken, dass sich die

Studienbedingungen im Vergleich zu ihrer Studienphase „absolut verschärft" hätten und sich zudem ein gesellschaftliches Verständnis von Leistungsfähigkeit etabliert habe, welches sie höchst kritisch betrachte: „wir sind soziale Wesen und keine Produktionseinheiten". Die Mentorin gibt ihrer Mentee Impulse, sich von solchen Leistungszwängen abzugrenzen. Provokativ fragt sie im Interview: „was heißt es mit den eigenen Lebensbedingungen zufrieden zu sein, geht das nur, wenn ich permanent, rund um die Uhr, hundertfünfzig Prozent einsatzfähig bin, oder gibt es da nicht noch ein anderes Leben".

Frau Westermann sorgt sich um ihre Mentee, die ihr gegenüber Befürchtungen äußert, was sie „alles leisten und können muss, um in der Gesellschaft zu bestehen". Daran anknüpfend kritisiert sie die Haltung, den eigenen Selbstwert über die Leistungsfähigkeit zu definieren. Hier scheint es sich um einen im Tandem gemeinsam entwickelten Diskurs zu handeln, der möglicherweise bei der Mentee einen Prozess des Umdenkens in Gang gesetzt hat. Ein Hinweis darauf ist beispielsweise die oben zitierte Kritik der Mentee am „Effizienzduktus". Diese Kritik an „Wirtschaftlichkeitsdenken und Verwertbarkeitsdenken" (I) findet sich in den Interviews mit beiden Frauen wieder.

Ihre persönliche Nähe begründet die Mentorin genauso wie die Mentee mit gemeinsamen Themen, die sich aus ihren gesellschaftspolitischen Interessen und Überzeugungen ableiten. Diese Themen bilden neben den situativen Anliegen der Mentee den Kern der Tandemverbindung. Behinderung als eigenes Thema ist auch in der Sicht der Mentorin für das Tandem nicht relevant, sondern wird im Hintergrund verhandelt. Sie teilt jedoch die Sicht von Frau Thiessen, dass ihre eigene Behinderung für ihre Kompetenz als Mentorin eine höchst relevante Erfahrungsdimension ausmacht und wählt für diese Erläuterung dasselbe Beispiel wie Frau Thiessen. Während die Mentee von einer Selbstoptimierung und damit verbundenen Grenzen spricht, hebt die Mentorin ebenfalls bei dem Thema Leistung und Leistungsvermögen die Fähigkeit zur Abgrenzung und die Akzeptanz eigener Grenzen hervor:

> das war einer der wenigen Momente wo ich dachte, da kann
> man das Thema Behinderung jetzt nochmal gut einbringen,
> auch für Menschen ohne Behinderung das mal zu hinterfragen,

diese Leistungsnorm, den Wert des Menschen und die Ansprüche an sich selbst

Als einen wichtigen Lernimpuls sieht Vera Westermann hier ihre leiblichen Erfahrungen mit Behinderung und die daraus erwachsenen Fähigkeiten, die sie nun an Stephanie Thiessen, die nicht über diese Erfahrung von „Grenzen" verfügt, weitergeben kann.

Das Tandem

Insgesamt stellen sich die Wahrnehmungen der beiden Tandempartnerinnen sehr ähnlich dar. Durch den stark dialogischen Kontakt finden sich in den Interviews an mehreren Punkten gemeinsame Meinungen und Sichtweisen der Tandembeziehung und des Prozesses. Das gemeinsam Erlebte wird durch die kommunikative Auseinandersetzung zu geteiltem Wissen und gleichen Ansichten. Anders verhält sich dies bei angrenzenden Themen wie beispielsweise der Antidiskriminierungsdebatte. Hier betonen die Tandempartnerinnen unterschiedliche Ausgangspunkte und Perspektiven, respektieren jedoch die Haltung der anderen ohne überzeugen zu wollen. Besonders bei dem Thema Leistung zeigt sich ein Veränderungsprozess. Wollte Frau Thiessen zu Beginn das Mentoring nutzen, um sich selbst zu optimieren und ihre Schwächen im Tandem zu bearbeiten, um auf dem Arbeitsmarkt und in der Gesellschaft zu bestehen, so ging es am Ende, geprägt durch die Sichtweise der Mentorin, stärker darum, mit sich selbst zufrieden zu sein und bestehende gesellschaftliche Leistungsvorstellungen zu hinterfragen. Im Verlauf des Mentoring grenzt sich Stephanie Thiessen von einem Effizienzdenken ab und nähert sich der Haltung ihrer Mentorin an. Statt des ursprünglich erhofften Tunings durch die Mentorin wurde ein kritischer Abstand zu Leistungsnormen entwickelt, der die Mentee vor (Selbst-)Ausbeutung schützen soll.

Frau Westermann hatte als eine ihrer Motivationen geschildert, dass sie sich aus mangelndem Kontakt zu jüngeren Frauen Einblicke in die heutige Lebenswelt der Studentinnen wünscht. Deren Sicht auf die Welt und auch auf politische Aktivitäten hätten sie besonders interessiert. Durch die Offenheit im Tandem hat Frau Westermann Einblicke in Frau Thiessens individuelle Lebenssituation gewonnen, welche sie auch unter einer Differenzperspektive auf verschiedene Generationen von Frauen betrachten kann. Die starke Flexibilität im Tandem war zu Beginn etwas, das die Mentorin „verunsichert" hat, das sich im weiteren Verlauf jedoch zu einer dauerhaften gemeinsamen Praxis weiterentwickelte, die von beiden Frauen getragen wurde. Am Beispiel dieses Tandems wird erneut deutlich, dass eine hohe Sozial- und Kommunikationskompetenz von den Teilnehmerinnen gefordert wird, um das Konzept Mentoring dialogisch umzusetzen.

4.1.8 Die Tandembeziehung als anspruchsvoller Balanceakt

Das Mentoringprogramm des Hildegardis-Vereins basiert auf einem offen gehaltenen Konzept, das viele Gestaltungsmöglichkeiten bietet. Damit erschließt sich ein Raum für die Gestaltung einer durch vielfältige Unterschiede und Gemeinsamkeiten geprägten Beziehung zwischen zwei Personen. Die untersuchten Tandems verdeutlichen, dass das Mentoring vor diesem Hintergrund sehr individuell an die Bedürfnisse der Beteiligten angepasst werden kann. Wenn dies gelingt, entstehen viele Handlungsspielräume und Zufriedenheit im Umgang mit dem selbstgesteuerten Prozess. Dies erfordert zugleich ein hohes Maß an Flexibilität, Wahrnehmungsvermögen und Konfliktfähigkeit. So kann das starke Potenzial des offenen Konzeptes auf der anderen Seite auch zu einer Belastung für die Akteurinnen und Akteure werden. Werden diese Belastungen reflektiert, bietet sich die Chance, soziales Lernen und karrierebezogene Aspekte zusammenzuhalten. Dies zeigen alle vorgestellten Tandems und auch die anderen Interviews der Studie.

Alle sieben Tandems veranschaulichen die Potenziale des prozessbezogenen Konzepts. Diese liegen in seiner strukturierten Offenheit und der damit verbundenen Einladung (und Anforderung), den gemeinsamen Lernprozess weitgehend selbst zu steuern. Die Inhalte und Ziele eines Tandems unterliegen somit der gemeinsamen Aushandlung, die entsprechend unterschiedlich gestaltet worden ist. Werden die ausgewählten Konstellationen miteinander verglichen, ist zu betonen, dass jeder einzelne Prozess als singulär hervortritt. Eine Tandembeziehung ist geprägt durch die Erwartungen und Wünsche sowie die unverwechselbaren Handlungsmuster der Personen, die miteinander in Beziehung treten. Die biographische Einbettung der verschiedenen Handlungsmuster kommt in den Interviews nur am Rande zur Sprache, es wird aber trotzdem deutlich, dass die Erfahrungen im Tandem von den Mentees im Kontext von biographischen Übergangssituationen verarbeitet werden, die auch mit Ablösungserfahrungen einhergehen. Für die Mentorinnen und Mentoren liegen solche Situationen zumeist in der Vergangenheit und sie blicken teilweise sehr bewusst auf die eigene Entwicklung zurück.

Die Rekonstruktion der ausgewählten Beispiele verdeutlicht, was generell zum offen gehaltenen Konzept des Tandems festgestellt werden kann: Die Teilnehmerinnen und Teilnehmer des Mentoring haben sich das konzeptionelle Angebot des Vereins aktiv angeeignet und es im Kontext ihrer biographischen Erfahrungshorizonte nach eigenen Vorstellungen mit Leben gefüllt. So entfalten sich in den von uns untersuchten Interviews einerseits die unverwechselbaren Potenziale und Wissensbestände der Personen, die über ihre Erfahrungen sprechen und diese reflektieren. Zum anderen spiegelt sich in diesen Reflexionen auch das Potenzial des Konzepts, dessen Anforderungen an die Einzelnen hoch sind und entsprechende Unsicherheiten auslösen können. Dabei erweisen sich die Unsicherheiten und offenen Fragen als wichtige Impulse für den gemeinsamen Lernprozess und Konflikte, die sich beispielsweise aus der Anforderung ergeben, den Prozess selbst zu steuern, öffnen nicht selten den Blick für neue Sichtweisen auf eine bekannte Situation oder eingeschliffene Handlungsmuster. Genauso ergeben sich Konstellationen, in denen der intersubjektive Austausch ins Stocken gerät und die unterschiedlichen Perspektiven der Personen nicht oder nur wenig in den Austausch eingebracht werden.

Die Einzelinterviews geben tiefe Einblicke in den Balanceakt, der mit komplexen und selbstgesteuerten Lernprozessen verbunden ist. Deutlich wird, dass in den Interviews auch Erfahrungen, Einschätzungen, Unsicherheiten und offene Fragen zur Sprache kommen, die in den Tandems selbst gar nicht immer besprochen werden. Die Interviews regen dazu an, die Erfahrung des Mentoring sehr genau unter die Lupe zu nehmen und es entsteht ein weiterer Raum der Reflexion. Dass die Aspekte, die in den Interviews zur Sprache gelangen, oft auch dort bleiben, ist eine sehr typische Konstellation für Forschungsinteraktionen, bieten diese doch den Freiraum, die eigenen Sichtweisen in einer exklusiven Situation zur Sprache zu bringen. Die dabei zu Tage tretenden Perspektivendivergenzen zwischen den beiden Mitgliedern desselben Tandems spiegeln einen Aspekt, der alle alltäglichen Interaktionsprozesse prägt – in deren Verlauf kann nie umfassend thematisiert und bearbeitet werden, was an gegenseitigen Erwartungen im Raum steht, nicht zuletzt, weil vieles, was in der handlungsentlasteten Situation von Interviews explizit wird, im Alltag implizit bleibt.

Bemerkenswert ist also weniger, dass in den meisten der untersuchten Tandems divergierende Sichtweisen deutlich wurden. Erkenntnisleitend ist hier vielmehr die Frage, in welchem Kontext unterschiedliche Einschätzungen und Erwartungen stehen. Hierbei zeigen sich Muster, die über den unverwechselbaren Charakter der einzelnen Tandems hinaus auf Strukturelemente des Mentoring verweisen. Zu nennen sind *das Verhältnis von Person und Professionalität, die Aushandlungen von Nähe und Distanz* sowie *das Wechselspiel von Autonomie und Bindung* in der Ausgestaltung der Tandembeziehung. Ebenso von Bedeutung sind *Ideale von Reziprozität*.

Das Verhältnis von Person und Professionalität wird sehr unterschiedlich thematisiert und bewertet und ist in einigen Fällen mit offenen Fragen und Unsicherheiten bezüglich der eigenen Rolle und Aufgabe verbunden. Dabei wird deutlich, dass eine zurückgenommene, an professionellen Standards und formalen Vorgaben orientierte Beziehungsgestaltung Wünsche nach mehr persönlichem Kontakt offen lässt. Umgekehrt wird das freundschaftliche Angebot des vertrauten Umgangs und persönlichen Austauschs als zu wenig abgegrenzt erlebt. Zwischen diesen beiden Konstellationen zeigt sich ein Kontinuum von impliziten Aushandlungsprozessen über die Frage, wie persönliche und fachliche oder karrieretechnische Anliegen in Verbindung betrachtet und bearbeitet werden können. Insgesamt erweist sich die strikte Trennung von Persönlichem und Professionellem als eine einseitige Konstruktion, die die Offenheit für die gemeinsame Gestaltung des Prozesses auch einschränken kann.

Ein ähnliches Bild ergibt sich beim Blick auf *die Aushandlungen von Nähe und Distanz.* Hier zeigen sich sehr unterschiedliche Wege der wechselseitigen Annäherung und Abgrenzung. Diese Wege können mit Konflikten verbunden sein, wenn beispielsweise eine plötzliche Offenheit zwischen Fremden entsteht, die anschließend in die noch unvertraute Beziehung eingebettet werden muss. Zudem zeigen sich in mehreren Tandems unausgesprochene Wünsche und Erwartungen an die Balance von Nähe und Distanz in der Tandembeziehung. Diese Wünsche bleiben oft implizit und werden erst im Interview, als einem zusätzlichen Reflexionsraum, explizit zur Sprache gebracht. Hervorzuheben sind außerdem zwei weitere Aspekte: Die Qualität der Beziehung wird nicht von formalen Aspekten wie räumliche Nähe, häufige persönliche Treffen oder passgenaue Lebenslagen abhängig gemacht. Als besonders bereichernd werden vielmehr Nähe-Distanz-Relationen erlebt, in denen ein ergebnisoffenes *Wechselspiel von Autonomie und Bindung* erkennbar ist.

Das Bild des *Wechselspiels* unterstreicht, dass das untersuchte Mentoringprogramm auf Seiten der Mentees einen Entwicklungs- und Experimentierraum für den bewussten Umgang mit den eigenen Autonomiestrebungen und Bindungswünschen öffnet. Die generelle Spannung, die mit diesen gegenläufigen Impulsen verbunden ist, wird in neuen und als schwierig betrachteten Übergangssituationen besonders virulent – in der Ablösung von der Studentinnenrolle, der Abgrenzung von der Herkunftsfamilie und dem Start in den Beruf. Dabei zeigen sich in den Tandems sowohl Wünsche nach größtmöglicher Selbstbestimmung und Unabhängigkeit als auch solche nach mehr Hilfestellung und einer engeren Begleitung. Diese Bandbreite von Haltungen spiegelt sich auf Seiten der Mentorinnen und Mentoren insofern, dass auch diese recht verschiedene Wege der Ausgestaltung von Autonomieforderungen und Bindungsangeboten wählen.

Die meisten Mentees verfolgen *Ideale von Reziprozität* und wünschen sich einen wechselseitigen Austausch- und Lernprozess im Tandem. Dieses Ideal kollidiert zugleich mit dem Bedürfnis nach Unterstützung und Begleitung. Außerdem wird deutlich, dass die Mentorinnen und Mentoren sehr viel stärker mit der Frage befasst sind, ob sie ihre Aufgabe angemessen erfüllen und die damit verbundene Verantwortung auch zu übernehmen in der Lage sind. Gleichwohl hat das Streben nach einem reziproken Verhältnis einen hohen Stellenwert für die Qualität der Tandembeziehung, weil es die Aushandlungsprozesse im Tandem als einen positiven Lernprozess rahmt, dessen Ziel auch in der Reflexion dieses Prozesses gesehen wird. Reziprozität wird in den untersuchten Tandems aber eher als Ideal denn als durchgehende Interaktionspraxis erkennbar. Im Mittelpunkt der Tandems stehen vielmehr Aushandlungen über das Verhältnis von Differenz und Hierarchie, das in jedem Tandem anders ausgestaltet und gedeutet wird.

Abschließend ist festzustellen, dass die Qualität der Tandembeziehung nicht davon abhängt, ob zwei Frauen oder eine Frau und ein Mann sich begegnen oder ob beide mit der (vergleichbaren oder unterschiedlichen) Erfahrung von Behinderung leben. Die für das untersuchte Programm besonders prominenten Dimensionen Geschlecht und Behinderung gewinnen ihre spezifische Bedeutung im Kontext der intersubjektiven Austauschprozesse. In deren Verlauf werden Geschlechterdifferenzen und Zuschreibungen von Behinderung virulent und entfalten ihre Wirkung im Kontext von generationenspezifischen politischen wie professionellen Diskursen, deren Vielschichtigkeit sich nicht auf eine einfache Formel bringen lässt.

Vor diesem Hintergrund wechseln wir im folgenden Abschnitt den Blick und rekonstruieren die Fördererfahrungen der Mentees und Mentorinnen bzw. Mentoren im Quervergleich aller Tandems. Dabei wird aber nicht mehr das einzelne Tandem aufeinander bezogen in den Blick gerückt, sondern wir unterscheiden zwischen den Sichtweisen der Mentees auf der einen sowie den der Mentorinnen und Mentoren auf der anderen Seite.

4.2 Die Förderbeziehungen zwischen Reziprozität und Erfahrungsvorsprung

Während unser Augenmerk sich im vorangegangenen Abschnitt dieses Kapitels auf einzelne Interviews und deren Bezug zueinander richtet, wechseln wir nun die Perspektive und wenden uns einer themenzentrierten Analyse der erhobenen Interviews, über alle Erzählungen und alle drei Gruppen hinweg, zu. Im Mittelpunkt steht dabei die Frage nach den Fördererfahrungen im Mentoring aus Sicht der Untersuchungsteilnehmerinnen und Untersuchungsteilnehmer. Wir differenzieren dabei zwischen den Stimmen der Mentees, die wir zuerst interpretieren, und den Sichtweisen der Mentorinnen und Mentoren, die wir anschließend zur Diskussion stellen. Auch hier wird wieder gekennzeichnet, zu welchem Zeitpunkt jemand erzählt (t_1 = I; t_2 = II). Aus Datenschutzgründen verzichten wir weitgehend auf detaillierte Kontextualisierungen und personenbezogene Informationen. Daher wird auch die Zuordnung der Interviewpassagen zu einem der Jahrgänge (Gruppe A, B, C) nicht ausgewiesen. Da sich im Vergleich der drei Gruppen große Übereinstimmungen in Bezug auf die Einschätzungen zur Fördererfahrung ergeben haben, werden durch diese Entscheidung keine wichtigen Ergebnisse vorenthalten.

4.2.1 *„Diese besondere Funktion von einem Mentor oder einer Mentorin"* – die Fördererfahrung aus Sicht der Mentees

Die Motivation der befragten Mentees für eine Teilnahme am Mentoring ist besonders mit dem Eintritt ins Erwerbsleben verbunden. Sie schildern die Befürchtung, in dem neuen Umfeld mit Vorurteilen ihrer Umwelt konfrontiert zu werden und möchten dieser Sorge durch das Mentoring etwas entgegensetzen. Im Tandem hoffen viele der Mentees berufliche Parallelen zu finden, an die sie anknüpfen können. Die folgenden Ausführungen von Beatrice Carsten verdeutlichen dies exemplarisch:

> ja ich wünsch mir natürlich, dass sie mir hilft wichtige berufliche Kontakte zu knüpfen und dass sie vielleicht auch versucht mir Denkanstöße zu geben oder mich auf berufliche Entwicklungsmöglichkeiten aufmerksam zu machen oder mich da ein bisschen hinzustubsen die ich mir selber vielleicht nicht zutraue auf die ich selber nicht kommen würde, ja also mir so ein Stück weit zu helfen, grade so Stärken zu entwickeln von denen ich gar nicht geglaubt hab, dass ich sie habe (I)

Unterstützung wird hier sehr konkret mit dem Wunsch nach Hilfe beim beruflichen Networking („Kontakte"), aber auch im Bereich der Selbstreflexion („Denkanstöße") verbunden. Besonders bemerkenswert ist die Hoffnung, von einer Mentorin in Bewegung gesetzt und auf verborgene Potenziale aufmerksam gemacht zu werden – die andere Person soll „Stärken" aufdecken helfen, die der Mentee selbst nicht zugänglich sind oder an denen sie zweifelt.

Diese Wünsche und Erwartungen sind sehr typisch. Die meisten Mentees wollen Kontakte knüpfen, Netzwerke bilden und so an ihrer beruflichen Weiterentwicklung arbeiten. Zugleich wird erwartet, durch das Tandem

„mental" gestärkt zu werden (Nathalie Oppermann I), verbunden mit dem Wunsch, mehr „Selbstsicherheit" zu gewinnen.

Diese Erwartungen unterstreichen, wie sehr der Eintritt in das Erwerbsleben als potenziell krisenhaft antizipiert und wahrgenommen wird. In diesem Zusammenhang formulieren die Mentees in allen drei Gruppen das gleiche sprachliche Bild: „man sitzt in einem Boot". Dies ruft die Vorstellung von einer Gemeinschaft auf, die sich auf einem begrenzten Raum zusammenfindet und als aufeinander angewiesene Gruppe durch möglicherweise fremde oder unruhige Gewässer navigiert. Stellt das Studium hier die Bootsfahrt dar, mit dem Ziel der sicheren Einfahrt in den Hafen des Erwerbslebens? Wer sitzt mit wem in einem Boot? Welche Rolle übernehmen die Mentorinnen und Mentoren in diesem Boot? Könnten sie einen Rettungsanker auswerfen, falls es gefährlich würde? Gehen die Mentees davon aus, dass die erfahrenen Begleitpersonen wissen, wie eine Bootsfahrt verläuft und was zu tun wäre, sollten die Wellen hoch schlagen?

Bleiben wir bei diesem Bild vom engen Zusammenspiel in einer Gruppe und übersetzen es auf den offenen Charakter der Tandembeziehung im Mentoring. Wer auf dieser Fahrt das Ruder übernimmt, unterliegt einem Aushandlungsprozess, bei dem sich erst herausstellen muss, ob gemeinsam gerudert und gesteuert wird oder ob die Aufgaben hierarchisch verteilt werden. So könnten die Mentees, aber auch die Mentorin oder der Mentor als Steuerfrau oder Steuermann agieren oder sich gegenseitig mit allen Kräften beim Rudern unterstützen.

Das sprachliche Bild, das alle in einem Boot sitzen, vermittelt somit den Eindruck einer stark aneinander gebundenen Gemeinschaft, deren Mitglieder in einem Kooperationszusammenhang voneinander abhängig sind. Die Basis der Gemeinschaft bildet aus Sicht der Mentees die gemeinsame Erfahrung und das gemeinsame Ziel, Hürden zu erkennen und zu überwinden. Hierbei hoffen sie auf die Unterstützung von Menschen, die schon mehr Erfahrung in der Überwindung von Hindernissen im Leben gesammelt haben.

„Die passt auch total cool zu mir" –
der Wunsch nach Vorbildern und die Aushandlung von Nähe und Distanz

Ob eine Mentorin oder ein Mentor gut zur eigenen Person passt, wird von den Mentees anhand von verschiedenen Kriterien beurteilt. Dazu gehören Berufstätigkeit, die Art der Behinderung, gleiche Lebensentwürfe, fachliche Parallelen im Studium oder regionale Nähe. Die Tätigkeit des Gegenübers im Tandem wird als wichtiger Bezugspunkt für die eigenen Zukunftsvorstellungen betrachtet, vergleichbare Erfahrungen mit einer Behinderung geben Einblick in die Möglichkeit, auch mit einer Behinderung eine akademische Laufbahn zu beschreiten. Gemeinsame Wohnorte werden von den Mentees als sehr positiv benannt, da diese eine flexible Beziehungsgestaltung zulassen und einen geringeren Organisations- und Kostenaufwand benötigen. Sie geben an, dass dadurch auch mehr persönlicher Kontakt möglich ist.

Die Fähigkeit, das Leben mit einer Behinderung und die Tätigkeit in einem akademischen Beruf zu verbinden, wird von den Mentees als wesentlich für die Vorbildfunktion einer Mentorin oder eines Mentors beschrieben. Jennifer Kuhn bringt diesen Aspekt in ihrem ersten Interview anschaulich zum Ausdruck: „also die ist echt gut dabei, also die passt auch total cool zu mir, weil die macht irgendwie voll so das was ich mal machen will oder hat das gemacht, was ich machen will, total cool".

Wie in dieser Interviewsequenz wird auch in anderen Interviews unterstrichen, dass ähnliche Tätigkeitsfelder oder Interessen wichtig sind, um zu beurteilen, ob eine Mentorin oder ein Mentor die richtige Bezugsperson ist. Diese Personen sollen beraten, konstruktive Kritik formulieren und unterstützen. Dabei wird auch erwartet, dass sie „ehrliche" Rückmeldungen geben, wie Henriette Kühn dies beim ersten Interview formuliert:

> mhm, ich erwarte mir, dass sie ein ehrlicher Spiegel für mich ist, weil es ist schon in anderen Situationen schwer wirklich ehrliches Feedback zu bekommen, grade mit einer Behinderung, für die Dinge, die man gut macht, aber auch für die Dinge die man nicht gut macht

Die Mentee erwartet, dass ihr die Mentorin aufrichtig begegnet. Sie möchte auch etwas darüber erfahren, was sie „nicht gut macht" und deutet an, dass sie sich aufgrund der Behinderung in anderen Situationen ihres Lebens möglicherweise geschont und damit in letzter Konsequenz nicht ernst genommen fühlt. Anerkennung resultiert aus dieser Sicht auch aus kritischen Rückmeldungen, die für Henriette Kühn bislang nicht selbstverständlich waren.

Für viele Mentees ist der wechselseitige Erfahrungsaustausch innerhalb des Tandems sehr wichtig. Die Beziehung soll kein „Lehrer-Schüler-Verhältnis" sein (Friedericke Glaser I). Eine hierarchische Rollenaufteilung wird von den Mentees abgelehnt, stattdessen heben sie das „gegenseitige Lernen" hervor und betonen immer wieder diese Erwartung einer an Reziprozität orientierten Unterstützung. Der Austausch soll auf „Augenhöhe" stattfinden und sowohl fachliche als auch private Themen beinhalten (Lina Menke II). Die Mentorin und der Mentor werden als unvoreingenommene Personen beschrieben und häufig mit Freunden und Elternhaus verglichen:

> ich glaub, dass das was ganz Wichtiges ist, und das einfach kaum jemand anders diese besondere Funktion von einem Mentor oder einer Mentorin auch fühlen kann, weil die Eltern zum Beispiel, die sind viel zu sehr emotional involviert, möchten vielleicht irgendwie eigene Vorstellungen auch verwirklicht sehen, machen sich viel mehr Sorgen, also das geht irgendwie nicht (Beatrice Carsten II)

Rückblickend betont Beatrice Carsten die „besondere" Qualität der Tandembeziehung, indem sie einen Vergleich anstellt: Es soll keine Eltern-Kind-Beziehung mit den entsprechenden emotionalen Verwicklungen sein. Was das „Besondere" ausmacht, formuliert sie nicht explizit. Implizit wird aber deutlich, dass sie nicht als abhängiges Kind, um das sich die Eltern Sorgen machen, sondern als ein „anderes" Gegenüber erlebt werden möchte. Zugleich wird von vielen Mentees betont, dass die Tandembeziehung keine Freundschaft ist und Grenzen gewahrt werden sollen. Zwar solle auch über private Themen gesprochen werden, es müsse aber eine Balance zwischen Nähe und Distanz gefunden werden. Gelingen diese Balance und der wechselseitige Austausch aus ihrer Sicht, bewerten die Mentees die Tandembeziehung als positiv. Als deutlich schwieriger wird es hingegen erlebt, wenn eine hierarchische Interaktion die Beziehung dominiert, in deren Verlauf es zu einer zu starken Steuerung der Beziehung durch die Mentorin oder den Mentor kommt. Von Bedeutung sind auch Unterschiede und Gemeinsamkeiten, beispielsweise werden zu wenig fachliche Anknüpfungspunkte als schwierig benannt. Ebenso strukturiert die Auseinandersetzung mit ähnlichen oder ganz unterschiedlichen Erfahrungen im Umgang mit Behinderung die Mentoringbeziehung.

„Sie hat sich mit der Behinderung überhaupt nicht schwer getan" –
die Bedeutung von Behinderung für die Tandembeziehung

Innerhalb der Tandembeziehung ist die Behinderung ein wesentliches Kriterium, das Momente der Gemeinsamkeit, aber auch der Abgrenzung empfinden lässt. Aus Sicht der Mentees verbindet eine ähnliche Behinderung und sorgt dafür, sich besser in die anderen hineinversetzen zu können. Auch gehen sie davon aus, dass von den jeweiligen Erfahrungen im Umgang mit der Behinderung profitiert werden könne. Mit dieser Betonung und Erwartung einer Ähnlichkeit ist die Zuschreibung verbunden, dass eine vergleichbare Behinderung ein Verständnis für bestimmte Problemlagen mit sich bringen würde.

Ein Gefühl der Abgrenzung oder Distanz entsteht, wenn kein offener Austausch über die Behinderung stattfindet. Die Mentees fragen sich: Welche Einschränkungen erlebt meine Mentorin oder mein Mentor aufgrund einer Behinderung? Welche Hürden begegneten ihr oder ihm im eigenen Werdegang? Die Auseinandersetzung mit der Behinderung ihres Gegenübers im Tandem ist für viele der Mentees wichtig, um die andere Person einzuordnen und sich wiederum mit den eigenen Bedürfnissen verstanden zu fühlen.

Bereits bei den Angaben zum Matching, die der Verein bei der Bewerbung abfragt, setzen sich die Mentees kritisch mit ihren Erwartungen an das zukünftige Gegenüber auseinander. Dabei werden die eigenen Wünsche sehr genau geprüft und an den bisherigen Erfahrungen gemessen. So blickt beispielsweise Andrea Brandt im ersten Interview auf ihre Bewerbung zurück und verdeutlicht, dass sie lieber Kompromisse in Kauf nimmt, als Wünsche zu äußern, die möglicherweise zu speziell sind und deshalb nicht in Erfüllung gehen:

bei der Bewerbung hatte ich gesagt, dass also so dieses, also ob es ein Mann oder eine Frau ist oder eben behindert oder nicht behindert, hab ich gesagt, dass mir das egal wäre und weil ich dachte, wenn man das zu sehr einschränkt, sind die Chancen ja also wirklich minimal, dass man überhaupt jemanden kriegt und dass das ja eigentlich egal ist vom Fach her, ich glaub da hab ich schon geschrieben, es wäre gut ein ähnlicher Fachbereich, aber jetzt nicht unbedingt genau der gleiche

Andrea Brandt beschränkt sich auf einen „ähnlichen" fachlichen Hintergrund als Wunschkriterium für die zukünftige Mentorin bzw. den zukünftigen Mentor, da sie davon ausgeht, dass zu detaillierte Angaben die Chancen auf ein passendes Matching deutlich verringern. Hier deuten sich vergangene Erfahrungen mit der eigenen Minderheitenposition an und der Wunsch nach übereinstimmenden oder vergleichbaren Erfahrungen mit Zuschreibungen von Behinderung und Weiblichkeit wird als unrealistische Einschränkung antizipiert.

Die Abfrage des Vereins nach der Zusammensetzung eines zukünftigen Tandems wird von den Mentees sehr unterschiedlich eingeschätzt. Insbesondere die Frage, welche Bedeutung ein Leben mit und ohne Behinderung für den angestrebten Austausch habe, wird kontrovers diskutiert. Eine Mentorin oder einen Mentor ohne Behinderung zu erleben, wird als positiv gewertet, solange tragfähige Anknüpfungspunkte existieren. Diese können private Themen wie Partnerschaft und Familienplanung sein oder eine berufliche Parallele. Auch wird erwartet, dass Menschen ohne Behinderung einen Spiegel der Außenwelt darstellen. Sie könnten besser Erwartungen und Reaktionen der Umwelt zurückmelden und deshalb auch besser benennen, was zukünftige Vorgesetzte oder Entscheidungsträger ohne Behinderung auf dem Arbeitsmarkt von ihnen erwarten würden.

Es wird deutlich, dass sich die Mentees sehr stark mit ihrem Gegenüber im Tandem auseinandersetzen. Wenn dieses Gegenüber ohne Behinderung lebt, ist das bei den Mentees mit verschiedenen Fragen verbunden: Wie reagiert sie oder er auf mich? Hat diese Person Erfahrungen im Umgang mit Menschen mit Behinderung? Was ist deren Motivation für eine Teilnahme am Mentoring? Die Unsicherheit, die mit diesen Fragen einhergeht, schwingt in der Beschreibung einer Mentee mit:

sie ist eine ganz unkomplizierte, schnell auch so auf eine persönliche Ebene kommende Frau mit viel viel Lebenserfahrung
und hat sich auch jetzt mit der Behinderung überhaupt nicht
schwer getan, also ich mein, das darf man ja einfach auch
nicht von Anfang an voraussetzen, wenn jemand eben grad
ohne Behinderung kommt, dann ist da vielleicht viel Motivation
sich mit der Thematik auseinanderzusetzen, aber trotzdem
vielleicht Unsicherheiten, die es am Anfang erst mal ein bisschen schwieriger machen miteinander warm zu werden, aber
das war überhaupt nicht so (Beatrice Carsten I)

Die Beziehung ist nicht kompliziert geworden, obwohl „man" es nicht voraussetzen darf – diese Generalisierung verdeutlicht, dass die Mentee davon ausgeht, dass Menschen, die ohne eine Behinderung leben, sich nicht
leicht tun, mit ihr (und generell mit Menschen, die mit einer Behinderung
leben) umzugehen. Diese Befürchtungen hat ihre Mentorin ausgeräumt.
Beatrice Carsten verdeutlicht in ihrer Beschreibung, dass sie die Haltung
der Mentorin ihr gegenüber für keine Selbstverständlichkeit hält. Ganz im
Gegenteil, sie hebt ausdrücklich hervor, wie „unkompliziert" und lebenser-
fahren die Mentorin ist und thematisiert damit implizit, dass komplizierte,
schwergängige Situationen und „Unsicherheiten" im Kontakt zwischen
Menschen, die mit und ohne die Erfahrung von Behinderung oder Krankheit leben, eher die Regel sind und die Haltung ihrer Mentorin die Ausnahme darstellt. Frau Carsten zollt dieser Ausnahme Anerkennung und
zeigt gleichzeitig Verständnis für mögliche Unsicherheiten, mit denen sie
offenbar immer rechnet.

Die intensive Auseinandersetzung mit der eigenen Behinderung spielt im
Tandem eine zentrale Rolle und wird von den Mentees oftmals als sehr
anstrengend empfunden. Annika Borchert begründet das folgendermaßen:
„ich glaube in meinem Kopf ist immer noch so ein Rest davon, meine Behinderung nicht anzuerkennen und deswegen ist es schwierig für mich so
tiefgehend darüber zu sprechen" (I).

Die hier angesprochene Erfahrung, die eigene Behinderung mit einer an-
deren Person zu reflektieren, ist für die Mentees ein wichtiger Teil des
Mentoring. Innerhalb des Tandems erleben die Mentees unterschiedliche
Herausforderungen im Miteinander. Stephanie Thiessen beschreibt, dass

es zu Beginn des Mentoring schnell zu einer spontanen Öffnung zwischen ihr und ihrem Gegenüber kam, die sie im Anschluss als unangenehm empfand: „ich habe halt irgendwie erzählt von Stärken und Schwächen und was ich alles machen will und wir haben uns dann auf so einer ganz merkwürdigen Ebene über sehr persönliche Sachen unterhalten" (I). Diese Situation hat das Tandem durch ein offenes Gespräch aufgelöst, bei dem deutlich wurde, dass beide sich durch die plötzliche Nähe überfordert fühlten.

An diesem Beispiel wird deutlich, dass die gemeinsame Arbeit im Tandem neben Unterstützung, Beratung und Begleitung möglicherweise auch eine Konfrontation mit Unangenehmem mit sich bringt. Die Beharrlichkeit ihrer Mentorin, sich im Tandem mit bestimmten Themen wie beispielsweise der Bedeutung von Geschlecht auseinanderzusetzen, wird von einer Mentee als sehr herausfordernd beschrieben. Sie beschreibt die Mentorin als „frontal" und meint, dass diese nicht nachvollziehen konnte, warum sie sich nicht schon längst mit ihrer Situation als Frau mit Behinderung auseinandergesetzt hätte. Annika Borchert erzählt in ihrem einzigen Interview nach Abschluss des Jahres, dass der „Input" der Mentorin wie eine „Flutwelle" über sie „geschwappt" sei. Sie deutet diese Situation nachträglich aber als produktiv und wertvoll: „jetzt habe ich es gemacht und es war anstrengend, aber gut". Der von der Mentorin ausgeübte Druck, sich mit der Behinderung im Kontext von Geschlecht zu befassen, kann in diesem Tandem als treibender Motor gesehen werden und hat zu einer über das Mentoring hinaus andauernden Beziehung zwischen den Tandempartnerinnen geführt. Annika Borchert beschreibt, dass ihre Mentorin nicht für sie aktiv geworden sei, sondern sie motiviert habe, die Dinge selbst anzugehen.

„Die fünf Schritte, die man gemacht hat, sind besser als die zehn, von denen man träumt" –
Begleitung in der beruflichen und persönlichen Entwicklung

Der Austausch im Tandem führt aus Sicht vieler Mentees dazu, dass sie ihre Selbstzweifel im Hinblick auf den akademischen Werdegang zu relativieren beginnen. Zudem sorgt die explizite Auseinandersetzung mit Behinderung dafür, dass sie sich nach dem Mentoring stärker mit möglichen

Rechten und Ausgleichsleistungen beschäftigen, auch wenn diese nicht von allen unbedingt eingefordert werden. Hier geht es in erster Linie um die Reflexion der Behinderung. Viele der Mentees finden im Laufe des Mentoring für sich einen Weg, ihre Selbstzweifel, die sie mit der eigenen Behinderung verknüpfen, zu thematisieren. Diese Thematisierung findet zum einen durch den Austausch innerhalb der Menteegruppe, aber auch durch intensive Gespräche im Tandem statt. Das eigene Erleben der Behinderung und die Wahrnehmung durch die Umwelt werden nun als weniger diskrepant empfunden.

Gelingt der wechselseitige Austausch mit der Tandempartnerin oder dem Tandempartner, wird beschrieben, dass auch der Leistungsdruck abnimmt. Vielmehr werden nun auch Auszeiten und Belohnungen angestrebt und eigene Leistungen mehr gewürdigt. So resümiert beispielsweise Karolin Langhans, dass sie im Tandem lernt, eigene Leistungen zu würdigen: „ja irgendwie die fünf Schritte, die man gemacht hat, sind besser als die zehn, die man – von denen man träumt" (I).

Die Sequenz steht stellvertretend dafür, welche Bedeutung Leistungsdruck für die Mentees hat. Die positiven Bestärkungen durch die Mentorinnen und Mentoren können diesen Druck mindern. Ebenso kann die bewusste Auseinandersetzung mit den eigenen hohen Erwartungen und den befürchteten Hürden zu einer veränderten Einstellung führen. Die Mentees suchen nun das eigene Tempo und hinterfragen kritisch, inwiefern mögliche Hürden überhaupt durch eine Behinderung bedingt sind oder generell mit dem akademischen Werdegang zusammenhängen.

Die Vorbildfunktion der erfahreneren Bezugsperson im Tandem wird als motivierend und entlastend erlebt. Zu sehen, dass die Mentorin oder der Mentor beruflichen Erfolg hat und gleichzeitig mit einer Behinderung lebt, vermittelt den Mentees das optimistische Gefühl, diese Situation ebenfalls erreichen zu können.

Zudem wird deutlich, dass bei vielen Mentees ein starker Wunsch besteht, auch nach Ablauf des Jahres in Kontakt mit ihrer Mentorin oder ihrem Mentor bleiben zu können. Hier wird ein gelegentlicher Austausch angestrebt, der oftmals sehr bedarfsorientiert und mit dem Wunsch verbunden ist, bei bestimmten Fragen auf die Mentorin oder den Mentor erneut zugehen zu können.

Betrachten wir vor dem Hintergrund dieses positiven Bilds der Förderererfahrung aus Sicht der Mentees im folgenden Abschnitt, wie die Mentorinnen und Mentoren das Mentoring einschätzen.

4.2.2 *„Auch ein Stück Spiegelung meiner eigenen damaligen Situation"* – die Fördererfahrung aus Sicht der Mentorinnen und Mentoren

Während die Mentees sich für eine Teilnahme am Mentoringprogramm bewerben, werden viele von den Mentorinnen und Mentoren direkt durch den Hildegardis-Verein angefragt. Einige lernen erst hier das Mentoringkonzept kennen. Vom Hildegardis-Verein ausgewählt worden zu sein, wird als sehr positiv aufgefasst und meist mit der eigenen beruflichen Identität und der Einbindung in einschlägige Netzwerke begründet.

Bezogen auf die verantwortungsvolle Rolle im Tandem setzen sich alle, die in Interviews darüber erzählen, intensiv mit ihrer Vorbildfunktion auseinander und möchten ihre Erfahrungen im Beruf und im Umgang mit der Behinderung weitergeben. So soll die Mentee nicht nur Ratschläge für ihr eigenes Leben erhalten, sie soll auch vor negativen Erfahrungen geschützt werden, wie sie die Mentorinnen und Mentoren selbst erlebt haben. Des Weiteren wird der Unterstützungsbedarf auf Seiten der Mentees immer wieder angesprochen. So halten es beispielsweise alle interviewten Mentorinnen und Mentoren für sehr wichtig, das Selbstbewusstsein der Mentees zu stärken. Eigene Benachteiligungen aufgrund einer Behinderung werden in den Interviews eher selten thematisiert, diese liegen oft in der Vergangenheit, beispielsweise in der eigenen Studienzeit. Hier stößt der Austausch im Tandem auch Erinnerungen an. So beschreibt Kordula Lehmann im ersten Interview, dass sie ihre eigene Vergangenheit in der Lebenssituation der Mentee gespiegelt sieht: „die andere Sache ist, dass durch dieses Thema, sie zu begleiten und auf ihre Lebenssituation und Fragen einzugehen, dass mir das natürlich auch ein Stück Spiegelung meines eigenen, meiner eigenen damaligen Situation war".

Die Mentorin betont damit eine Gemeinsamkeit, die allerdings ungleichzeitig ist – während die Mentee gegenwärtig in einer ganz bestimmten Situation lebt, liegt die Erfahrung einer ähnlichen Situation für die Mentorin in der Vergangenheit. Damit beschreibt sie implizit ein Wechselverhältnis zwischen Gleichheit und Differenz: Was auch immer die „Lebenssituation" der Mentee kennzeichnet, ob diese schwierig ist oder nicht, die Mentorin ist heute in einer anderen Situation. Die Brücke zwischen Vergangenheit und Gegenwart, die sie schlägt, könnte darauf verweisen, dass sie selbst Herausforderungen, vor denen sie die Mentee stehen sieht, überwunden hat. Darüber hinaus verdeutlichen ihre Ausführungen, dass die Erfahrung im Tandem für beide Seiten etwas in Bewegung setzt und Identifikation und Abgrenzung in einen wechselseitigen Prozess eingebunden sind. Dies wird aber nicht von allen Mentorinnen und Mentoren in den Interviews angesprochen.

„Ich bin seit vielen Jahren als Berater tätig" –
die Bedeutung von Berufserfahrungen für das Selbstverständnis
von Mentorinnen und Mentoren

In einer Reihe von Interviews mit Mentorinnen und Mentoren wird über die eigene Berufstätigkeit im Bereich der Beratung, des Coaching oder der Supervision gesprochen. Dieser spezifische professionelle Kontext und die damit verbundenen Kompetenzen werden von den Mentorinnen und Mentoren als besondere Eignung betrachtet, die sie für das Engagement im Programm des Hildegardis-Vereins mitbringen. Die folgende Passage aus einem Interview steht exemplarisch für die Überzeugung, dass die eigene Beratungsausbildung die Qualität der Tandembeziehung maßgeblich beeinflusst, insbesondere im Hinblick auf berufliche Übergänge:

> ich bin Supervisorin, habe eine Ausbildung und kann Menschen gut begleiten wenn es um Fragen geht, alles was mit Beruf, Berufsumfeld oder Berufseinstieg zu tun hat und ich denke das ist eine besondere Qualität, die ich weitergeben kann (Martha Nowotny I)

Damit setzt Martha Nowotny zugleich voraus, dass der Bedarf der Mentees aus ihrer Sicht im beruflichen Feld liegt und sie selbst als Mentorin an ihr eigenes Qualifikationsprofil anknüpfen kann. Diese Perspektive findet sich auch in anderen Interviews mit Mentorinnen und Mentoren, die Fähigkeiten und Potentiale aus den Bereichen der Personalentwicklung und Beratung mitbringen. So erklärt Ingo Kürschner beispielsweise auf die Frage der Interviewerin wie er seine Rolle im Mentoring verstehe, dass diese „eigentlich die Fortsetzung der bisherigen Arbeit" sei (Ingo Kürschner I).

Seine Tätigkeit und seine Berufserfahrungen würden ihm erlauben, eine Mentee sehr gezielt beraten zu können, sowohl in studienspezifischen als auch in rechtlichen Fragen. Ähnlich begründet auch Hannelore Ittermann ihr Engagement:

> meine Bereitschaft dazu hat sicherlich damit zu tun, dass ich eben aus einem beruflichen oder aus einem Ausbildungsfeld komme, wo Beratung, Therapie und Ähnliches mal Bestandteil der Ausbildung waren, also von daher einfach auch ein gewisses Interesse auch an Persönlichkeitsentwicklung vorhanden ist (Hannelore Ittermann I)

Hannelore Ittermann stellt eine unmittelbare Verbindung zwischen ihrer Ausbildung und dem Engagement als Mentorin her. Dem Begriff der Beratung stellt sie den der Therapie zur Seite, was ihren Fokus auf die „Persönlichkeitsentwicklung", die auch im Konzept des Vereins von Bedeutung ist, unterstreicht. Damit stellt sie einen ausdrücklichen Zusammenhang zwischen ihrer spezifischen Qualifikation und einem Ziel des Programms her, der nicht unmittelbar und nicht ausschließlich das professionelle Entwicklungspotenzial oder die Karrierepfade der Mentees fokussiert. Hier zeigt sich eine Differenzierung gegenüber Frau Nowotny und Herrn Kürschner, die ihre Beratungskompetenzen im Kontext von beruflicher und fachlicher Förderung hervorheben. Während diese den Beratungsbedarf mit Übergängen und Einstiegen in das Berufsleben verknüpfen, lässt Frau Ittermann offen, welche Aspekte der Persönlichkeitsentwicklung für eine Mentee von Bedeutung sein könnten. Zugleich weckt der Begriff „Therapie" die Vorstellung einer intensiven und persönlich gestalteten Beziehung, in der die Mentorin sich zugunsten der Mentee zurückhält und deren Entwicklungswünsche mit ihr gemeinsam herausarbeitet und reflektiert.

Trotz unterschiedlicher Akzente verdeutlichen alle drei Beispiele, dass die Mentorinnen und Mentoren ihre Rolle und Aufgabe im Programm in starker Übereinstimmung zu ihrer beruflichen Qualifikation und Erfahrung erleben. Eine professionelle Verortung in Bereichen, die auch Beratung umfassen, wird als ein Hintergrund betrachtet, der für die Tandembeziehung förderlich ist. Damit wird Mentoring implizit als ein Ansatz verstanden, der Beratungsprozesse umfasst.

Neben dieser Bezugnahme auf professionelle Standards wird zudem deutlich, dass die eigene Qualifikation auch Handlungssicherheit verspricht. So erzählt Martha Nowotny beispielsweise, dass ihr durch ihre beruflichen Erfahrungen bestimmte „Methoden und Instrumente" zur Verfügung stehen, die sie dann im Tandem nutzen kann (Martha Nowotny I). Auch Norbert Onken unterstreicht das, indem er erzählt, dass ihm durch seinen Beruf ein bestimmtes Wissen zur Verfügung steht:

> ich bin seit vielen Jahren als Berater tätig, von daher beweg ich mich so vor dem Erfahrungshintergrund von Beratung, auch von Beratung in manchmal recht schwierigen Lebenssituationen (Norbert Onken I)

Hier werden zwei Aspekte betont: die langjährigen Erfahrungen in der Beratung und die Erfahrung im Umgang mit den „schwierigen" Situationen anderer Menschen. Diese Selbstverortung als erfahrener und krisenerprobter Professioneller verdeutlicht, wie viel Verantwortung die Mentorinnen und Mentoren spüren und wie gut sie für ihre Aufgabe gewappnet sein wollen – das gilt nicht nur für Norbert Onken, der sich auf die erfolgreiche Bewältigung vergangener Krisensituationen stützen kann und „schwierige" Situationen auch im Mentoring erwarten könnte. Dabei rückt das Setting der Tandembeziehung unmerklich in die Richtung klassischer Beratungsszenarien, was den Schwerpunkt des wechselbezüglichen Lernprozesses in Richtung einer anderen Rollenverteilung verschiebt.

Im Gegensatz zu dieser, auf langjährigen Berufserfahrungen basierenden, professionellen Orientierung, zeigt sich im Interview mit Magdalena Nelle eine andere Konstellation, weil sie selbst noch im Qualifikationsprozess steckt:

> Mentoring hat mich sowieso dann interessiert als Modell, als Projekt, aber auch zusätzlich, weil meine Ausbildung, wo ich einfach auch Beratungsgespräche führen musste und ich das auch mit verwerten konnte, mit einbauen konnte und mit ihr auch Sachen ausprobieren konnte und wir haben uns geeinigt, dass wir das so machen, dass wir auch Methoden ausprobieren und dass man auch Focussing macht (Magdalena Nelle II)

Magdalena Nelle erzählt im Rückblick im Längsschnittinterview, wie sie das Mentoring als Lernmöglichkeit für die eigenen Beratungskompetenzen nutzen konnte, indem sie die Methoden, die sie auch im professionellen Kontext anwenden lernt, in die Tandembeziehung einbringt. Dieses Setting bespricht sie mit ihrer Mentee und beide einigen sich auf eine Vorgehensweise, bei der die Mentorin der Mentee Methoden anbietet und dabei selbst etwas lernen kann. Dabei betont Frau Nelle den Unterschied zwischen einer professionellen Beratungssituation und dem wechselseitigen, vor allem aber längerfristigen Austausch im Tandem:

> das war eine tolle Motivation zu wissen, ich habe jetzt eine Beziehung mal sehr lange, das hat man normalerweise in der Beratung nicht, da hat man ein paar Gespräche, wenn überhaupt, auch viele Einzelgespräche und dann ist es auch schwierig mal näher an was ranzukommen und das war für mich auch sehr sehr wichtig und gut (Magdalena Nelle II)

Im Vergleich zu den bisher betrachteten Reflexionen der beratungserfahrenen Mentorinnen und Mentoren zeigt sich hier eine andere Perspektive, was die Verbindung zwischen professionellem Hintergrund und Mentoringprozess betrifft: Die Erfahrung des Mentoring setzt für Frau Nelle Impulse für ihre Sicht auf Beratung. Sie erlebt einen langfristigen Prozess gemeinsam mit ihrer Mentee, der ihr zugleich die Grenzen von Beratung spiegelt. Sie selbst betont die Bedeutung, die die Dauer einer Beziehung für die Tiefe hat, die im Lauf eines Prozesses erreicht werden kann. Über diese manifeste Reflexion hinaus stellt sich aber auch die Frage, ob das gemeinsame Experimentieren mit Methoden, auf das die Mentee sich eingelassen hat und die damit verbundene Reziprozität nicht auch einen wesentlichen Beitrag dazu leisten, dass die Mentorin eine starke, „tolle" Motivation verspürt.

Aber nicht nur im Interview mit Magdalena Nelle werden entscheidende Unterschiede zwischen professioneller Beratung und Mentoring angesprochen. Auch Norbert Onken schildert eine veränderte Sichtweise und auch eine mögliche Veränderung der eigenen Haltung:

> es kann sein, dass ich in sozialpolitischer Hinsicht ein bisschen aggressiver geworden bin, einfach weil ich durch diese

Mentoringgeschichte auch ein bisschen mehr Nähe zugelassen hab als in einem normalen Beratungskontext, wo man natürlich auch eine gewisse Distanz definiert, das gehört also zu der Professionalität dazu und da ist das Thema Leben mit Behinderung einfach noch ein bisschen näher gekommen (Norbert Onken I)

Während Norbert Onken sich in einer weiter oben bereits betrachteten Passage mit Nachdruck auf seine Beratungserfahrungen bezieht, thematisiert er hier die Unterschiede, die im Lauf des Prozesses für ihn spürbar wurden: Er hat „ein bisschen mehr Nähe zugelassen" und ist damit von der professionellen Distanz abgerückt, die er beruflich eingeübt hat. Diese Erfahrung führt aus seiner Sicht zu seiner stärkeren und vor allem offensiveren Politisierung, weil „das Thema Leben mit Behinderung" die professionelle Distanz verringert hat. Die professionelle Haltung von Herrn Onken ist irritiert worden und seine allgemein gehaltenen Formulierungen wirken, als wäre er ambivalent, was den veränderten Umgang mit Distanz und Nähe anbetrifft. Zugleich wird deutlich, dass er einen Lernprozess durchlaufen hat, den er im Politischen verortet, der aber durch die persönliche Begegnung angestoßen wurde. Für ihn resultiert aus dem Mentoring auch, sich zukünftig mehr für die Rechte und Bedürfnisse von Menschen mit Behinderung einsetzen zu wollen - das sagt er im gleichen Interview.

Auch in anderen Interviews mit Mentorinnen und Mentoren, die Beratungsqualifikationen mitbringen, werden gesellschaftspolitische Intentionen als Begründung für die Teilnahme am Programm betont. Beispielsweise erzählt Hannelore Ittermann, dass es ihr ein wichtiges Anliegen sei Anti-Diskriminierungsarbeit zu leisten. Dabei betont sie die „implizite Diskriminierung von Frauen in der beruflichen Welt", an der sie ansetzen möchte um Frauen zu stärken (Hannelore Ittermann I). Mit dem Verweis auf eine „implizite Diskriminierung" wird deutlich, dass sie davon ausgeht, dass diese im Verborgenen verläuft und deswegen nur schwer zu erkennen ist. Die Berufswelt stellt Frauen aus ihrer Sicht also vor eine besondere Herausforderung, bei deren Bewältigung sie sie unterstützen will. Auch Renate Schenk argumentiert mit der Benachteiligung von Frauen, hebt aber gleichzeitig den Aspekt Behinderung hervor.

> es geht ja in dem Programm darum behinderte junge Frauen
> zu unterstützen und es war sozusagen, der erste Impuls war
> ein moralischer, also wer soll das sonst machen, wenn nicht
> irgendwie wir (Renate Schenk I)

Frau Schenk sieht es als ihre moralische Verpflichtung, „junge Frauen mit
Behinderung zu unterstützen" und unterstreicht dieses Motiv, indem sie im
Kollektiv spricht, wenn sie sagt „also wer soll das sonst machen, wenn
nicht irgendwie wir" (Renate Schenk I). Hier ist anzunehmen, dass sie vor
dem Hintergrund ihrer beruflichen Tätigkeit im Bereich der Beratung argumentiert und sich dadurch von dem Format des Mentoring angesprochen, ja mehr, sogar verpflichtet fühlt. Das „Wir" könnte also auf andere
Mentorinnen und Mentoren bezogen sein, die sich ebenfalls im Rahmen
von Beratung für Frauen mit Behinderung einsetzen. Da sie die Moral als
ihren „ersten Impuls" benennt, wird deutlich, dass es darüber hinaus vermutlich noch weitere Intentionen für eine Teilnahme gab, dass die morali-
schen Gründe aber die wichtigsten sind. Im Zusammenhang des gesamten
Interviews leitet sich die Verpflichtung, über die Renate Schenk spricht,
aus ihrer beruflichen Position in einem Beratungskontext ab. Hier verbinden sich demnach berufliche Erfahrungen mit der persönlichen Überzeugung, andere und vor allem jüngere Frauen unterstützen zu müssen. Die
Reziprozität, die in der Tandembeziehung angelegt ist, wird aus dieser
Perspektive in eine übergeordnete Struktur eingebettet, die dadurch gekennzeichnet ist, dass die Pflicht zum eigenen Engagement auf eine gesellschaftliche Leerstelle verweist: „wer, wenn nicht wir" – mit dieser Einschätzung begründet Renate Schenk ihr Engagement als unumgängliche
gesellschaftliche Notwendigkeit und als eine Aufgabe, die von anderen
nicht wahrgenommen wird oder werden kann.

Aus Sicht der Mentorinnen und Mentoren, die berufliche Erfahrungen mit
Beratung mitbringen, begünstigen solche Erfahrungen die Zusammenarbeit im Tandem, weil so eine gezielte, professionell angelegte Begleitung
in der Übergangssituation in den Beruf oder zu studienspezifischen Fragen, aber auch in Fragen der Persönlichkeitsbildung möglich ist. Zugleich
wird deutlich, dass die eigenen Berufserfahrungen Handlungssicherheit
versprechen, was den persönlichen Umgang mit der Verantwortung und
den Erwartungen im Mentoring anbetrifft.

Die explizite Betonung professioneller Standards zu Beginn des Programms erfährt durch die konkreten Begegnungen in den Tandems Veränderungen und es entstehen neue Handlungsspielräume im Umgang mit der Verantwortung gegenüber einer anderen, in der Regel jüngeren und unerfahreneren Person. So wird deutlich, dass das Setting des Mentoring andere Gewichtungen von Nähe und Distanz, intensivere Kontakte über die Zeit und mehr Wechselseitigkeit in der Beziehung erlaubt als dies in klassischen Beratungssituationen der Fall ist. Dies gilt auch für den Umgang mit Parteilichkeit, wenn politische Standpunkte und Diskriminierungserfahrungen thematisiert und gemeinsam entwickelt werden.

Abschließend kann festgestellt werden, dass die Verknüpfung von Mentoring mit professionellen Beratungssettings für Menschen, die in solchen beruflichen Kontexten tätig sind, auf der Hand liegt. Die konkrete Praxis des untersuchten Mentoringprogramms setzt aber Impulse für eine Veränderung dieser Perspektive, indem die in diesem Programm angelegte Offenheit und von vielen Teilnehmerinnen und Teilnehmern erwartete Reziprozität der Tandembeziehungen die professionellen Standards von Beratung relativiert.

„Jede ist Expertin des eigenen bis dahin gelebten Lebens" –
die Tandembeziehung als Balanceakt zwischen einseitiger Steuerung
und wechselseitiger Aushandlung

Die Teilnahme am Programm löst teilweise Unsicherheiten aus, da zunächst unklar ist, welche Anforderungen das Mentoring mit sich bringt. Gerade zu Beginn des Programms ist die Frage nach den eigenen Fähigkeiten von großer Bedeutung, verbunden mit der Frage: „Tue ich das Richtige?" Die Sorge, die Mentee nicht richtig unterstützen zu können, zieht sich dabei wie ein roter Faden durch die Interviews. Die Mentorinnen und Mentoren wünschen sich, bereits im Vorfeld mehr Informationen über den Ablauf des Programms zu erhalten. Ihre eigenen Aufgaben sowie die Erwartungen der Mentees sollten nach Möglichkeit bereits im Vorfeld geklärt sein. Zudem wird aus den Interviews ersichtlich, dass sie den Austausch innerhalb der eigenen Gruppe als förderlich betrachten, da dieser einen Abgleich ermöglicht und entlastet, wenn deutlich wird, dass das

Mentoring bei anderen Tandems in ähnlichen Bahnen verläuft oder andere in der gleichen Rolle sich mit ähnlichen Zweifeln auseinandersetzen.

Ein weiterer Themenschwerpunkt der Interviews ist die Frage, wie persönlich eine Beziehung sein sollte. Hier lassen sich verschiedene Beziehungsentwürfe erkennen, beispielsweise eine „Lehrerin-Schülerin-Beziehung" (Manuela Neugebauer I) oder eine „Freundschaft" (Armin Baumann I). Dass solche Zuschreibungen nicht immer mit den Bildern und Erwartungen der Mentees übereinstimmen, zeigte die Analyse der verschiedenen Tandemkonstellationen im vorangegangen Kapitel.

Die Anforderung, die Beziehung zu einer Mentee weitgehend selbst zu gestalten, wird von vielen Mentorinnen und Mentoren zu Beginn des Programms als verunsichernd erlebt. Während viele Mentees sich in den Interviews beispielsweise von einer stärkeren Steuerung der Tandembeziehung durch die Mentorin distanzieren, wird diese aus Sicht der Mentorinnen und Mentoren oft als entscheidend für die eigene Rollensicherheit wahrgenommen.

Hier wird eine Widersprüchlichkeit deutlich. Die Mentorinnen und Mentoren formulieren, dass sie einerseits fördernd wirken sollen, andererseits ihnen jedoch eine konkrete Orientierung, was diese Förderung umfassen soll, fehlt. Zugleich sehen sie sich mit starken Erwartungen und Wünschen der Mentees konfrontiert, ebenso wie mit deren Ängsten. In den Interviews sprechen sie davon, dass sie die Mentees im akademischen Werdegang bei der Bewältigung von Hürden unterstützen sollen, ohne zu wissen, wie ihnen das gelingen kann. Vielmehr würde von ihnen erwartet, dass sie sich auf einen offenen Prozess einlassen, in dessen Verlauf ausgehandelt werde, woran im Tandem gearbeitet und wie miteinander kommuniziert wird. Anke Bäumer spricht die Möglichkeit an, das Mentoring wechselseitig zu gestalten, die sich aus der offenen Anlage des Konzepts ergibt. Für sie ist es wichtig, sich „bewusst zu machen, dass es wirklich ein gegenseitiger also ein dialogischer Prozess ist" (I). Durch diese Sichtweise des Mentoring als Prozess, der gemeinsam gestaltet wird, grenzt sie sich von einer einseitigen Steuerung ab.

Das Ideal einer wenig hierarchischen Steuerung unterstreichen auch andere Mentorinnen oder Mentoren als Basis für eine gelungene Tandembeziehung. So wird das Verhältnis zu der Mentee als „freundschaftlich" oder

138

„auf Augenhöhe" beschrieben (Kordula Lehmann I). Hieraus lässt sich auf ein Selbstverständnis als Begleiterin oder Begleiter der Mentees schließen. Andere Mentorinnen und Mentoren nennen das „Hilfe zur Selbsthilfe" (Ingo Kürschner I) und sagen, dass der Mentee fachlich und mental „unter die Arme gegriffen" wird (Manuela Neugebauer II) oder dass sie das „richtige Handwerkszeug" für ihren Werdegang erhalten soll (Ingo Kürschner II). Die sprachlichen Bilder sind konkret: Unterstützung setzt dort an, wo sie unmittelbar gebraucht wird, mit Hilfe von unmittelbarer Zuwendung und durch die Bereitstellung von Werkzeugen. Dieser Ansatz folgt der Einstellung, dass eine Mentee zwar konkrete Unterstützung braucht und bekommen soll, aber alle wesentlichen Entscheidungen selbst treffen muss. Bleiben wir bei den Bildern, so finden es die zitierten Mentorinnen und Mentoren demnach angemessen, wenn sie eine Mentee mit zusätzlichem Werkzeug ausrüsten, dessen Handhabung dann aber in deren eigener Verantwortung liegt.

Diese Überlegungen verdeutlichen, dass die Aufgabe des Mentoring aus Sicht der Mentorinnen und Mentoren einen Balanceakt darstellt: Zwischen konkreter Hilfestellung auf der einen Seite und dem Setzen von offenen Impulsen, die die Mentee aufnehmen und umsetzen kann, auf der anderen Seite. Zwar wird die Mentee als die Geförderte wahrgenommen, jedoch wird das Maß der Förderung eher als eine Art wohlwollendes Motivieren oder Fordern benannt. „Jeder ist Expertin des eigenen bis dahin gelebten Lebens", sagt Kordula Lehmann (I) und macht damit deutlich, dass eine Tandembeziehung wechselseitige Anerkennung verlangt.

Vor diesem Hintergrund äußern viele Mentorinnen und Mentoren – analog zu den Mentees – den Wunsch, auch nach Ablauf des Jahres weiter in Kontakt zu bleiben. Sie möchten wissen, wie es im Leben der Mentees weitergeht und können sich vorstellen, auch zukünftig bei konkreten Anliegen zur Verfügung zu stehen. Der Kontakt soll aber neu gestaltet werden und das Mentoring nicht einfach fortsetzen.

4.3 Zwischen additiver Benachteiligung und kompensatorischer Relativierung – zur Bedeutung von Geschlecht und Behinderung

Das gesamte Förder- und Bildungsangebot des Hildegardis-Vereins richtet sich ausdrücklich an Frauen und folgt damit einem Ansatz, der Frauen als eine soziale Gruppe in besonderer Weise in ihren Bildungsprozessen und ihrer Persönlichkeitsentwicklung unterstützt. Mit einem Mentoring für Studentinnen mit und ohne Behinderung wird nun eine weitere soziale Differenzierung aufgenommen, die gesellschaftlich mit Situationen der Benachteiligung und Diskriminierung einerseits und mit Ansätzen der sozialen Inklusion anderseits verbunden ist. Indem sich das Mentoring an (angehende) Akademikerinnen richtet, kommt eine weitere Dimension der sozialen Hierarchisierung ins Spiel: die höhere Bildung. Vor dem Hintergrund dieser Verknüpfung von komplexen Dimensionen der Differenz und Hierarchie stellt sich die Frage, wie die Bedeutung von Geschlecht und Behinderung aus Sicht der Mentees und Mentorinnen bzw. Mentoren thematisiert wird. Wie wird die Verflechtung von Geschlecht mit Behinderung wahrgenommen? Wie wird das Verhältnis von Differenz und Ungleichheit im Kontext des spezifischen Zuschnitts des Mentoring erlebt? Wie wird der eigene Bildungsprozess in diesem Zusammenhang eingeschätzt? Diese Fragen leiten die folgende Analyse der Interviews, bei der wieder zunächst die Sicht der Mentees und dann die Sicht der Mentorinnen und Mentoren vorgestellt wird.

4.3.1 *„Faktor Frau kommt meilenweit danach"* – die Verflechtung von Geschlecht und Behinderung aus Sicht der Mentees

Die Mentees setzen sich über alle drei interviewten Jahrgänge hinweg mit ihrer Teilnahme an einem Programm der Frauenförderung auseinander und thematisieren in diesem Zusammenhang auch die Frage, ob Frauen mit Behinderung einer „doppelten Benachteiligung" unterliegen, wie Friederike Glaser es in ihrem ersten Interview ausdrückt.

Diese Begrifflichkeit suggeriert, dass sowohl Weiblichkeit als auch Behinderung mit einer eingeschränkten gesellschaftlichen Teilhabe verbunden sind, sodass Frauen mit einer Behinderung einem erhöhten Ausgrenzungsrisiko ausgesetzt sind. Das in der Geschlechterforschung wie in der Gleichstellungspolitik bekannte und oftmals kritisierte additive Bild einer „doppelten Benachteiligung" durch *Weiblichkeit und Behinderung* benennt die Erfahrung und Antizipation von Hürden, die weder allein durch Geschlecht noch allein durch Behinderung erklärt werden können. Insbesondere im Hinblick auf den Zugang zum Arbeitsmarkt wird eine Behinderung von den Mentees als gravierend erlebt und sie befürchten, beim Eintritt in das Erwerbsleben auf Vorurteile von Arbeitgeberinnen und Arbeitgebern zu stoßen.

In diesem Zusammenhang tritt Geschlecht im Erleben vieler Mentees als strukturierender Faktor hinter die Wirkung von Behinderung zurück. Dies veranschaulicht die bereits zitierte Mentee, wenn sie im gleichen Interview sagt: „Faktor Frau kommt meilenweit danach" (Friedericke Glaser I). Im Gegensatz zum zuvor diskutierten Bild der Addition von Benachteiligungen wird nun eine Gewichtung vorgenommen und in ein ausdrucksstarkes Bild überführt: Die Wirkung von Geschlecht bleibt „meilenweit" hinter der Wirkung von Behinderung zurück. Behinderung überholt Geschlecht und hängt diese Dimension von Differenz förmlich ab, was den Einfluss auf Prozesse der gesellschaftlichen Zugehörigkeit betrifft.

Friedericke Glaser bringt damit stellvertretend für viele andere auf den Punkt, wie widersprüchlich die Verknüpfungen von Weiblichkeit und Behinderung (nicht nur) auf die Wahrnehmung eigener Chancen wirken – diese Differenzzuschreibungen sind ineinander verwoben, sie addieren sich auf und sind doch nicht von gleichem Gewicht für die Herstellung und die Überwindung von Ungleichheit.

Solche abstrakten Überlegungen konkretisieren sich im Zusammenhang der alltäglichen Erfahrungen von Mentees. Besonders das Studium wird als hürdenreich und mit enormem Kraftaufwand verbunden erlebt. Mit einer Behinderung zu studieren ist für viele Mentees, die darüber sprechen, mühsam. Dabei kommt auch die Bedeutung von Geschlecht wieder ins Spiel: „gerade wir Mädels mit Handicap, weil das ist einfach teilweise so verdammt schwer sich da durchzuboxen" (Ramona Schwarz I). Bemerkenswert ist, dass Ramona Schwarz ein weiblich konnotiertes „wir" voraussetzt, sie spricht von „Mädels mit Handicap". Deren Situation ist „schwer", das unterstreicht die weitere Rede, in der die Sprecherin auf ein alltagssprachliches Bild zurückgreift. Sich durch das Studium „durchzuboxen" verweist darauf, wie belastend der akademische Werdegang von Menschen mit Behinderung wahrgenommen wird. Dabei generalisiert die interviewte Mentee die Situation und spitzt sie weiter zu: Für junge Frauen („Mädels") mit Behinderung sei die Belastung besonders hoch und sie müssten entsprechend kämpfen (boxen). Sich „durchzuboxen" verdeutlicht, dass sich eine schwierige Situation mit Kampfgeist und einer bestimmten Kampftechnik bewältigen lässt. Das kämpferische Bild verweist demnach auf eine aktive und handlungsfähige Position. Anders gesagt, Frauen mit Behinderung werden nicht als hilflose Opfer dargestellt. Doch wer sind die Gegner im sozialen Boxkampf? Die Ungewissheit, wer als nächstes in den Ring steigt und ob dieser Gegner auch mit fairen Mitteln kämpft, löst eine stetige Antizipation möglicher Erschwernisse aus. Mit dem starken Bild, das Ramona Schwarz zur Einschätzung ihrer eigenen und der Lage anderer Studentinnen mit einer Behinderung heranzieht, verbalisiert sie eine Erfahrungskonstellation, die sich wie ein roter Faden durch die Interviews in allen drei Gruppen zieht: die Sorge, trotz einer akademischen Laufbahn langfristig und immer wieder Benachteiligungen im Studium oder Erwerbsleben zu erfahren.

Für viele der Mentees ist diese Sorge ein wichtiges Motiv für ihre Teilnahme am Mentoringprogramm. Das Mentoring soll helfen, Strategien und Lösungsmöglichkeiten zu entwickeln, um sich durch in der eigenen Laufbahn auftauchende Hürden nicht in eine K.O.-Position manövrieren zu lassen. Greifen wir das eindrucksvolle Bild vom Boxkampf ein letztes Mal auf: Es verdeutlicht auch, dass die abstrakte Differenzierung zwischen Geschlecht und Behinderung die Erfahrung der dauerhaften Auseinandersetzung mit tatsächlichen und möglichen Belastungen und deren fortlaufende Antizipation nur unzureichend widerspiegelt. Im Gegenteil, über alle Interviews hinweg zeigen sich widersprüchliche und gegensinnige (Selbst-) Deutungen der Mentees, wenn sie über ihre persönlichen Erfahrungen und ihre politischen Standpunkte sprechen. Behinderung wird als eine homogene gesellschaftliche Zuschreibung aufgedeckt und hinterfragt. Zugleich werden neue Zuschreibungen von Behinderung ausgehandelt. Abstrakt gefasst, sehen wir das komplexe Wechselspiel der Dekonstruktion und gleichzeitigen Rekonstruktion von Behinderung, das als eine in sich vielfältige Größe in den Interviews zur Sprache kommt.

„Mit der Behinderung aktiv umgehen" –
Dekonstruktion und Rekonstruktion von Behinderung

Wie bereits deutlich wurde, setzen sich die Mentees intensiv mit Fremd- und Selbstwahrnehmung von Behinderung auseinander. Dabei stoßen die Erfahrungen in den Tandems und in der gesamten Mentoringgruppe ausführliche Reflexionen über den eigenen und den Umgang anderer Menschen mit Behinderung an. Implizite Wissensbestände und Deutungsmuster werden (nicht nur) in den Interviews explizit. Fokussieren wir die zur Sprache kommenden Bedeutungen von Behinderung in den Interviews mit den Mentees, erschließt sich einerseits ein Prozess der kritischen Dekonstruktion von gesellschaftlichen Zuschreibungen und es zeigen sich andererseits eigene Konstruktionen, die im Zusammenhang des Erfahrungsaustauschs mit anderen aktualisiert oder auch neu entwickelt werden. Dabei schwanken die Bedeutungsgehalte von Behinderung zwischen der kritischen Auseinandersetzung mit diesem Konstrukt und dessen Stabilisierung im Zuge des vergleichenden Blicks auf verschiedene „Formen" von Behinderung.

Für die meisten Mentees ist deutlich, dass die eigene Behinderung erst dadurch zu einer Hürde wird, dass äußere Gegebenheiten sie zu einer solchen machen. Dies können Vorurteile eines Gegenübers sein, räumliche Strukturen oder schlecht ausgebaute Infrastrukturen. Der stetige Abgleich der eigenen Bedürfnisse und des persönlichen Erlebens mit denen anderer Menschen und mit den Gegebenheiten der Umwelt wird als verunsichernd empfunden. Im Gegenzug wird der Wunsch nach einem gefestigten „selbstsicheren" Auftreten formuliert (Carmen Diemel I) – möglicherweise, um die Überwindung von Hürden nicht aus einer abhängigen Opferperspektive, sondern als einen selbstbewussten Akt zu erleben.

Dabei differenzieren die Mentees zwischen verschiedenen Situationen: Besonders bei sogenannten nicht-sichtbaren Behinderungen wird eine Diskrepanz zwischen dem eigenen und dem Erleben der Umwelt thematisiert. Eine sichtbare Behinderung wird im Kontrast dazu als selbsterklärend beschrieben: Die ausdrückliche Thematisierung der eigenen Einschränkungen würde dann entfallen. So erklärt Lina Menke im ersten Interview, dass eine Person mit einem Blindenhund oder einem Blindenstock sofort auch Rückschlüsse auf die Art der Behinderung zulässt, während bei einer nicht-sichtbaren Behinderung die Einschränkung und die damit verbundenen Bedürfnisse unklar bleiben und die Person nun selbst aktiv werden muss.

Das Wissen darüber, welche Einschränkung mein Gegenüber hat, erleichtert aus Sicht der Mentees somit auch den Umgang miteinander. Eine nicht-sichtbare Behinderung sorgt im Umkehrschluss für eine zusätzliche Benachteiligung, die Irritationen auslösen kann. Hier wird gleichzeitig ein Zwiespalt deutlich: Werden die eigene Behinderung und die damit verbundenen Beeinträchtigungen benannt, findet eine aktive und (vermeintlich) selbst initiierte Etikettierung statt – eine Art Offenlegung eigener Einschränkungen, die möglichweise lieber unerwähnt geblieben wäre. Bleibt die Behinderung jedoch unausgesprochen, kann im Umkehrschluss auch nicht auf bestimmte Bedürfnisse eingegangen und auch keine Unterstützung eingefordert werden. Hier thematisieren die Mentees die alltägliche Konfrontation mit Normalitätskonstrukten, die sie gar nicht oder nur auf einem anderen Wege als Menschen, die sich als nicht beeinträchtigt erleben, einlösen können.

Viele der Mentees setzen sich kritisch mit solchen Anforderungen auseinander: Muss ich telefonieren können, wenn ich eine Hörschädigung habe? Inwieweit muss ich meine eigene Behinderung über Hilfsmittel an eine „Normalität" angleichen, die gar nicht meine eigene ist? Hier werden Normalitätszuschreibungen oder, schärfer formuliert, Zumutungen deutlich, nach deren Norm Einschränkungen über Hilfsmittel oder andere Fähigkeiten kompensiert oder unwirksam werden sollen. Auch geht es wesentlich um die Frage, wie die eigene Behinderung im sozialen Umfeld thematisiert werden sollte. Eine zu starke Definition über die Behinderung wird als einschränkend erlebt, bringt sie doch eine Zuordnung zu einer „Minderheitengruppe" mit sich (Beatrice Carsten II). Hier resümieren die Mentees, ihre Behinderung oft verstecken zu wollen.

An dieser Stelle wird die Wirkung des Mentoring besonders greifbar. Der Austausch im Tandem und innerhalb der Menteegruppe stößt einen Reflexionsprozess an, in dessen Verlauf die Suche nach einem selbstbewussten Umgang mit der Thematisierung der eigenen Behinderung in Gang gesetzt wird. Nun geht es nicht mehr um die Frage, ob jemand sich als behindert darstellt oder nicht, sondern vielmehr um die Reflexion darüber, wie selbstsicheres Auftreten mit einer Behinderung funktionieren kann. Es soll nun ein Weg gefunden werden, ohne die Behinderung verstecken zu müssen. In diesem Prozess der gemeinsamen Reflexion ist der wechselseitige Vergleich von großer Bedeutung.

So berichten die Frauen einerseits von einem großen Zusammengehörigkeitsgefühl innerhalb der Gruppe der Mentees. Es sei spannend, zu erfahren wie andere „ihr Leben meistern", „viel bewältigt haben" oder wie viel „Energie" jemand aufbringt (Lina Menke I). Auch das Wissen darüber, dass andere Studentinnen mit Behinderung auf gleiche Hürden im akademischen Werdegang treffen, wird als entlastend benannt. Die gleiche Ausgangslage schafft ein Gemeinschafts- und Zusammengehörigkeitsgefühl, das als wesentlich benannt wird, um die wahrgenommenen Hürden leichter zu meistern. Diese erscheinen nun nicht mehr als unüberwindbar.

Gleichzeitig zeichnet sich in allen drei Gruppen ein Differenzierungsprozess ab, indem sich die gesamte Jahrgangsgruppe mit der Vielfalt von Behinderungen auseinandersetzt. Eine Mentee schildert: „faszinierend, dass ich eigentlich anfangs als Behinderte selber nicht weiß, wie ich mit anderen Behinderungen umgehen soll" (Sophie Tischler I).

Sophie Tischler ist beeindruckt von einer für sie offenbar neuen Erfahrung – „anfangs" fehlt ihr das Wissen über „andere" Behinderungen – eine sprachliche Wendung, mit der sie verdeutlicht, dass sie ihre eigene Erfahrung mit Behinderung bis dato als Erfahrungshintergrund für den Umgang mit anderen Menschen mit Behinderung vorausgesetzt hatte und nun über diese neue Situation staunt.

Solche Unsicherheiten treten jedoch nur anfänglich auf und verschwinden, wenn ein gemeinsamer Austausch gelingt. Auch findet eine Auseinandersetzung mit den unterschiedlichen Bedürfnissen der anderen Mentees statt. Eine gleiche oder ähnliche Behinderung zu kennen, sorgt nicht zwangsläufig für die gleichen Fähigkeiten, Einschränkungen oder Bedürfnisse. Hier wird eine individuelle Betrachtung von Behinderung angestrebt und auch gewünscht. Der gemeinsame Austausch wird über alle drei Menteegruppen hinweg als etwas Bereicherndes benannt und es wird betont, dass viele Wege der Kommunikation miteinander gefunden werden.

Die Vielfalt der Behinderungen innerhalb der Menteegruppe ist zugleich auch eine große Herausforderung, da die Mentees sich aufeinander einlassen müssen. Gelingt das, wird der Austausch als eine enorme Entlastung wahrgenommen. Dieser Austausch löst auch bewertende Vergleiche aus. So erinnert sich Nathalie Oppermann in ihrem ersten Interview: „da war so eine Diskussion zum Thema mit der Behinderung aktiv umgehen und da kamen dann die ganzen mit ihren Sorgen, die wirklich also schrecklich sind im Vergleich zu dem was ich erlebt habe, da hab ich wirklich Glück gehabt".

Die Passage spiegelt eine widersprüchliche Konstellation – der Austausch zwischen den Mentees öffnet einen neuen Erfahrungsraum, der als ein Möglichkeitsraum der Überwindung von einengenden und bewertenden Zuschreibungen genutzt werden kann. In diesem Raum entstehen aber auch neue Zuschreibungen wie beispielsweise die Einschätzung, wer es im Leben leichter hat, wer mehr oder gravierendere „Sorgen" und wer „Glück gehabt" hat. Der Vergleich, den Nathalie Oppermann hier anstellt, wirkt auf den ersten Blick wie der Ausdruck einer Abgrenzung von den „ganzen" anderen; auf den zweiten Blick wird deutlich, dass Nathalie Oppermann über die in der Gruppe zur Sprache kommenden „Sorgen" der anderen Frauen erschrocken ist und sich mit einer neuen Sichtweise konfrontiert sieht, die bei ihr den Eindruck auslöst, ihr ginge es besser als den anderen. In dieser Bewertung schwingen einerseits wirkmächtige Normalitätskonstrukte eines guten oder schlechten Lebens mit, andererseits wird aber auch spürbar, dass Natalie Oppermann von den anderen Frauen und ihrer Auseinandersetzung mit dem aktiven Umgang mit einer Behinderung verunsichert und beeindruckt zugleich ist. Die Passage verdeutlicht die Grenzen des Wir-Gefühls in einer Gruppe, deren Zusammenarbeit auf der Basis von starken Differenzkonstruktionen in Gang gesetzt wird.

„Dass wir eine besondere Gruppe sind" –
zum Verhältnis von Leistung und Behinderung

Zugleich wird der Zusammenhalt der Mentees über ihre Situation im Wissenschaftssystem gestiftet und auch dieser gemeinsame Bezugspunkt führt zu Vergleichen mit und zu Abgrenzungen gegenüber anderen Menschen. Ihr akademischer Werdegang stellt für viele der Mentees eine Möglichkeit dar, die Behinderung in den Hintergrund treten zu lassen. Vielmehr sind nun die erbrachten Leistungen im Studium entscheidend für die Beurteilung der eigenen Person. So erklärt die Mentee Carmen Diemel im ersten Interview:

> da kann man irgendwie Klassenbeste sein oder sehr gute Noten haben und dann kann man so ein bisschen, vielleicht so ein bisschen auch kompensieren oder bisschen vergessen irgendwie, dass man sehr viele Nachteile ausgleichen muss

Formulierungen wie „Klassenbeste" und „sehr gute Noten" verweisen auf überdurchschnittliche Leistungen in der Schule. Aus Sicht von Carmen Diemel relativieren diese Leistungen die eigenen „Nachteile" und sie formuliert pointierte Verben, um diesen Prozess zu beschreiben: Schulleistungen „kompensieren", sie erlauben es, ein „bisschen [zu] vergessen", dass sie selbst viele Nachteile ausgleichen muss. Diese Wendung ist bemerkenswert: Müsste nicht das Bildungssystem die Nachteile aus dem Weg schaffen? Carmen Diemel nimmt hier die ganze Last auf sich und geht davon aus, dass sie – oder eine generalisierte Person mit Behinderung – ihre Nachteile durch überragende Leistungen ausgleichen kann (oder muss). Dieses an die eigene Leistungsbereitschaft geknüpfte Kompensationsmodell ist zwiespältig, da es einerseits erlaubt, die Opferperspektive zu vermeiden sowie Leistungsfähigkeit nicht an einen nichtbehinderten Subjektstatus zu knüpfen. Anders gesagt, schließen Leistung und Behinderung sich nicht aus. Andererseits wird dem Subjekt die uneingeschränkte Verantwortung für den Ausgleich von Nachteilen überlassen und aus gesellschaftlicher Benachteiligung wird unter der Hand ein persönlicher Nachteil, den es durch Leistung zu relativieren oder zu „vergessen" gilt. Gesellschaftliche, in diesem Fall schulische, Leistungsmaßstäbe werden dabei als eine fraglose Orientierungsgröße vorausgesetzt.

Die Passage steht exemplarisch dafür, dass viele der interviewten Mentees ihre ganz persönlichen Stärken in akademischen Leistungen sehen. Die Furcht, möglicherweise auf die Behinderung reduziert zu werden, kann hier zeitweise in den Hintergrund treten. Zugleich wird der enorme Druck deutlich, der aus dieser Orientierung resultiert. Der Wunsch leistungsstark zu sein, zieht sich wie ein roter Faden durch alle Interviews mit den

Mentees. Dies verwundert nicht, handelt es sich doch um Studentinnen oder Doktorandinnen, die in der Universität unter einem entsprechenden Leistungsdruck stehen. Hier wird aber auch das fortlaufende Hadern mit den eigenen Fähigkeiten und möglichen Einschränkungen deutlich: Was kann ich schaffen, was ist zu viel? Warum ist eine bestimmte Anforderung zu viel, eine andere nicht? Was sind überhaupt angemessene Maßstäbe für die eigene Leistungsfähigkeit?

Solche Fragen begleiten viele Studierende und Nachwuchskräfte im gegenwärtigen Wissenschaftsbetrieb. Für die von uns interviewten Mentees stehen sie jedoch immer im Zusammenhang mit den Selbst- und Fremdzuschreibungen als weiblich und behindert. Die Mentees vergleichen sich aber auch über die Gruppe der Studierenden oder Wissenschaftlerinnen hinaus mit anderen Menschen, die mit einer Behinderung leben. Wird diese Perspektive eingenommen, verschieben sich die Bewertungsmaßstäbe und sie nehmen sich als Mitglieder einer „besonderen Gruppe" wahr, die trotz Behinderung das Regelschulsystem und das Studium meistern konnte. So beschreibt eine Mentee sich selbst als Teil eines „Wir" und sagt: „ich denke, dass wir da eben schon eine besondere Gruppe sind, jetzt auch die, die anderen Mentees und ich, und ja, dass es einfach, dass wir halt eigentlich schon so selten sind" (Lina Menke I).

Ihren seltenen akademischen Werdegang vergleicht sie im weiteren Interview mit der gesellschaftlich für Behinderte vorgesehenen Arbeit in „Behindertenwerkstätten" und grenzt sich damit gleichzeitig von Menschen ab, die mit einer Behinderung leben und keinen akademischen Werdegang verfolgen. Hier zeigt sich erneut die Verknüpfung von Vergleich und Abgrenzung. Persönliche Erfahrungen vermischen sich mit gesellschaftlichen Konstruktionen von Normalität und Abweichung. Die Möglichkeit, mit einer Behinderung zu leben und zu studieren, wird dabei zur positiven und zugleich seltenen Abweichung von einer Normalitätsfolie auf der Behinderung als sozial randständig gilt und mit gesellschaftlicher Ausgrenzung beantwortet wird. Als „besondere Gruppe" haben Studentinnen oder Akademikerinnen mit einer Behinderung es geschafft, Zuschreibungen als leistungsgemindert und eingeschränkt arbeitsfähig zu entgehen. Ihre „besondere Leistung" wird dabei im Rahmen von zwei Bezugsgrößen sichtbar: Sie sind genauso leistungsfähig wie andere Studentinnen und sie sind nicht so behindert wie Menschen, die in Behindertenwerkstätten arbeiten. Der eigene Werdegang im wissenschaftlichen Feld bleibt dabei eine Ausnahme. Fragen wir im Kontext dieser Zuschreibungs- und Konstruktionsprozesse des Anderen und Besonderen erneut nach der Bedeutung von Geschlecht, wird deutlich, dass die Thematisierung einer Benachteiligung von Frauen im Wissenschaftssystem für die Mentees sehr zwiespältig ist und auf viel Abwehr stößt.

„Das hat ja nix mit Geschlecht zu tun" –
Geschlecht als nachrangige Ungleichheitsrelation

Wird einerseits von einer „doppelten Benachteiligung" gesprochen, distanzieren sich die meisten Mentees im Verlauf der Interviews von diesem Bild. Als exemplarisch für diese Abgrenzung können die folgenden Argumente von Sophie Tischler betrachtet werden, die im ersten Interview während des laufenden Mentoring sagt:

> ich denk man hätte das Spezialisieren auf Frauen hätte man rausnehmen können, weil, worum es sich eigentlich bei uns dreht, dass hat ja nix mit dem Geschlecht zu tun, das hat immer nur mit der Behinderung zu tun

Die Mentee negiert die Bedeutung von Geschlecht, wenn sie sagt, „das hat immer nur mit Behinderung zu tun". Weiblichkeit ist aus ihrer Sicht kein Referenzpunkt für Benachteiligung oder Förderung; Barrieren auf der akademischen Laufbahn ergeben sich aus ihrer Sicht „nur" aus dem Umgang mit Behinderung. Frauen mit Behinderung würden demnach aufgrund dieser, nicht aber aufgrund von Weiblichkeit benachteiligt. Die abgrenzende Differenzierung, die hier aufgemacht wird, verspricht Klarheit und schlägt eindeutige Gewichtungen vor: Behinderung hat demnach mehr Gewicht für das, „worum es bei uns geht", als Geschlecht. Indem Sophie Tischler diesen Standpunkt bezieht, betont sie die große Bedeutung, die die Zuschreibung von Behinderung aus ihrer Sicht für institutionalisierte Mechanismen des Ein- oder Ausschlusses aus Karrieremustern hat und rückt Behinderung ins Zentrum der Aufmerksamkeit. Dabei trennt sie Behinderung und Geschlecht und vergibt Prioritäten für das Programm, das aus ihrer Sicht nicht nur für Frauen angeboten werden müsste, weil sie Zuschreibungen von Weiblichkeit als nachrangig betrachtet. Das Auseinanderdividieren einer komplexen Gemengelage von Dimensionen der Ungleichheit und Diskriminierung ist tatsächlich aber unmöglich: Wie und aus wessen Perspektive soll letztlich bestimmt werden, aufgrund welcher Verknüpfungen von Differenz und Hierarchie Diskriminierung greift? Aus einer politischen Perspektive der gemeinsamen Interessenlagen ist die Trennung, die Sophie Tischler vorschlägt, zugleich plausibel – nach ihrem Dafürhalten macht ein Programm nur für Studentinnen mit einer Behinderung keinen Sinn, weil der Bedeutung von Geschlecht hierbei zu viel Gewicht beigemessen wird.

Die Sicht von Sophie Tischler bildet keine Ausnahme. Eine ganze Reihe von Mentees stellt das Konzept der Frauenförderung mit Nachdruck in Frage und die Bedeutung von Behinderung wird immer wieder als wesentlich tiefgreifender betont. Diese Kritik am Frauenförderfokus des Programms ist im Hinblick auf die Frage, wer im gesellschaftlichen Alltag mit welchen Hürden zu kämpfen hat und welche Bündnisse dabei sinnvoll sind, verständlich. Bündnisse zwischen Frauen und Männern mit Behinderung liegen quer zu der Idee der Frauenförderung und sind im hier untersuchten Programm nur auf der Ebene der Mentorinnen und Mentoren und in einzelnen Tandems möglich. Das Programm produziert aus Sicht einiger Teilnehmerinnen ein Differenz-Gleichheits-Paradox, indem es Weiblichkeit privilegiert, Behinderung aber die aus ihrer Sicht bislang viel stärker wirkende und politisch mehr vernachlässigte Barriere ist.

Die engagierten Argumentationen gegen den Fokus der Frauenförderung können aber auch noch in eine weitere Richtung weisen. Wenn die geschlechterpolitische Setzung hinterfragt wird, „als Frau mit Behinderung" einen besonderen Förderbedarf zu haben, wird zugleich die mit Weiblichkeit assoziierte Opferposition zurückgewiesen. Hinzu kommt, dass Frauenförderung in aktuellen öffentlichen Diskursen und in den Fachdiskursen in der Universität nicht selten als ein Instrument kritisiert wird, mit dessen Hilfe angeblich schlechter qualifizierte Bewerberinnen an besser qualifizierten Bewerbern vorbeizögen. Verbinden wir diese beiden Aspekte – die Assoziation von Weiblichkeit mit schwachen Opferpositionen und die fachliche Abwertung von Quotenfrauen –, könnte die vehemente Abwehr des Frauenfördergedankens auch ein starkes Streben nach Unabhängigkeit und Selbstbehauptung zum Ausdruck bringen. Damit verbunden ist die

Ablösung von einer Defizitperspektive auf Geschlecht. Die Fokussierung auf eine mögliche Benachteiligung aufgrund des Geschlechts, die das Programm prägt, durchkreuzt ein solches Streben, das auch mit dem Wunsch verbunden sein kann, nicht immer als anders, different oder als besonders zu fördernd wahrgenommen und behandelt zu werden. Dies erläutert Carmen Diemel sehr deutlich in ihrem zweiten Interview:

> oh man, die Gesellschaft besteht nicht nur aus behinderten Frauen, können wir auch über was anderes reden, das war mir manchmal ein bisschen zu emanzenmäßig, so zu viel Frau irgendwie, zu viel eingegrenzt auf nur behinderte Frauen

Wenn die Mentee ihr Resümee mit „oh man" einleitet, wird spürbar, dass die Situation in der Gruppe sie immer noch aufbringt. Sie fühlt sich in eine Schublade für „nur behinderte Frauen" gesteckt und möchte in einem Programm wie dem Mentoring mehr „die Gesellschaft" repräsentiert sehen, verbunden mit der Hoffnung, dass dann auch andere Themen auf der Tagesordnung stünden. Ihre nachträgliche Bewertung der Situation als zu eng und einseitig spiegelt das grundsätzliche Dilemma von gruppenspezifischen Förderprogrammen – angesetzt wird an einer kollektiven Erfahrung, die zugleich verändert werden soll. Diese Identitätskonstruktion geht Carmen Diemel zu weit, die Inhalte der Gespräche bezeichnet sie als „ein bisschen zu emanzenmäßig" – eine starke Zurückweisung frauenpolitischer Ansätze, die aber ambivalent formuliert wird („ein bisschen").

Auch für die Mentee Monika Niemeyer stellt die starke Thematisierung von Geschlecht eine Situation her, mit der sie sich nicht identifizieren kann. Das bringt sie in ihrem ersten Interview auf den Punkt: „ich bin eigentlich überhaupt nicht so feminismusanhängig". Ob hier die negative Konnotation, die mit dem Begriff Feminismus mittlerweile in der gesellschaftlichen Öffentlichkeit verbunden ist, durchschimmert, ist eine offene Frage. Auf jeden Fall möchte diese Mentee nicht mit einem solchen Etikett versehen werden und grenzt sich von der Zuschreibung ab, möglicherweise eine Anhängerin des Feminismus zu sein.

Dabei kommen an verschiedenen Stellen in den Interviews auch der Ausschluss und die Abwesenheit von Männern zu Sprache. Hierzu soll noch einmal auf das Längsschnittinterview mit Carmen Diemel Bezug genom-

men werden, der die homosoziale Gruppe der Frauen zeitweise „zu viel"
wurde: „ich habe nur noch mit behinderten Frauen zu tun, irgendwie war
mir das ein bisschen zu viel manchmal, wo gibt es die Nichtbehinderten
und sind Männer überhaupt noch wichtig".

Es stellt sich die Frage, ob die Fokussierung des Programms auf Geschlecht und Behinderung für die Mentees zum Konflikt wird, weil eine
Fördersituation ihnen zugleich wie in einer Dauerschleife vor Augen führt,
dass sie von gesellschaftlichen Benachteiligungen betroffen sind. Vor diesem Hintergrund stehen die „Nichtbehinderten" und „Männer" möglicherweise für den Wunsch nach der Herstellung von Normalität, verbunden mit
der Abwehr des Gefühls und der konkreten Erfahrung, als defizitär wahrgenommen zu werden.

„Dass man als behinderte Frau auch einen Mann finden kann" –
Weiblichkeit, Männlichkeit und differente Körper

Vor dem Hintergrund der Abgrenzung und der kontroversen Bewertung von
geschlechterpolitischen Aspekten ist es bemerkenswert, in welchem Zusammenhang Geschlecht, genauer Weiblichkeit, in den Interviews manifest
zur Sprache kommt. Die Situation, als Frau mit einer Behinderung gegenüber anderen Frauen und gegenüber Männern benachteiligt zu sein, thematisieren die Mentees zum einen im Zusammenhang mit „Männerberufen",
die Frauen nach wie vor nicht offenstünden. Zum anderen wird ein Kinder-
wunsch als unvereinbar mit einer Berufstätigkeit thematisiert (Ivonne Jürgens I). Zudem ist ein Unterschied zwischen Frauen und Männern auf der
persönlichen Ebene Thema: So meint Carmen Diemel, Frauen mit Behinderung würden eher unter „Selbstzweifeln" leiden als Männer mit Behinderung. Dies läge daran, dass Frauen generell empfindsamer seien als Männer. Mit dieser (Selbst-)Zuschreibung greift die Mentee auf gängiges Alltagswissen zur Geschlechterdifferenz zurück und verortet die Differenz auf
der Ebene der persönlichen, subjektiven Fähigkeiten und Haltungen –
Frauen werden demnach als emotionaler als Männer angesehen und seien
aufgrund dieser Wesenszüge im Umgang mit ihrer Situation nicht so
selbstbewusst wie diese.

Die „Selbstzweifel" hängen aus Sicht von Carmen Diemel mit dem Wunsch
zusammen, attraktiv zu sein und begehrt zu werden. Diese Erfahrung

bliebe Frauen mit einer Behinderung aber aufgrund der Behinderung verwehrt. Ihre Einschätzung ist eng mit dem Lebensentwurf von Partnerschaft und Familie verbunden, den sie für Frauen mit Behinderung als schwer erreichbar sieht, wenn sie sagt: „dass man als behinderte Frau auch einen Mann finden kann, der einen attraktiv findet und sowas schafft ein Kind zu kriegen und aufzuziehen und so, das ist immer voll faszinierend für mich".

Hier greifen gesellschaftliche Normen von weiblicher Attraktivität, die mit ganz bestimmten Körperidealen verknüpft sind, und normative Vorstellungen einer funktionierenden Familie ineinander. Weiblichkeit und Behinderung verschränken sich zu einem tendenziellen Ausschlussszenario. Dieses Szenario wird von Carmen Diemel in ein Gegenbild gefasst: Für sie ist es „faszinierend", dass „man als Frau mit Behinderung auch einen Mann finden kann". Die Suche nach dieser Ausnahme liegt nach dieser Formulierung eindeutig bei der Frau. Zudem wird deutlich, wie intensiv die aus Sicht der Mentee nur schwer zu erreichende weibliche Normalbiographie ihre normative Kraft entfaltet.

Bemerkenswert ist, dass die mögliche Benachteiligung von Frauen mit Behinderung hier nicht im akademischen Werdegang oder Erwerbsleben verortet wird, sondern im Ausschluss aus privaten Lebensentwürfen und subjektivem Begehren. Dabei wird die Abweichung des eigenen Körpers von einer konstruierten gesellschaftlichen Norm als eine nicht hintergehbare Benachteiligung empfunden, die Frauen deutlich stärker betrifft als Männer. Gleichzeitig wird umgekehrt davon ausgegangen, dass Männer mit Behinderung viel eher Benachteiligungen im öffentlichen Leben erfahren, indem sie mit gesellschaftlichen Erwartungen konfrontiert werden, die mit Bildern von erfolgreicher und starker Männlichkeit einhergehen. So entwickeln drei Mentees in ihren Interviews unabhängig voneinander das Bild des Mannes mit Behinderung, der die Erwartung des „starken Mannes" nicht erfüllen könne und deshalb „psychisch" leiden würde (Ivonne Jürgens I, Nathalie Oppermann I, Judith Krüger I).

Beziehen wir diese Zuschreibungen auf die zuvor diskutierten Überlegungen zu attraktiver Weiblichkeit, dann tritt erneut der Körper als Bezugspunkt für Geschlechterkonstruktionen in den Fokus. Der „starke Mann" ist sinnbildlich gesprochen der erwerbstätige Ernährer in der Industriegesellschaft. Das Bild verweist aber auch auf die Körperkraft, die mit der Konstruktion von ‚normaler' Männlichkeit verbunden ist.

Werden die Bilder von Weiblichkeit und Männlichkeit im Zusammenhang von gesellschaftlichen Ausschlussmechanismen untersucht, entsteht ein Kontrastbild: Frauen sind in ihrem privaten Lebensentwurf eingeschränkt und Männer im Bereich der Leistungsnormen des öffentlichen Lebens. Die Bilder sind sehr verschieden, sie legen aber nicht nahe, dass Frauen gegenüber Männern stärker benachteiligt seien, nur anders.

Vergleichen wir vor diesem Hintergrund Frauen mit Behinderung und Männer mit Behinderung, wird deutlich, wie wenig das Bild der Benachteiligung von Frauen gegenüber Männern hier passt. Die Mentees konstruieren zwar bekannte Zuschreibungen von Weiblichkeit, Männlichkeit und differenten Körpern. Sie gehen aber nicht davon aus, dass Männer gegenüber Frauen sozial privilegiert sind. Ganz im Gegenteil, sie deuten die Situation so, dass auch Männer mit Behinderung Mentoring „nötig" hätten (Friedericke Glaser I) und kritisieren damit die Fokussierung des Förderprogramms auf die Bedürfnisse von Frauen.

Die Argumentation verdeutlicht, dass das Mentoring eine intensive Auseinandersetzung mit Differenz, Gleichheit und Ungleichheit anstößt. Die Mentees vergleichen sich dabei in unterschiedliche Richtungen: mit anderen Frauen, mit anderen Frauen mit Behinderung, mit Männern mit Behinderung und mit Menschen, die mit einer Behinderung leben und keine Position auf dem ersten Arbeitsmarkt oder im akademischen System einnehmen. Dabei ringen sie zum einen um eine eigene Position, die ihre je spezifischen Erfahrungen umfasst, sie aber nicht als mehrfach benachteiligte Opfer stigmatisiert. Zum anderen weisen sie mit Nachdruck darauf hin, dass Förderkonzepte, die auf nur eine Ungleichheitsdimension abzielen, paradoxe Konstellationen von Differenz und Gleichheit beinhalten: Welche Dimension von Ungleichheit steht wann für wen und warum im Vordergrund? Wie differenzieren sich dabei strukturell verankerte Muster der Benachteiligung und subjektive Einschätzungen?

„Gerade für behinderte Studenten, da finde ich es ein bisschen ungerecht"
Mentoring als Frauenförderung?

Positiv bewertet wird Frauenförderung aus Sicht der Mentees, weil sie miteinander einen „geschützten Rahmen" und einen „optimistischen Rahmen" erleben (Lina Menke I). Diese Einschätzung steht der im letzten Abschnitt diskutierten Öffnung des Programms für Studenten mit Behinderung entgegen. Das Lob des Schutzes in der Frauengruppe steht aber in den Interviews unverbunden neben der Abwehr gegenüber Maßnahmen, die einen strukturellen Ausgleich gegenüber Benachteiligung versprechen würden. So betont eine Mentee: „ich will weder eingestellt werden, weil ich eine Frau bin, noch weil ich behindert bin oder so, sondern weil ich gut bin" (Monika Niemeyer I). Es handelt sich um ein Argument, das im Zusammenhang mit Quotenregelungen oder Gleichstellungsvorstellungen (nicht nur) an Hochschulen zu hören ist. Ein Nachteilsausgleich, der es erlaubt, Frauen oder Menschen mit Behinderung aufgrund gleicher Leistung gegenüber Männern oder Menschen ohne Behinderung zu bevorzugen, wird umgedeutet: als eine Maßnahme, die die eigene Leistung mindert und negiert und den eigenen Status als anders, besonders und weniger leistungsfähig festzuschreiben droht.

Dieser Eindruck eines Vorteils soll nicht entstehen, weil er das eigene Können und Wissen zu minimieren droht. Die Zuschreibung als weiblich und behindert tritt in den Vordergrund, die eigene Leistung wird unsichtbar – so die Befürchtung der Mentee, die hier stellvertretend ihre Skepsis gegenüber Maßnahmen ausdrückt, die von ihrer Anlage her eigentlich auf das Gegenteil zielen: Gleiche und bessere Leistungen sollen nicht nur anerkannt, sie sollen als solche auch erkannt und nicht durch Diskriminierungen relativiert oder unsichtbar gehalten werden.

Für die Mentees sind solche Ausgleichsangebote aber mit einem grundsätzlichen Konflikt verbunden: Es ist der Entscheidungskonflikt, diese Angebote, die ihnen zustehen, zu nutzen und dafür den Fokus der Selbst- und Fremdwahrnehmung auf die Benachteiligung zu verschieben, statt die eigenen Stärken und Leistungen in den Vordergrund zu rücken.

Beachtenswert ist in diesem Zusammenhang auch die Rolle der Mentorinnen und Mentoren. So betonen einzelne, dass es sehr gut sei, dass Männer als Mentoren im Programm mitwirken würden – ansonsten wäre es eine „sehr künstliche" Situation (Lina Menke I). Männliche Mentoren seien wichtig, um nicht in „Gefühlsduseleien abzuheben", um sachliche Positionen zu erfahren und auf den „Boden der Tatsachen" geholt zu werden (Monika Niemeyer I). Hier setzen sich gesellschaftliche Konstruktionen von Geschlechterdifferenz durch, die mit einer deutlichen Aufwertung des Männlichen als sachlich und pragmatisch einhergehen. So entsteht ein insgesamt widersprüchliches Bild, was die Frage nach den homosozialen und heterosozialen Dimensionen des Programms anbetrifft. Einerseits wird eine homogene Frauengruppe im Mentoring (Mentees und Mentorinnen) abgelehnt, andererseits wird aber auch das Fehlen von weiblichen Vorbildern bemängelt, da Frauen mit Behinderung oftmals nicht in dem angestrebten Berufsfeld tätig seien. Die Frage nach der Bedeutung von Geschlecht in einem Förderprozess wird dabei immer in Spannung zur Bedeutung von Behinderung verhandelt und die strukturellen Aspekte der Geschlechterungleichheit treten aus Sicht der Mentees deutlich hinter die strukturierende Wirkung von Behinderung zurück. Entsprechend umstritten ist die mögliche Öffnung des Programms für Mentees ohne Behinderung. Es wird befürchtet, dass die wenigen Plätze des Programms an Menschen ohne Behinderung verloren gehen könnten:

> es gibt keine Programme für behinderte Studierende oder Promovierende, es gibt sonst nichts und es gibt so wenig Plätze und ich finde es ein bisschen schade diese wenigen kleinen Plätze jetzt an Nichtbehinderte zu geben (Andrea Brandt II)

Andrea Brandt betont die Einzigartigkeit, aber auch die fehlenden Kapazitäten des Programms. Es gibt sowieso nicht genug Plätze und diese „wenigen kleinen" nun auch noch teilen zu müssen, findet sie ein „bisschen schade". Dabei drückt sie ihre kritische Einschätzung bemerkenswert vorsichtig aus und sagt nicht etwa, dass sie strikt gegen eine solche Öffnung sei. Sie stellt aber in Frage, was das Ziel wäre und überlegt weiter: „mir leuchtet einfach noch nicht so ganz ein, was damit bezweckt werden soll, und irgendwie das Ganze durchzumischen oder Vorurteile abbauen, ich denke da gibt es andere Möglichkeiten, die da sinnvoller sind" (Andrea Brandt II).

Die Veränderung des Programms ist aus Sicht der Mentee nicht überzeu-gend. Dabei fragt sie sich, was der Grund für eine Veränderung des Kon-zepts sein könnte und gelangt zu einer einerseits naheliegenden, anderer-seits aber auch irritierenden Antwort: „Vorurteile abbauen". Wer sollte wem gegenüber Vorurteile abbauen? Ohne dass Andrea Brandt dies aus-spricht, liegt es nahe, dass sie Vorurteile gegenüber Menschen mit Behin-derung meint. Folgen wir dieser Assoziation, würden Mentees ohne Behin-derung das Programm nicht oder nicht in erster Linie besuchen, weil sie Unterstützung auf ihrer Karrierelaufbahn benötigen. Sie würden es besu-chen, um einen Prozess des sozialen Lernens im Umgang mit ihren eige-nen Vorurteilen zu durchlaufen. Es sind aber auch andere Lesarten denk-bar: dass Menschen, die mit einer Behinderung leben, ihre Vorurteile ge-genüber Menschen ohne Erfahrungen mit einer Behinderung abbauen oder dass Andrea Brandt meint, dass es sich um einen Prozess der wechselsei-tigen Reflexion handeln würde.

Wie auch immer, sie verschiebt mit ihren Überlegungen das Ziel des Pro-gramms, das nun dazu da wäre, die Wahrnehmungsmuster und Haltungen von Menschen im Umgang mit Behinderung zu korrigieren. Was hinter ih-rer Kritik verschwindet, ist die Frage nach einem möglichen gemeinsamen Förderbedarf von „Nichtbehinderten" und Studentinnen, die mit einer Be-hinderung leben. Dies wirft auch die Frage nach ähnlichen Motiven für eine Teilnahme auf. Kann von gemeinsamen Interessen oder Unterschieden und Gemeinsamkeiten, die quer zu Geschlecht und Behinderung liegen könnten, ausgegangen werden? Angesichts der vielen offenen Fragen, die sich aus der konzeptionellen Debatte ergeben und angesichts des Allein-stellungsmerkmals, das das laufende Programm für die teilnehmenden Mentees hat, ist die Befürchtung Andrea Brandts, dass die wenigen Plätze, die es gibt, für einen falschen Zweck vergeben werden, folgerichtig.

Aber auch dieses Thema wird kontrovers gesehen. So findet Petra Quer-engesser es schade, dass das Programm sich nur auf Frauen mit Behinde-rung beschränkt. Sie plädiert für eine generelle Öffnung gegenüber Men-schen ohne Behinderung und für Studenten mit Behinderung, wenn sie sagt:

> also ich würde tatsächlich dieses Mentoringprogramm wirklich
> allgemein öffnen, nicht nur für behinderte Studentinnen, ei-

gentlich war es ja gedacht für Behinderte und Nichtbehinderte, aber irgendwie haben das nur die Behinderten mitgekriegt, was ich auch irgendwie sehr schade finde, aber grade für behinderte Studenten würde ich es öffnen, da find ich es ein bisschen ungerecht (Petra Querengesser I)

Ihren weitgehenden Vorschlag, das Programm „allgemein" zu öffnen, nimmt die Mentee indirekt wieder zurück, wenn sie später sagt, „aber grade für Studenten mit Behinderung". Besonders für diese ist eine Öffnung aus ihrer Sicht wichtig und die jetzige Lösung „ungerecht". Damit baut sich eine deutliche Spannung auf: zwischen einerseits dem Besonderen des Programms, über dessen Existenz „Nichtbehinderte" zu wenig erfahren haben, und andererseits der Notwendigkeit, dieses Besondere weiter zu betonen. Studenten mit Behinderung werden aus ihrer Sicht ungerecht behandelt, wenn das Programm nur Studentinnen offensteht. Mit ihrer Argumentation pendelt Petra Querengesser zwischen der Relativierung und der Betonung besonderer Interessen und Lebenslagen. Dabei wird deutlich, dass die Kategorie Frau als eine Bezugsgröße für eine Förderkonzeption nicht nur aus Sicht dieser Mentee als verkürzt und mit einem Ausgrenzungspotenzial verbunden, hinterfragt wird. Zudem zeigt sich eine markante Leerstelle im Vergleich der verschiedenen Benachteiligungssituationen: Männer, die ohne eine Behinderung leben, werden implizit ganz kurz mit einbezogen, wenn das Programm „allgemein" geöffnet werden sollte. Indem dann aber sofort auf „Studenten mit Behinderung" Bezug genommen wird, wird gleichzeitig deutlich, dass zwischen Männern, die benachteiligt sind und solchen, die ohne Behinderung leben, differenziert wird.

Im folgenden Abschnitt wenden wir uns der Sichtweise der Mentorinnen und Mentoren zu. Wir bereits an verschiedenen Stellen beschrieben, wurden hier von Anfang an Frauen und Männer mit und ohne Behinderung in das Programm einbezogen und für die ehrenamtliche Tätigkeit gewonnen. Betrachten wir vor diesem Hintergrund, wie über alle drei Jahrgänge hinweg auf Ungleichheitsdimensionen und auf Förderstrategien Bezug genommen wird.

4.3.2 „Das ist schon noch mal anders und die sind oft alleingelassen" – die Verflechtung von Geschlecht und Behinderung aus Sicht der Mentorinnen und Mentoren

Viele Mentorinnen und Mentoren gehen in den Interviews mit großer Selbstverständlichkeit davon aus, dass Frauen mit Behinderung gesellschaftlich benachteiligt sind. Diese Sichtweise ist für sie ein wesentlicher Beweggrund, sich im Mentoringprogramm des Hildegardis-Vereins zu engagieren. Deshalb steht auf den ersten Blick auch die Förderung einer klar definierten Zielgruppe im Mittelpunkt: (junge) Frauen sollen im Studium und bei ihrem Übergang ins Arbeitsleben unterstützt werden. Die meisten Mentorinnen und Mentoren setzen Ungleichheit zwischen den Geschlechtern und Ungleichheit aufgrund von Barrieren gegenüber Behinderung voraus und halten das Mentoring des Hildegardis-Vereins für eine ausgesprochen sinnvolle Interventionsmöglichkeit. So sagt Olivia Peters beispielsweise in ihrem ersten Interview:

> ich finde die Idee sehr gut, Frauen mit Behinderung zu fördern, die im Studium sind, weil ich denke, das ist schon noch mal anders und die sind oft alleingelassen, also grad mit Behinderung oder mit chronischer Erkrankung sind die schon sehr alleingelassen, denn der ganze Betrieb ist auf gesunde leistungsfähige junge Menschen ausgerichtet und da gehen die leicht unter, das fand ich eine sehr gute Idee

Die Überlegungen der Mentorin sind auf die besondere und schwierige Situation der Zielgruppe des Programms fokussiert. Sie entwirft das Bild der vereinzelten Studentin, deren besondere Situation im „Betrieb" des Studiums unterzugehen droht. Dabei beschreibt die Mentorin die Lage der Mentees als „anders". Hier stellt sich die Frage, worauf dieses Konstrukt des Andersseins sich bezieht. Hat sie bei ihrem impliziten Vergleich Studentinnen ohne Behinderung vor Augen? Oder denkt sie an Studenten mit Behinderung? Oder vergleicht sie zwischen den Zeilen ganz allgemein die Lage von Studenten mit der von Studentinnen? Bleiben wir bei ihrer manifesten Aussage, ist das Andere eine geschlechtsunabhängige Bezugsgröße – sie vergleicht die Situation von Studentinnen mit Behinderung mit der von Studierenden, die als „gesunde leistungsfähige junge Menschen" gelten. Dabei schwingt deutliche Kritik an der Verknüpfung von Gesundheit und Leistungsfähigkeit mit, es entsteht aber auch ein spannungsreiches Bild, weil die Mentorin ihr Plädoyer für eine Förderung von Frauen mit Behinderung an deren Abweichung von der beschriebenen Normalität knüpft. So entsteht über die Kritik gleichzeitig das Bild eines Opfers, das aufgrund seiner Vereinzelung und seiner Differenz der besonderen Unterstützung bedarf. Frauen mit Behinderung gehen aus Sicht der Mentorin „leicht unter", sie werden also übersehen und verlieren möglicherweise den Boden unter den Füßen. Knüpfen wir an das letzte Bild an, so wäre das Mentoring eine Art Rettungsanker und die Mentorinnen und Mentoren böten sichere Ankerplätze und Schutz in einem „Betrieb", der auf die Situation der Mentees keine Rücksicht nimmt. Olivia Peters begründet ihre Meinung mit der Belastung, die für die Mentees von einem Alltag ausgeht, in dem ihre Situation nicht angemessen wahrgenommen wird. Die Kritik der Mentorin richtet sich dabei eindeutig auf einen „Betrieb", der Normen setzt, die für Frauen mit Behinderung nicht erreichbar sind und nicht auf die Belastungsgrenzen der Mentees abgestimmt sind. Gleichwohl entsteht das Bild eines hilfebedürftigen Opfers, eine Zuschreibung, die den leistungsbewussten Selbstentwürfen der meisten Mentees zuwiderläuft, wie wir in den vorangegangenen Abschnitten gesehen haben. Hier zeichnet sich also eine bemerkenswerte Spannung zwischen einer geschlechter- und behindertenpolitischen Kritik an einer hegemonialen Normalität und einer latenten Defizitperspektive auf Menschen ab, die aus dieser Normalität herauszufallen scheinen. Strukturelle Benachteiligung fällt dabei in letzter Konsequenz auf die Subjekte zurück, ob die dominanten Normen angetastet werden, bleibt eine offene Frage.

Vergleichen wir die Einschätzungen und Standpunkte der Mentorinnen und Mentoren über alle drei Jahrgänge hinweg, dann zeigt sich Einigkeit, dass Frauen mit Behinderung gesellschaftlich benachteiligt sind. So erläutert beispielsweise Hannelore Ittermann im ersten Interview, dass es eine „Diskriminierung von Frauen in der Berufswelt gibt", die aus ihrer Sicht „subtil" verläuft und deswegen auch nur schwer zu erkennen sei. Neben diesem strukturellen Blick geht sie aber gleichzeitig davon aus, dass bestimmte „Verhaltensweisen" von Frauen auch ursächlich dafür seien, dass diesen eine „beruflich erfolgreiche Laufbahn" verwehrt bliebe. In diesem Argumentationsmuster vermischen sich kritische Impulse gegenüber institutionalisierten Mechanismen des Ausschlusses mit Zuschreibungen von

Weiblichkeit, die Frauen die Verantwortung an ihrem Scheitern in letzter Konsequenz wieder zurückspielen. Beziehen wir dieses Argument auf das Mentoring, stellt sich die Frage, ob und wie die Zuschreibung einer Selbsteinschränkung im Zusammenhang von Behinderung und Geschlecht konstruiert und zwischen Mentorinnen (oder Mentoren) und Mentees verhandelt wird.

Zugleich wird die große Bedeutung von weiblichen Vorbildern im akademischen Werdegang insbesondere von Mentorinnen hervorgehoben. Dies gilt vor allem, wenn Frauen mit Behinderung es in einer „Männerwelt" geschafft haben „Karriere" zu machen (Lisbeth Meineke I). Wenn eine Mentorin hier das Bild von der „Männerwelt" benutzt, verdeutlicht sie, dass Frauen aus ihrer Sicht keinesfalls ein leichter Zugang zu allen gesellschaftlichen Sphären gewährt wird.

Bei allen Widersprüchen, die in den Interviews auftauchen, wird die Notwendigkeit der Frauenförderung von den meisten stark hervorgehoben. Dabei wird als nahezu selbstverständlich vorausgesetzt, dass aus der Verknüpfung von Geschlecht und Behinderung eine spezifische Situation resultiert, auf die gesellschaftlich gegenwärtig zu wenig Bezug genommen wird. Viele der Mentorinnen und Mentoren sind deshalb politisch aktiv und setzen sich beruflich und privat für die Rechte von Frauen und von Menschen mit Behinderung ein. Für sie gehört es zu ihrem Leben dazu, „Behindertenpolitik" zu machen (Elke Fährmann I).

Einen wichtigen Fokus stellen hierbei die Rechte von Menschen mit Behinderung im Hinblick auf Ausgleichsleistungen und Eingliederungshilfen dar. Nachteile, die durch eine Behinderung entstehen, sollen mit technischen und finanziellen Mitteln ausgeglichen werden. An dieser Stelle zeigt sich, dass die Mentorinnen und Mentoren die Sicht der Mentees auf diese Rechte als durchaus zwiespältig erleben. Nicht alle Mentees zeigen sich demnach offen oder positiv gestimmt gegenüber Ausgleichsbemühungen, wie zum Beispiel einer Bevorzugung im Bewerbungsverfahren oder zusätzlichen Hilfsmitteln für die Arbeit. Wahrgenommen wird sogar eine eher zurückhaltende Position bei den Mentees. Dies steht in deutlichem Kontrast zu den Anschauungen der Mentorinnen und Mentoren, die im Tandem versuchen, die Mentees dazu zu bewegen, solche Angebote zu nutzen und als ihr Recht zu beanspruchen.

Die Mentorinnen und Mentoren sind sich ihrer behindertenpolitischen Rechte sehr bewusst und setzen sich deutlich für die Einhaltung dieser ein. Für sie ist es deshalb schwer nachvollziehbar, warum die Mentees zögern oder solche Rechte möglicherweise sogar ablehnen. So erklärt beispielsweise die Mentorin Almuth Becker, wenn sie in ihrem zweiten Interview auf den Prozess reflektiert, dass sie im Verlauf des Mentoring erkannt habe, dass die Mentees keine besonderen Regelungen bei Bewerbungen möchten, weil sie sich bevorzugt fühlen würden:

> dass die Frauen das gar nicht wollen, gut, es steht ja auch drin
> bei gleicher Eignung, aber so gefühlt ist das ja dann so, dass
> man so ein bisschen bevorzugt wird, dass wollen sie gar nicht,
> aber auf der andern Seite kann man das ja auch mal nutzen

Interessant ist, wie Almuth Becker kurz nach einer Erklärung für ihre Beobachtung sucht: „es steht ja auch drin bei gleicher Eignung". Mit diesem Passus unterstreicht sie zunächst, dass Gleichstellung nur dann greift, wenn die gleiche Qualifikation es erlaubt, eine Frau gegenüber einem Mann oder eine Person mit Behinderung gegenüber einer Person ohne Behinderung zu bevorzugen. Die „gefühlte" Bevorzugung scheint es dann aber zu sein, die auf Ablehnung stößt. Warum dies so sein könnte, das bleibt in den Überlegungen der Mentorin offen, sie resümiert eher irritiert, dass es doch „mal" möglich sein müsse, ein Recht zu nutzen.

Treten wir einen Moment zurück von der konkreten Erfahrung der einzelnen Mentorin, die hier zurückblickt: Die Passage steht exemplarisch für die sehr grundlegende Ambivalenz, die mit einer Verknüpfung von Verteilungs- und Leistungsgerechtigkeit einhergeht. Kritische Positionen gegenüber Gleichstellung lösen dieses Schwanken in eine Richtung auf, wenn sie die Bevorzugung von schlechter qualifizierten Personen behaupten. Für Bewerberinnen und Bewerber bleibt in solchen Konstellationen immer die Frage: Bin ich ausgewählt worden, weil ich hoch qualifiziert bin oder weil ich ein Sonderrecht genieße? Diese beiden Aspekte zusammenhalten zu lernen, das erhofft Almuth Becker sich offensichtlich von den Mentees, wenn sie etwas ratlos wirkt und sich wünscht, dass das „mal" doch möglich sein muss.

Die Mentees interpretieren Ausgleichsmöglichkeiten offenbar aber weniger eindeutig als ihr gutes Recht, sondern auch als eine (positive) Diskriminierung. Dabei geht es aus Sicht derer, die Rechte einklagen und sich dabei als weiblich und behindert klassifizieren sollen, wesentlich um die Frage, inwieweit mit diesen Zuschreibungen assoziierte Defizite im beruflichen Kontext überhaupt thematisiert werden sollten.

Hier benennen nicht nur die Mentees, sondern auch die Mentorinnen und Mentoren eine Diskrepanz zwischen dem eigenen Erleben der Behinderung und dem Erlebt-werden durch die Umwelt. Eigene Unsicherheiten aufgrund einer Behinderung sollten der Umwelt eher nicht offenbart werden, angestrebt und den Mentees angeraten wird vielmehr ein selbstsicheres Auftreten, das mögliche Vulnerabilitäten nicht zur Angriffsfläche für einen Ausschluss werden lässt.

Das verweist auf eine den verbrieften Rechten entgegengesetzte Option, nämlich mögliche Nachteile und Hürden durch den institutionellen Umgang mit einer Behinderung nicht zu thematisieren, in der Hoffnung, sich vom Bild des benachteiligten Menschen mit Behinderung ablösen zu können. Auch schwingt hier, ähnlich wie bei den Mentees, der Leistungsgedanke mit – gilt die eigene Fachlichkeit doch als wesentlich, ebenso wie eine akademische Karriere individuell zurechenbare Leistung verlangt.

 Auch die interviewten Mentorinnen und Mentoren verstehen herausragende wissenschaftliche und professionelle Leistungen als eine Kompensation der Behinderung und stimmen so mit den Einschätzungen der Mentees überein. Hier können eigene Stärken erlebt werden und die Behinderung tritt in den Hintergrund. Ein vergleichender Blick auf dieses gemeinsame Deutungsmuster von Mentees, Mentorinnen und Mentoren ergibt, dass die Bedeutung von Leistung für die Mentees wesentlich stärker ausgeprägt ist. Dies verweist sicher auf deren aktuelle Lebenssituation auf der Schwelle vom Studium in das Arbeitsleben. Zu bedenken sind zudem die veränderten Studienbedingungen seit dem Bologna-Prozess, die auf die Generationen der Mentorinnen und Mentoren noch nicht zutrafen.

Hinzu kommt aber auch eine temporale Komponente: Während die Mentorinnen und Mentoren auf ihre Zeit als Studierende, Promovierende oder Nachwuchskräfte zurückblicken und sich mittlerweile teilweise davon distanzieren können, stecken die Mentees mitten in einem Transformationsprozess. Die Auseinandersetzung mit den eigenen und den fremden Leistungsorientierungen liegt für die Berufserfahrenen in der Vergangenheit, zumindest was das Studium betrifft. Dieses und den Eintritt in das Berufsleben haben sie bereits gemeistert und eine berufliche Identität gefunden. Interessant daran ist, dass gerade der Übergang vom Studium zum Beruf als krisenhaft erlebt wird. Über das aktuelle Berufsleben wird nur sehr wenig in Verbindung mit Hürden gesprochen. Dadurch wird das fragliche Bild vermittelt, die Phase des Übergangs, in der die Mentees sich befinden, wäre die einzige Hürde, die temporär begrenzt und nach deren Überwindung aus der Welt geschafft sei.

Schlagen wir den Bogen zurück zur Bedeutung von Geschlecht und Behinderung aus der Perspektive der Mentorinnen und Mentoren, entsteht ein facettenreiches Bild. Im Vergleich mit den Mentees betonen diese die Bedeutung von Benachteiligung und ausgleichender Gerechtigkeit sehr viel stärker. Trotzdem entsteht auch hier das Bild eines dauerhaften Konflikts zwischen gleichstellungspolitischen, an Verteilungsgerechtigkeit orientierten Idealen einerseits und der Betonung individueller Leistungen und subjektiver Bewältigungspotenziale andererseits. Beide Dimensionen zusammenzuhalten ist schwierig. Zudem wird der akademische Betrieb sehr stark als Raum wahrgenommen, der es erlaubt, die eigenen, in der Regel überdurchschnittlichen Leistungen als Kompensationsmöglichkeit gegenüber Ausschlussmechanismen zu erleben. Betrachten wir vor diesem Hintergrund im folgenden Abschnitt, welche Perspektiven die Mentorinnen und Mentoren auf die Zusammensetzung der Gruppe und die Frage nach anderen Möglichkeiten einnehmen.

„Die haben sicher alle eine Behinderung" –
Gruppenerfahrungen zwischen Mehrheit und Minderheit

Aus Sicht einiger Mentorinnen ist es kritisch, dass Männer das Mentoring für Frauen übernehmen. Sie heben die Vorbildfunktion von Frauen, die selbst Karriere gemacht haben, hervor und gehen davon aus, dass es einen Unterschied macht, ob zwei Frauen oder eine Frau und ein Mann in einem Tandem in Beziehung treten und miteinander ins Gespräch kommen (Elke Fährmann II).

Im Gegensatz zu diesem Argument, das an feministische Traditionen der Stärkung weiblicher Identifikationslinien erinnert, hebt ein Mentor die Wichtigkeit von männlichen Bezugspersonen für das Mentoring hervor. Eine reine Frauengruppe sei aus seiner Sicht sehr einseitig. So betont Sven Tetzlaff im ersten Interview, dass die Teilnahme von Männern und „Nichtbehinderten" überhaupt erst „unterschiedliche Erfahrungen" ermögliche.

Diese auf den ersten Blick diametral unterschiedlichen Argumentationen treffen sich in ihrer Tiefenstruktur an einem entscheidenden Punkt: Die Differenzkategorien Behinderung und Geschlecht werden als erfahrungsbasierte Identitätsmerkmale aufgefasst, die die Begegnungen von Menschen in Gruppen maßgeblich strukturieren. Entscheidend ist dabei die starke Setzung, dass die Kombination ganz bestimmter Differenzkonstruktionen und Identitätszuschreibungen zu unterschiedlichen Ergebnissen im Lernprozess führen würde.

So wird in der Kritik an der homosozialen Frauengruppe davon ausgegangen, dass diese Konstellation die Erfahrung von Vielfalt einschränke. Auch die Abwesenheit von Menschen ohne Behinderung schränkt demnach den gemeinsamen Erfahrungshorizont ein. Im Plädoyer für die Frauengruppe wird hingegen auf weibliche Erfahrungswelten Bezug genommen und gelungene Intersubjektivität an weibliche Identität geknüpft. Was auf den ersten Blick einleuchtet, weil es an unsere Alltagsvorstellungen von gelebter Vielfalt oder geteilten Erfahrungen anknüpft, lohnt einen zweiten Blick: Die Verschiedenheit von Menschen in Gruppen wird an ihren Gruppenzugehörigkeiten festgemacht, ihre Geschlechtsidentität wird homogen konstruiert und es werden nun gute und nachvollziehbare Gründe für die eine oder die andere Variante der angemessenen Repräsentation in Gruppen gefunden.

Bemerkenswert ist dabei, dass strukturelle Ungleichheiten zwischen Frauen und Männern und zwischen Menschen mit und ohne Behinderung in den Hintergrund treten, denn denkbar wären auch machtkritische Argumente für homogene oder heterogene Gruppenkonzepte.

Was wird über solche programmatischen Ausführungen hinaus über die konkreten Begegnungen in Gruppen und in den Tandems gesagt? Den wechselseitigen Austausch erleben alle, die sich dazu äußern, als spannend, sie wünschen einen Erfahrungsaustausch und streben diesen auch aktiv an. Hervorgehoben wird dabei die Erfahrung, vor dem Hintergrund unterschiedlicher Lebenslagen und Behinderungen auch sehr verschiedene Wege der Kommunikation miteinander zu finden. Innerhalb des Tandems erleben viele diese Kommunikation als eine positive Herausforderung. So beschreibt die Mentorin Anke Bäumer beispielsweise im ersten Interview, dass sie andere Wege finden musste als sie es gewohnt war, um hinreichend kommunizieren und sich verständlich machen zu können. Sie sah sich herausgefordert, flexibel und kreativ mit Kommunikationsbarrieren umzugehen, aber auch ihre gewohnten Vorgehensweisen zu reflektieren.

Von Mentorinnen und Mentoren, die keine eigenen leiblichen Erfahrungen mit Behinderung haben, wird die intensive Erfahrung hervorgehoben, die der wechselseitige Austausch im Verlauf des Mentoring für sie bedeutet: „weil ich quasi für mich so einfach mal eintauchen kann in den Lebensalltag einer Person mit Behinderung" (Almuth Becker II). Die Offenheit Einzelner, die Gruppe an der eigenen Lebensgeschichte teilhaben zu lassen, löste jedoch zu Beginn des Programms neben der in der Regel sehr ungewohnten Erfahrung des Perspektivwechsels auch Gefühle der Überforderung aus. Auch darüber spricht Almuth Becker in ihrem Rückblick im zweiten Interview: „ich hatte zu Anfang das Gefühl, dass das irgendwie zu viel für mich ist, ich weiß nicht so damit umzugehen und ich war auch so stark emotional, hm wie soll man sagen, betroffen so mit Mitleid oder Mitgefühl".

Die Mentorin erinnert sich an das Gefühl, die Situation nicht aushalten zu können, weil die Betroffenheit, die die Situation der anderen Menschen bei ihr auslöst, sie zu überwältigen droht. Sie reagiert „stark emotional" und sucht auch im späteren Interview noch nach den angemessenen Worten für diese Erfahrung – war es „Mitleid oder Mitgefühl", das sie gegenüber den anderen Menschen ergriffen hat? Beide Begriffe sind mit Empathie und zugleich mit Opferbildern verbunden und unterstreichen bis heute die Ambivalenz der Mentorin: Bin ich hier richtig, kann ich mich angemessen verhalten? Zugleich wird deutlich, wie stark die Erfahrung von Behinderung an gesellschaftlich etablierte Opferbilder geknüpft ist.

Während in den ersten beiden Jahrgängen alle Mentees mit einer sichtbaren oder nichtsichtbaren Behinderung leben, sind unter den Mentorinnen und Mentoren von Anfang an auch Menschen ohne eine Behinderung dabei. Diese verschiedenen Ausgangslagen lösen bei einigen das Bedürfnis aus, die eigene Position fortlaufend mit der der anderen zu vergleichen. In der folgenden Schilderung von Magdalena Nelle während ihres ersten Interviews steht die Frage nach der eigenen und den unterschiedlichen Markierungen und Nicht-Markierungen der Anderen im Raum:

> dann saß ich da und ist mir aufgefallen, dass ich, glaub ich, die einzige Nichtbehinderte war, man sieht es ja manchen Menschen nicht an, bei den Mentees bin ich einfach mal davon ausgegangen, Behinderung sieht man auch nicht, aber mir war schon klar, die haben sicher alle eine Behinderung und dann irgendwann auch bei den Diskussionen ist mir das so aufgefallen, da dachte ich so oh oh hoffentlich bin ich wirklich nicht die Einzige, aber es ist mir auch erst da aufgefallen

Die Passage verdeutlicht, wie einschneidend die Erfahrung ist, als „Nichtbehinderte", die ihre eigene Zugehörigkeit zu einer unsichtbaren Normalität alltäglich nicht hinterfragen muss, plötzlich sichtbar zu werden. Die Situation ist aber aus der Sicht der Mentorin noch verwickelter, weil Behinderung gar nicht an Sichtbarkeit gebunden ist und sie selbst damit auch behindert sein könnte. Warum hofft sie, dass sie „wirklich nicht die Einzige" ist, die tatsächlich ohne Behinderung in der Runde sitzt? Diese Frage weist weniger in Richtung der Empfindungen von Magdalena Nelle, als vielmehr auf die irritierende Konstellation, der sie hier Ausdruck verleiht. Was ist unangenehm an dem ungewohnten Erlebnis, nicht mehr zuordnen zu können, welche Erfahrungen, Zugehörigkeiten und lebensgeschichtlichen Herausforderungen ich mit anderen Menschen teile und welche nicht? Diese immer noch auf das subjektive Empfinden bezogene Frage greift zugleich über die Subjekte hinaus auf die Bedeutung der Konstruktion von Mehrheiten und Minderheiten, verbunden mit Sichtbarkeit und Unsichtbarkeit im gesellschaftlichen Alltag.

Hannelore Ittermann bringt diese Erfahrung als Mentorin ohne Behinderung in ihrem Interview nach Abschluss des Programms folgendermaßen auf den Punkt: „ich bin im Grunde als Nichtbehinderte in der Situation dort eine Minderheit gewesen, also ausgeschlossen von einer Erfahrung, die den meisten dort zugänglich gewesen ist".

Die Mentorin reflektiert hier ihre Erfahrung, sich plötzlich in einer Situation zu bewegen, in der ihre Erfahrungen nicht mehr die Erfahrungen der Mehrheit der Gruppe sind. Als „Nichtbehinderte" ist sie „ausgeschlossen" und erlebt so eine Konstellation, in der ihre eigene Position plötzlich nicht mehr die Mehrheitsposition ist. Mit solchen neuen Erfahrungen geht für einige Mentorinnen und Mentoren die Befürchtung einher, keine gute Ansprechperson für ihre Mentee sein zu können. Diese Sorge verändert sich im Laufe des Prozesses. So erzählt Magdalena Nelle beispielsweise im zweiten Interview:

> sie [die Mentee] hat mich ja ausgesucht und ich denke für sie war das nicht so wichtig und für sie war das vielleicht auch eher wichtig zu gucken, also so intensive Gespräche zu haben mit jemand der eben keine Behinderung hat, um zu gucken wie sie mit ihrer Behinderung auch ankommt bei jemandem, der keine Behinderung hat, weil das ist halt ihr Alltag

Auch hier verkehrt sich wieder die Perspektive und die Mentorin stellt fest, dass es ihr Fokus ist, der auf Behinderung gerichtet ist. Die Möglichkeit, dass es sich um einen wechselseitigen Austausch zwischen zwei Frauen in sehr unterschiedlichen Lebenslagen handelt, kommt für Magdalena Nelle erst durch die Haltung der Mentee ins Spiel. Sie selbst ist zunächst viel zu sehr damit beschäftigt, die Irritation der eigenen Position zu verarbeiten. Dabei hat es den Anschein, dass sie damit auch immer noch befasst ist, weil sie nach wie vor nach einer Erklärung sucht, welche Position sie selbst in den Augen ihrer Mentee hatte – war sie vielleicht wie ein Spiegel, der der Mentee ihre Wirkung auf Menschen ohne Behinderung reflektiert? Diese suchende Interpretation veranschaulicht, wie schwer es fällt, die Bedeutung des eigenen Status als „Nichtbehinderte" zu relativieren und eine Situation offen zu halten.

Betrachten wir vor diesem Hintergrund, wie die Mentorinnen und Mentoren die Öffnung des Mentoringprogramms für Studentinnen ohne eine Behinderung einschätzen. Dieser Schritt wird auch von ihnen kontrovers beurteilt. So argumentiert Elke Fährmann mit dem größeren Bedarf, den Studentinnen mit einer Behinderung im Hinblick auf eine Unterstützung hätten, und meint im ersten Interview: „ich weiß gar nicht was ich davon halten soll, dass jetzt auch nicht behinderte Mentees dabei sind, weil ich denke die behinderten können es vielleicht besser brauchen".

Das Argument zielt implizit auf die Frage, wer von welchen (knappen) Ressourcen profitieren sollte. Dabei entsteht zwangsläufig eine Rangordnung von Bedürftigkeit: Wer braucht aufgrund von was die Unterstützung dringender als andere? Elke Fährmann ist aber unentschlossen: Wie soll sie sich hier positionieren? Wie kann sie zu einer Einschätzung gelangen? Und so bleibt ihr Argument auch vage, wenn sie sagt „vielleicht" hätten „die behinderten" Mentees einen größeren Nutzen von dem Programm. Bemerkenswert ist, dass die konzeptionelle Frage, ob und wie die Gruppe in Zukunft gemischt werden soll und welche Mischung Sinn machen würde, zur Ressourcenfrage wird – ein gewichtiges Motiv vor dem Hintergrund begrenzter Mitteln. Denn es geht auch wesentlich um die Frage, wem in Zukunft welche Plätze im Mentoringprogramm des Hildegardis-Vereins zustehen werden.

Martha Nowotny spricht im ersten Interview das Neue an, das sie in einer weiteren Öffnung des Programms sieht: „es ist eine Neukonstellation, dass der Hildegardis-Verein auch behinderte Mentorinnen und Mentees ohne Behinderung jetzt zusammenbringt und die Teilhabe an der gegenseitlichen Welt – ich finde das ist spannend".

Diese Mentorin nimmt implizit die ganze Gruppensituation in den Blick, wenn sie von einer „Neukonstellation" spricht. Mit dem abstrakten Begriff fasst sie zusammen, dass das gesamte Beziehungs- und Interaktionsgeschehen in Bewegung gerät, wenn sich die Zielgruppe des Mentoring ändert. Zwischen den Zeilen wird dabei auch angesprochen, wie stark Zugehörigkeits- und Differenzkategorien die Interaktionen zwischen Menschen durchwirken. Diese Dynamik weiter auszudifferenzieren findet Martha Nowotny „spannend". Dieses Adjektiv schreibt der diskutierten Veränderung einen erheblichen Reiz und ein großes Anregungspotenzial zu. Worin dieses genau besteht, bleibt offen. Die Bewertung, dass etwas „spannend" ist, erinnert auch an Situationen, die als dramatisch erlebt werden, beispielsweise im Rahmen eines lebhaft inszenierten Bühnenstücks. Die Einschätzung der „Neukonstellation", die hier formuliert wird, transportiert somit auch das Wissen um die Brisanz, die mit der angestrebten weiteren Veränderung verbunden ist, weil diese tief in eine eingespielte soziale

Ordnung eingreift und viel Konfliktfähigkeit und Reflexionsvermögen von allen Beteiligten verlangt.

4.4 Ungleichheits- und Unterstützungserfahrungen im Diskurs –
   die zentralen Themen aus den Gruppendiskussionen

In jedem der drei Jahrgänge wurden die Teilnehmenden zu einer Gruppendiskussion eingeladen, die jeweils während der Abschlusstreffen oder während einer der Veranstaltungen des Programms durchgeführt werden konnte. Die Methode der Gruppendiskussion zielt auf die Generierung eines selbstläufigen Diskurses, der in der Regel durch einen Eingangsimpuls, eine These oder eine (durchaus provokative) Frage angestoßen wird. Im Anschluss gibt die Moderation Raum, sich miteinander zu verständigen und steuert dabei so wenig wie möglich, welche thematischen Relevanzen sich im Diskurs durchsetzen.

Die von uns erhobenen Diskussionen wurden im ersten Jahr mit einem Impuls zum Mentoring eingeleitet (Was ist gelungenes Mentoring?), in den darauf folgenden Jahren stellten wir eine geschlechterpolitische These in den Raum, die sich auf die Verflechtung von Geschlecht und Behinderung bezog (die Impulse und Fragen für die Diskussionen sind im Anhang dokumentiert).

Im ersten und zweiten Jahrgang (Gruppe A) wurden zwei Gruppendiskussionen erhoben, im dritten wurde eine Diskussion durchgeführt. Die Gruppengröße variierte von fünf bis zu zweiundzwanzig Personen, moderiert wurden die Gruppendiskussionen von den Wissenschaftlerinnen, die die Studie durchführten und von Forschungspraktikantinnen, die über einen längeren Zeitraum im Projekt mitarbeiteten. Für die vorliegende Zusammenfassung wurden die fünf verschiedenen wortwörtlich transkribierten Diskussionsprotokolle im Hinblick auf ihre zentralen Themen vergleichend ausgewertet. Dabei zeigt sich eine hohe Übereinstimmung zwischen den Standpunkten und Einschätzungen aus den Einzelinterviews und denen, die in den Gruppendiskussionen zur Sprache gebracht wurden. Vor diesem Hintergrund wird nun sehr kurz zusammengefasst, welche zentralen Themen, Sichtweisen und Deutungsmuster die Gruppendiskussionen charakterisieren.

„Auf Augenhöhe" –
Vorstellungen von Mentoring und die Balance von Hierarchien

In allen fünf Gruppendiskussionen wird die Mentoringsituation themati-siert. Ausgangspunkt der Diskussionen ist oftmals die idealtypische Vor-stellung, ein gelungenes Mentoring wäre ein gleichrangiger Austausch zwi-schen Mentee und Mentorin bzw. Mentor. Das sprachliche Bild, das hierfür immer wieder herangezogen wird, lautet: „auf Augenhöhe". Diese Vorstel-lung eines gleichberechtigten und partnerschaftlichen Verhältnisses wird im weiteren Verlauf kritisch reflektiert und mit den eigenen Erwartungen und Erfahrungen abgeglichen. Hierbei wird in den Gesprächen häufig zwi-schen der organisatorischen Gestaltung des Mentoring und der eigentli-chen Vis-à-vis-Situation unterschieden. Wie das Mentoring in der Praxis organisatorisch gestaltet wird und welche Themen Teil des Mentoring sind, ist für die verschiedenen Diskussionsteilnehmerinnen und -teilnehmer recht unterschiedlich. Die Auffassungen reichen von einem individuellen, themenspezifischen Austausch bis hin zu einer rückhaltlos offenen, sehr persönlichen Kommunikation. Dabei spielt eine wesentliche Rolle, in wel-cher Weise die Behinderung in der Wechselbeziehung von Privatem und Beruflichem thematisiert wird.

Zudem wird im gemeinsamen Diskussionsverlauf deutlich, dass eine gleichberechtigte Mentoringsituation, wie sie mit dem Bild „Augenhöhe" assoziiert ist, in der Praxis häufig unrealistisch ist, da der wesentliche Ge-danke des Mentoring darin besteht, dass die Mentee von der Lebenserfah-rung ihres Gegenübers profitiert. In vielen Fällen besteht zudem ein Sta-tusunterschied zwischen Mentee und Mentorin bzw. Mentor. In diesem Sinne lenkt eine Mentorin in vielen Situationen die persönliche und organi-satorische Gestaltung des gemeinsamen Prozesses. Trotz oder vielleicht gerade auf Grund dieser Asymmetrie wird von den Diskutierenden jedoch wiederholt betont, dass Mentoring ein reziprokes Verhältnis zwischen bei-den Tandemmitgliedern voraussetzt, in dem auch bei Konflikten oder un-terschiedlichen Auffassungen beide Seiten voneinander lernen.

„Networking" – die Gruppe als Ort der Netzwerkbildung

Ein wesentliches Motiv für die Teilnahme am Programm ist die Möglichkeit, Netzwerke aufzubauen. Dies geschieht sowohl mit Hilfe der Mentorinnen und Mentoren, teilweise auch über die Tandems hinweg, als auch zwischen den Mentees. Das Programm ermöglicht es, sich kennen zu lernen, untereinander zu vernetzen und auszutauschen. Dabei ist der persönliche Austausch aus Sicht der Diskutierenden besonders wichtig, da dieser gegenüber Kontakten über Internetforen einen besseren und konkreteren Austausch ermögliche. In diesem Zusammenhang spielt die Tagung als Ort des „Networkings" eine wichtige Rolle. Im Gegensatz zu anderen Förderprogrammen herrscht dort eine Atmosphäre, in der sich die Teilnehmerinnen mit ihrer Behinderung nicht als Exotinnen fühlen. Auf diese Weise können sich Menschen in vergleichbaren Lebenssituationen austauschen.

Geschlechterdifferenz als Einschränkung und als Ressource? –
Behinderung und Geschlecht

Die provokante Eingangsthese der Forscherinnen, Frauen mit Behinderung seien gegenüber Männern mit Behinderung benachteiligt (vgl. die Impulse für die Diskussionen im Anhang), wird in den Diskussionen zunächst bestätigt. Dabei wird auch hier auf die weiter oben bereits aus den Interviews zitierte These der „doppelten Benachteiligung" von behinderten Frauen in der Gesellschaft zurückgegriffen. Hiernach sind Frauen durch ihr Geschlecht gegenüber Männern sowie durch ihre Behinderung gegenüber anderen Menschen benachteiligt. Dies führe zu einer „doppelten" Belastung.

Diese Setzung, die auch durch die These der Forscherinnen nahe gelegt wurde, wird im Verlauf der Diskussionen unterschiedlich interpretiert. Nach ersten zustimmenden Äußerungen wird im Fortgang der Gespräche in Frage gestellt, ob tatsächlich eine Benachteiligung gegenüber Männern mit Behinderung bestünde. Insbesondere wird diskutiert, ob durch eine Behinderung bei einem Mann das gesellschaftlich erwartete sowie individuelle Männlichkeitsbild als Leistungsträger, Verdiener und Familienernährer nicht viel mehr ins Wanken gerate als dies für Weiblichkeitsbilder der Fall sei. Hiernach wirkt die Behinderung im Zusammenhang mit einem konservativen Männlichkeitsbild. Dies wird von Seiten der Diskutierenden als eine Konstellation betrachtet, die bei der Auseinandersetzung mit Behinderung und Geschlecht bis heute zu wenig Beachtung gefunden hat. Das strukturelle Argument, das sich kritisch gegen dominante Versionen von Männlichkeit wendet, wird für Weiblichkeit aber nicht weiter ausbuchstabiert. Vielmehr zeichnet sich mit Bezug zu Weiblichkeit eine Argumentationslinie ab, in deren Mittelpunkt geschlechtsbezogene Eigenschaftszuschreibungen stehen. Frauen könnten – in Gegensatz zu Männern – durch ihre „weiblichen Eigenschaften" sowie durch den Einfluss emanzipatorischer Fortschritte besser mit einer Behinderung umgehen als Männer. Frauen seien zudem weniger gesellschaftlichen Erwartungen ausgesetzt und können sich beispielsweise bei einem Karriereknick in die Familie zurückziehen. In den Diskussionen wird an verschiedenen Stellen angenommen, weibliche Eigenschaften würden einen selbstbewussten Umgang mit einer Behinderung eher ermöglichen als männliche Eigenschaften. Dabei beziehen die Diskussionsbeiträge sich ausnahmslos auf das Alltagswissen, Frauen und Männer seien verschieden und hinterfragen diese Konstruktion von Differenz nicht.

Ein weiterer Effekt, der im Kontext von Geschlecht und Behinderung diskutiert wird, ist die positive Diskriminierung. Demnach besteht aus Sicht der Diskutierenden für Frauen mit Behinderung häufiger eine Notwendigkeit für eine akademische Karriere als für Frauen, die ohne eine Behinderung leben. Da Frauen mit einer Behinderung für körperlich beanspruchende Ausbildungsberufe weniger geeignet seien, würden sie, wenn sie im entsprechenden familiären Umfeld aufwüchsen, mit Nachdruck in Richtung einer Bildungskarriere gelenkt. Männer werden in diesen Vergleich nicht mehr explizit einbezogen. Es wird aber betont, dass Behinderung im Verhältnis zu Geschlecht deutlich in den Vordergrund gerät, wenn gesellschaftliche Benachteiligungen gewichtet werden.

„Fehlende Expertise" – Behinderung und Beruf

Das Verhältnis von Behinderung und Berufstätigkeit taucht wiederholt in den Diskussionen auf. Als ein zentrales Problem für diesen Zusammenhang wird das Informationsdefizit von Arbeitgebern und damit einhergehend die fehlende gesellschaftliche Aufklärung über Behinderung gesehen. Ein Großteil der Arbeitgeber wisse über Finanzierungsmöglichkeiten zur Anpassung der räumlichen Gegebenheiten nicht Bescheid, genauso fehle es an Wissen zu Assistenz und Kündigung bei behinderten Arbeitnehmerinnen. Dieses Informationsdefizit führt aus Sicht der Diskutierenden schon im Bewerbungsverfahren zu bedeutenden Hürden. Aufgrund dieser Problematiken gäbe es verschiedene Einrichtungen (Gleichstellungsbeauftragte, Schwerbehindertenausschuss), die behinderte Bewerberinnen und Bewerber unterstützen.

Für den Berufseinstieg sei zudem wichtig, die eigene Behinderung nicht als Defizit zu betrachten, sondern herauszustellen, in welcher Weise die spezifische Behinderung Vorteile gegenüber Arbeitnehmern ohne eine Behinderung mit sich bringen würde. Dabei werden einerseits Abgrenzungen gegenüber Menschen deutlich, die als geistig behindert gelten und in eigens für sie eingerichteten Institutionen lernen und arbeiten. Zudem stellt der Vergleich mit Menschen ohne Behinderung einen relevanten Maßstab für die eigene Verortung dar. Dabei wird auch wahrgenommen, dass die meisten, die am Programm teilnehmen, aus Haushalten stammen, in denen eine akademische Förderung ermöglicht werden konnte. Bildung, Behinderung und Geschlecht werden somit in den Gruppendiskussionen, die mit dem geschlechterpolitischen Impuls gestartet sind, auf verschiedenen Ebenen verglichen und dabei sowohl explizit als auch implizit zu gesellschaftlich dominanten Versionen von Normalität und Leistungsfähigkeit in Beziehung gesetzt.

„Eine ganzheitliche Beratung" – die besondere Qualität des Mentoring

Das Programm wird als sinnvolles Beratungsinstrument wahrgenommen, da es im Gegensatz zu anderen Förderprogrammen und Zusammenschlüssen im akademischen Bereich auf Studentinnen mit Behinderung zugeschnitten ist. Dieser Ansatz ermöglicht ihnen, ihre spezifischen Anliegen mit anderen Menschen zu thematisieren, die ebenfalls Erfahrungen mit Behinderung haben. So können Verunsicherungen gegenüber Menschen ohne Behinderung reflektiert und abgebaut werden.

Die Besonderheit des Programms liegt darin, dass es sich nicht auf ein Coaching begrenzt, in dem nur Techniken zur Handhabung bestimmter Probleme weitergegeben werden, sondern eine „ganzheitliche Beratung" ermöglicht. Die Diskutierenden betonen in diesem Zusammenhang, wie durch das Programm die Eigenständigkeit gefördert wird. Darin sehen sie eine wichtige Alternative zu den von „Versorgungsmentalität" oder „Bevormundung" geprägten Förderungsstrategien, die in Behindertenhilfswer-

174

ken oder Behindertenschulen praktiziert würden. Viele Universitäten bieten für behinderte Menschen zudem keine individuelle Beratung, sondern lediglich einheitliche Informationsveranstaltungen. Das Wertvolle am Mentoring des Hildegardis-Vereins ist dahingegen die Möglichkeit, dass Studentinnen oder Nachwuchswissenschaftlerinnen Frauen mit Behinderung kennenlernen, die den Sprung in die Erwerbsarbeit geschafft haben. Dadurch können in dem Programm Erfahrungen und Kompetenzen weitergegeben werden, die für die Entwicklung der Mentees Möglichkeiten aufzeigen, um vorhandene Benachteiligungen auszugleichen.

Wegen dieser Wirkung wird in den Diskussionen wiederholt nachgefragt, weshalb das Programm lediglich auf behinderte Frauen ausgelegt ist. Für behinderte Männer, aber auch für „normale" Studierende bestünde ebenso ein Bedarf an Beratung und Vernetzung. Kritisch wird zudem der begrenzte Zeitraum des Programmes betrachtet. Zwar ist eine Weiterführung der Tandembeziehung und der anderen Kontakte nach dem Ende des Programmes theoretisch möglich, wird von dem Programm jedoch nicht vorgesehen oder konkret unterstützt. Dadurch kann keine langfristige Beziehung zwischen Mentorin/Mentor und Mentee entstehen. In diesem Zusammenhang wird auch diskutiert, auf welchem Weg ein Tandem zusammenkommt. Sollen Mentee und Mentorin/Mentor einander zugewiesen werden oder soll die Mentee ihr Gegenüber am besten selbst auswählen? In der Diskussion lässt sich darauf keine klare Antwort identifizieren.

Zusammenfassend wird in den Gruppendiskussionen deutlich, dass das Streben nach Reziprozität in den Tandems durch einen starken Diskurs in der gesamten Gruppe gerahmt ist. Gleichrangigkeit, Anerkennung und Wechselseitigkeit werden mit dem Ziel, nicht untergeordnet zu werden, verknüpft. Dies geht auch mit politisierten Diskursen einher. Die Gruppe der Mentees ist dabei eine wichtige Bezugsgröße und wird als Ausgangsort für das Knüpfen weiterer Netzwerke geschätzt.

Vor diesem Hintergrund bleibt die Frage, für wen das Programm des Hildegardis-Vereins offen sein sollte, umstritten: Sollten Männer, die mit einer Behinderung leben, auch als Mentees aufgenommen werden? Ist die geschlechterpolitische Dimension des Programms, die auf die Förderung von Frauen zielt, angemessen oder grenzt sie aus? Die Kontroversen und Fragen verweisen auf die intersektionale Verflechtung von Ungleichheits-

und Ausgrenzungserfahrungen und hängen zudem eng mit Fragen von politischen Bündnissen und Netzwerken zusammen.

Solche Netzwerke werden als notwendige Unterstützung begriffen, insbesondere im Hinblick auf die fehlende Expertise von Menschen, die in der Berufswelt Entscheidungen treffen und keine Erfahrungen mit Menschen haben, die mit einer Behinderung leben. Politische Bündnisse und professionelle Netzwerke könnten demnach einen Beitrag dazu leisten, dass gesellschaftliche Machtbalancen sich verändern. Welchen Beitrag ein Programm, das Frauen fördert, zu diesem Veränderungsprozess leistet, bleibt nicht nur in den Gruppendiskussionen offen.

5 Ausblick

Die qualitative Längsschnittuntersuchung der drei Jahrgänge des „Mentoring-Programms für Studentinnen mit Behinderung" leistet einen Beitrag zur weiteren Differenzierung der theoretischen und anwendungsbezogenen Überlegungen in diesem Feld. Die Studie veranschaulicht zum einen, dass ein betont offen angelegtes Konzept viele Handlungsspielräume für die Teilnehmerinnen und Teilnehmer eröffnet und intensive Lernprozesse zu erkennen sind. Entscheidend hierfür sind die Qualität der Tandembeziehungen und ihre Einbettung in einen diskursiven Gruppenprozess. Zum anderen wird in den Interviews und Gruppendiskussionen, die analysiert wurden, eine fortlaufende Spannung zwischen Aspekten der Eliteförderung im akademischen Feld und gleichstellungspolitischen Aspekten nachvollziehbar. Zudem zeigt sich, dass alle Teilnehmerinnen und Teilnehmer der Studie sich (explizit oder implizit) mit verfestigten gesellschaftlichen Machtbeziehungen auseinandersetzen und gemeinsam daran arbeiten, damit zusammenhängende Ausgrenzungen und Abwertungen zu reflektieren. Im Folgenden werden diese zentralen Ergebnisse der Studie weiter diskutiert.

Zwischen Karriereimpulsen und psychosozialem Lernen

Die Rekonstruktion der Perspektive von Mentees, Mentorinnen und Mentoren verdeutlicht eindrucksvoll, dass das sehr offene Konzept, das der Hildegardis-Verein entwickelt und umgesetzt hat, eine tragfähige Lernbeziehung sowohl in den Tandems als auch in den Gruppen ermöglicht. Inhaltliche Schwerpunkte und methodisches Vorgehen werden in der Regel ausgehandelt und nicht schematisch festgelegt. Die gemeinsamen Ziele können, müssen aber nicht, strikt karriereorientiert ausgerichtet sein und unterliegen im Laufe der Zeit Veränderungen. Die differenzierten Schilderungen in den Interviews zeigen, dass die Teilnehmenden diesen offenen Prozess mit viel Expertise und Engagement gestalten und reflektieren. So kann nachgezeichnet werden, wie Erfahrungswissen weitergegeben, aber auch transformiert wird und wie Prozesse der akademischen Professionalisierung und Prozesse des wechselseitigen psychosozialen Lernens ineinandergreifen und sich positiv verstärken können. Diese produktive Offenheit des Konzepts geht auch mit Belastungen und Unsicherheiten sowie der Suche nach mehr Orientierung einher. Solche Suchbewegungen können nicht immer, aber in vielen Fällen in den Tandems selbst reflektiert und aufgefangen werden. Insgesamt kann festgestellt werden, dass eine zu eingleisige Ausrichtung von Mentoring auf operationalisierbare Karriereschritte das Potenzial eines umfassenden intersubjektiven Lernprozesses, der professionelle, persönliche und gesellschaftliche Dimensionen umgreift, zu sehr vernachlässigt. Dieses Plädoyer für eine konzeptionelle Orientierung an offenen Lern- und Unterstützungsszenarien erfordert eine entsprechende Ausrichtung auf den Prozess der Weitergabe und Aneignung von Erfahrungswissen und Fachwissen.

Zwischen Wechselseitigkeit und Erfahrungsweitergabe

Der Schlüssel für das Gelingen solcher Prozesse ist die Qualität der Tandembeziehung und ihre Wahrnehmung durch die beiden Personen, die das Tandem bilden. Hier ergibt sich eine produktive Spannung zwischen dem Ideal eines reziproken Austauschs zwischen beiden und dem tatsächlichen Erfahrungsvorsprung sowie der professionellen Autorität der Mentorinnen und Mentoren. In den exemplarisch untersuchten sieben Tandems wird damit sehr unterschiedlich umgegangen. Deren vergleichende Betrachtung ergibt eine große Bandbreite der persönlichen Gestaltung einer Unterstützungsbeziehung – hier zeigen sich Varianten einer betonten Reziprozität neben stärker hierarchisch strukturierten Interaktionen ebenso wie an professionellen Standards orientierte Beratungssituationen oder freundschaftliche Bezüge. Zu betonen ist außerdem die Wandlungsfähigkeit der Tandems im Laufe des Jahres. Gelingt eine gemeinsame Ausgestaltung der Tandembeziehung, können viele Handlungsspielräume und Zufriedenheit im Umgang mit dem selbstgesteuerten Prozess entstehen. Das erfordert von den Teilnehmerinnen und Teilnehmern zugleich ein hohes Maß an Flexibilität, Wahrnehmungsvermögen und Konfliktfähigkeit.

Besonders hervorzuheben ist, dass die Bedeutung von Geschlecht und Behinderung für die Gestaltung der Beziehung sehr unterschiedlich gewichtet wird. Keinesfalls hängt die Qualität einer Tandembeziehung unmittelbar davon ab, ob hier eine Frau oder ein Mann mit oder ohne Behinderung aufeinander treffen. Die Interviews über die Erfahrungen in den Tandems verdeutlichen, dass einfache Modelle der gleich- oder gegengeschlechtlichen Identifikation, wie sie in manchen Ansätzen des Mentoring oder in Trainings- und Beratungskonzepten vertreten werden, die Komplexität eines wechselseitigen Lernprozesses verfehlen. Die strukturelle und subjektive Bedeutung von Geschlecht, Geschlechterdifferenz und Behinderung bzw. Nichtbehinderung entfaltet ihre Wirkung in sehr verschiedenen Beziehungskonstellationen und Interaktionsprozessen. Aus einer subjekttheoretischen Perspektive erweist Geschlecht sich als eine relationale Konfliktkategorie und nicht als eindimensionales Identitätsmerkmal von Frauen bzw. Männern. Die Auseinandersetzung mit der Bedeutung unterschiedlicher Dimensionen von Differenz und Ungleichheit ist vielmehr kontextgebunden zu entschlüsseln und muss zudem im Zusammenhang des gesamten Programms und der Bedeutung der Arbeit in der Gruppe gesehen und analysiert werden.

Das dyadisch strukturierte Tandem, dessen Beziehungsqualität für den Prozess des Mentoring eine Schlüsselfunktion übernimmt, ist zugleich Teil einer Gruppe. Diese Gruppe wird von den Teilnehmerinnen und Teilnehmern, insbesondere von den Mentees, als eine wichtige Ressource für die eigene Entwicklung wahrgenommen. In der Gruppe können Erfahrungen ausgetauscht, gemeinsam reflektiert und neue Perspektiven auf die eigene Situation entwickelt werden. Hinzu kommt das Knüpfen von Netzwerken in einem Kontext, in dem engagierte Nachwuchswissenschaftlerinnen auf Menschen treffen, die wichtige professionelle und politische Netzwerke im Hintergrund haben. Aus der Perspektive einer rekonstruktiven Forschung, die die komplexen Interaktionsprozesse sozialer Beziehungen in den Blick rückt, würde es sich lohnen, das Wechselspiel zwischen den Tandems und der Gruppe, in die sie eingebettet sind, in Zukunft noch genauer in den Blick zu nehmen. Für das hier untersuchte Mentoringprogramm kann gezeigt werden, dass die Gruppe einen wichtigen Resonanzraum für den individuellen Entwicklungsprozess der einzelnen bildet, verbunden mit ihrer Funktion als Diskursraum, nicht zuletzt für politische Debatten.

Zwischen akademischer Meritokratie und Gleichstellungsansätzen

Im Wissenschaftsfeld kann die Idee des Mentoring einerseits an das meritokratische Prinzip der Förderung von Nachwuchs aufgrund von herausragenden Fähigkeiten und Leistungen durch einflussreiche Personen anknüpfen. Die mit diesem Prinzip verbundenen ungleichen Balancen zwischen privilegierten und marginalisierten Machtpositionen in wissenschaftlichen Institutionen sind vielfach kritisiert, sehr gut untersucht und sollen mit Hilfe gleichstellungspolitischer Maßnahmen aufgebrochen werden. Vor diesem Hintergrund knüpfen viele Mentoringkonzepte andererseits an das gleichstellungspolitische Postulat der Chancengerechtigkeit an.

Die Analyse der Interviews und Gruppendiskussionen zeigt, dass die beiden widerstreitenden Positionen den Diskurs und die Handlungsorientierungen der Akteurinnen und Akteure des Mentoring prägen. Die unauflösliche Spannung, die mit der Verknüpfung von Meritokratie und Gleichstellungsmaßnahmen verbunden ist, kommt in vielen Interviews sehr klar zum Ausdruck, beispielsweise, wenn Mentees sich von Frauenförderung abgrenzen und auf Leistung pochen. Gleichzeitig werden die Anmutungen einer fortlaufenden Selbstoptimierung aber auch scharf kritisiert und karrierebezogene Leistungsideale werden in Frage gestellt. Dieses kritische Potenzial entfaltet sich im Zusammenhang der kollektiven Reflexion auf Normalisierungszumutungen, mit denen Menschen, die mit einer Behinderung leben, im Studium und auf dem Arbeitsmarkt konfrontiert sind.

Vor diesem Hintergrund gewinnt die geschlechterpolitische Paradoxie, dass die hierarchisierende Wirkung von Geschlecht aufgehoben werden soll, indem Geschlecht als Ansatzpunkt für gleichstellungspolitische Interventionen gewählt wird, ihre spezifische Brisanz. Im untersuchten Mentoringprogramm wird nicht nur das Verhältnis von Bildung, Leistung, Geschlecht und sozialer Ungleichheit in den Blick gerückt. Aus Sicht der Teilnehmenden ist die Bedeutung von Geschlecht für die Chancen von Nachwuchs im Wissenschaftsfeld eher nachrangig und wird teilweise stark relativiert, während die Bedeutung von Behinderung für Ungleichheitsrelationen im Bildungsprozess in den Fokus gestellt wird. Dabei wird der Zusammenhang von Behinderung und eingeschränkten Chancen an verschiedenen Stellen deutlich höher gewichtet als die Relevanz von Geschlecht für Ungleichheitsrelationen. Bemerkenswert sind die Vergleiche, die in diesem Zusammenhang herangezogen werden: zwischen Frauen, die mit und ohne Behinderung leben, sowie zwischen Frauen und Männern, die mit einer Behinderung leben. Den ‚nicht-markierten' Bezugspunkt der Relationen bildet damit eine Version von Männlichkeit, die keiner Einschränkung zu unterliegen und keiner Unterstützung zu bedürfen scheint.

Abschließend ist festzustellen, dass das offene Konzept des untersuchten Mentoringprogramms eine tiefgreifende intersubjektive Auseinandersetzung mit gesellschaftlichen Konstruktionen von Differenz und Hierarchie anstößt. Die widersprüchliche Verknüpfung von Leistungs- und Chancengerechtigkeit kann vor diesem Hintergrund nicht in eine Richtung aufgelöst werden. Vielmehr regt das Mentoring – in den Tandems wie in der Gruppe – dazu an, diese Spannung im Kontext des eigenen Lebensentwurfs und im Bezug auf politische Fragen der Gleichstellung und Inklusion zu reflektieren. Das offene Konzept des Mentoring lädt so dazu ein, den eigenen Karriereweg zu finden, Förderbeziehungen und Netzwerke zu nutzen und dabei den kritischen Abstand zu den ungleichen Machtbeziehungen und überhöhten Konstruktionen von Leistung im Wissenschaftsfeld nicht zu verlieren. Die kontroversen Auseinandersetzungen mit den Verflechtungen von Bildung, Behinderung und Geschlecht, die die Mentees, Mentorinnen und Mentoren in ihren Interviews reflektieren, verdeutlichen, dass Mentoring sehr gut dazu geeignet ist, offene Lernszenarien zu initiieren, in denen die Spannung zwischen pragmatischen Karrierezielen und psychosozialen wie gleichstellungs- und sozialpolitischen Dimensionen eines Programms einen Ausgangspunkt für umfassende Lern- und Entwicklungsprozesse bildet.

Literaturverzeichnis

Allen, Tammy D.; Eby, Lillian T.; O'Brien, Kimberly E.; Lentz, Elizabeth (2007): The state of the mentoring research: A qualitative review of current research methods and future research implications. In: Journal of Vocational Behavior, Vol. 73, S. 343-357.

Barzantny, Anke (2008): Mentoring-Programme für Frauen. Maßnahmen zu Strukturveränderungen in der Wissenschaft? Eine figurationssoziologische Untersuchung zur akademischen Medizin. Wiesbaden: VS Verlag für Sozialwissenschaften.

Becker-Schmidt, Regina (2013): Konstruktion und Struktur. Zentrale Kategorien in der Analyse des Zusammenhangs von Geschlecht, Kultur und Gesellschaft. In: Graf, Julia; Ideler, Kristin; Klinger, Sabine (Hg.): Geschlecht zwischen Struktur und Subjekt. Theorie, Praxis, Perspektiven. Berlin/Toronto: Opladen, S. 19-42.

Bereswill, Mechthild; Ehlert, Gudrun (1996): Alleinreisende Frauen zwischen Selbst-und Welterfahrung. Königstein/Taunus: Ulrike Helmer Verlag.

Bereswill, Mechthild (1999): Gefängnis und Jugendbiographie. Qualitative Zugänge zu Jugend, Männlichkeitsentwürfen und Delinquenz (JuSt-Bericht 4) KFN-Forschungsbericht Nr. 78. Hannover: Kriminologisches Forschungsinstitut.

Bereswill, Mechthild (2008a): Geschlecht. In: Baur, Nina; Korte, Hermann; Löw, Martina; Schroer, Markus (Hg.): Handbuch Soziologie. Wiesbaden: VS Verlag für Sozialwissenschaften, S. 97-116.

Bereswill, Mechthild (2008b): Feministische Kritik oder Genderkompetenz? Das Beispiel Gender Training. In: Löw, Martina (Hg.): Geschlecht und Macht. Analysen zum Spannungsfeld von Arbeit, Bildung und Familie. Wiesbaden: VS Verlag für Sozialwissenschaften, S. 142-156.

Bereswill, Mechthild (2009): Marginalisierte Männlichkeit als gesellschaftliche und biographische Konfliktdynamik – Empirische Einsichten und methodologische Perspektiven. In: Aulenbacher, Brigitte; Riegraf, Birgit (Hg.): Erkenntnis und Methode. Geschlechterforschung in Zeiten des Umbruchs. Wiesbaden: VS Verlag für Sozialwissenschaften, S. 145-156.

Bereswill, Mechthild (2013): Mechthild Bereswill im Interview mit Birgitta M. Schulte. Diversity Training zwischen Lernen am Konflikt und Harmonisierung der Vielfalt. Reichweite und Grenzen von sozialem und politischem Lernen. In: Bender, Saskia-Fee; Schmidbaur, Marianne; Wolde, Anja (Hg.): Diversity ent-decken. Weinheim/Basel: Beltz Juventa.

Bogner, Alexander; Littig, Beate; Menz, Wolfgang (Hg.) (2009): Experteninterviews. Theorien, Methoden, Anwendungsfelder. 3. grundlegend überarbeitete
   Aufl. Wiesbaden: VS Verlag für Sozialwissenschaften.

Bohnsack, Ralf (1997): Gruppendiskussionsverfahren und Milieuforschung. In:
   Friebertshäuser, Barbara; Langer, Antje; Prengel, Annedore (Hg.): Handbuch
   Qualitative Forschungsmethoden in der Erziehungswissenschaft.
   Weinheim/München: Juventa, S. 492-501.

Blumer, Herbert George (1954): What is wrong with social theory? In:American
   Sociological Review, 18, S. 3–10.

Elias, Norbert; Scotson, John L. (1965/2002): Etablierte und Außenseiter. Frankfurt
   am Main: Suhrkamp Verlag.

Gildemeister, Regine; Wetterer, Angelika (1992): Die soziale Konstruktion der
   Zweigeschlechtlichkeit und ihre Reifizierung in der Frauenforschung. In:
   Knapp, Gudrun-Axeli; Wetterer, Angelika (Hg.): TraditionenBrüche. Entwick-
   lungen feministischer Theorie. Freiburg: Kore Verlag, S. 201-254.

Gildemeister, Regine; Robert, Günther (2008): Geschlechterdifferenzierungen in
   lebenszeitlicher Perspektive. Interaktion - Institution - Biografie. Wiesbaden:
   VS Verlag für Sozialwissenschaften.

Hopf, Christel (1978): Die Pseudo-Exploration - Überlegungen zur Technik
   qualitativer Interviews in der Sozialforschung. In: Zeitschrift für Soziologie, S.
   97-115.

Klinger, Cornelia; Knapp, Gudrun-Axeli; Sauer, Birgit (Hg.) (2007): Achsen der
   Ungleichheit – Achsen der Differenz. Verhältnisbestimmungen von Klasse,
   Geschlecht, Rasse/Ethnizität. Frankfurt am Main: Campus.

Knapp, Gudrun-Axeli; Klinger, Cornelia (Hg.) (2008): ÜberKreuzungen. Fremdheit,
   Ungleichheit, Differenz. Münster: Westfälisches Dampfboot.

Kreckel, Reinhard (2009): Aufhaltsamer Aufstieg. Karriere und Geschlecht in
   Bildung, Wissenschaft und Gesellschaft. In: Löw, Martina (Hg.): Geschlecht
   und Macht. Analysen zum Spannungsfeld von Arbeit, Bildung und Familie.
   Wiesbaden: VS Verlag für Sozialwissenschaften, S. 97-120.

Kurmeyer, Christine (2012): Mentoring. Weibliche Professionalität im Aufbruch.
   Wiesbaden: VS Verlag für Sozialwissenschaften.

Löther, Andrea (Hg.) (2003): Mentoring-Programme für Frauen in der Wissenschaft. Bielefeld: Kleine Verlag.

Lutz, Helma; Herrera Vivar, Maria Teresa; Supik, Linda (Hg.) (2010): Fokus
   Intersektionalität: Bewegungen und Verortungen eines vielschichtigen Konzeptes. Wiesbaden: VS Verlag für Sozialwissenschaften.

Megginson, David; Clutterbuck, David; Garvey, Bob; Garret-Harris, Ruth (1995): Mentoring in action. A practical guide for managers. London/Philadelphia: Kogan Page.

Megginson, David; Clutterbuck, David; Garvey, Bob; Garret-Harris, Ruth (2006): Mentoring in action. A practical guide for managers. 2nd Edition. London/Philadelphia: Kogan Page.

Meuser, Michael; Nagel, Ulrike (2005): Experteninterviews - Vielfach erprobt wenig bedacht. Ein Beitrag zur qualitativen Methodendiskussion. In: Bogner, Alexander; Littig, Beate; Menz, Wolfgang (Hg.): Das Experteninterview. 2. Aufl. Wiesbaden: VS Verlag für Sozialwissenschaften, S. 71-93.

Oevermann, Ulrich (1983): Zur Sache. Die Bedeutung von Adornos methodologischem Selbstverständnis für die Begründung einer materialen soziologischen Strukturanalyse. In: Friedeburg, Ludwig von; Habermas, Jürgen (Hg.): Adorno-Konferenz. Frankfurt am Main: Suhrkamp, S. 235-288.

Peters, Sibylle; Schmicker, Sonja; Weinert, Sybille (Hg.)(2004):Flankierende Personalentwicklung durch Mentoring. München: Rainer Hamp Verlag.

Przyborski, Aglaja; Wohlrab-Sahr, Monika (2008): Qualitative Sozialforschung. Ein Arbeitsbuch. München: Oldenbourg Wissenschaftsverlag.

Raab, Heike (2007): Intersektionalität in den Disability Studies. Zur Interdependenz von Behinderung, Heteronormativität und Geschlecht. In: Waldschmidt, Anne; Schneider, Werner (Hg.) (2007): Disability Studies, Kultursoziologie und Soziologie der Behinderung. Bielefeld: transcript Verlag, S. 127-148.

Raab, Heike (2011): Riskante Körper – Von Monstern, Freaks, Prothesenkörpern und Cyborgs. In: Scheich, Elvira; Wagels, Karen (Hg.): Körper, Raum, Transformation. Gender-Dimensionen von Natur und Materie. Münster: Westfälisches Dampfboot, S. 90-105.

Schell-Kiehl, Ines (2007): Mentoring: Lernen aus Erfahrung? Biographisches Lernen im Kontext gesellschaftlicher Transformationsprozesse. Bielefeld: Bertelsmann Verlag.

Schliesselberger, Eva; Strasser, Sabine (1998): In den Fußstapfen der Pallas Athene. Möglichkeiten und Grenzen des Mentoring von unterrepräsentierten Gruppen im universitären Feld. Wien: Österreichischer Staatsdruck.

Stöger, Heidrun; Ziegler, Albert; Schimke, Diana (2009): Mentoring: Theoretische Hintergründe, empirische Befunde und praktische Anwendungen. Lengerich: Wolfgang Pabst Science.

Strauss, Anselm L. (1994): Grundlagen qualitativer Sozialforschung. München: Wilhelm Fink Verlag.

Waldschmidt, Anne (2007): Verkörperte Differenzen - Normierende Blicke: Foucault in den Disability Studies. In: Kammler, Clemens; Parr, Rolf (Hg.): Foucault in den Kulturwissenschaften - Eine Bestandsaufnahme. Heidelberg: Synchron, S. 177-198.

Wansing, Gudrun (2007): Behinderung. Inklusions- oder Exklusionsfolge? Zur Konstruktion paradoxer Lebensläufe in der modernen Gesellschaft. In: Waldschmidt, Anne; Schneider, Werner (Hg.): Disability Studies, Kultursoziologie und Soziologie der Behinderung. Erkundungen in einem neuen Forschungsfeld. Bielefeld: transcript Verlag, S. 275-297.

Wernet, Andreas (2000): Einführung in die Interpretationstechnik der Objektiven Hermeneutik. Qualitative Sozialforschung, Band 11. Opladen: Leske + Budrich.

Wetterer, Angelika (2002): Arbeitsteilung und Geschlechterkonstruktion. „Gender at Work" in theoretischer und historischer Perspektive. Konstanz: UVK.

Wetterer, Angelika (2004): Konstruktion von Geschlecht. Reproduktion von Zweigeschlechtlichkeit. In: Becker, Ruth; Kortendiek, Beate (Hg.) (2004): Handbuch Frauen- und Geschlechterforschung. Theorie, Methoden, Empirie. Wiesbaden: VS Verlag für Sozialwissenschaften, S. 122-131.

Witzel, Andreas (1982): Verfahren der qualitativen Sozialforschung. Überblick und Alternativen. Frankfurt am Main: Campus.

Internet, PDF:

Ahmann, Martina (2008): „Machbarkeitsstudie zum Studienförderbedarf von Studentinnen mit Behinderung", Zugriff 14.02.2013, http://www.hildegardis-verein.de/images/stories/docs/projekte/Hildegardis-Verein_Studie-2008.pdf

Website: Forum Mentoring (2013), Zugriff 14.02.2013, http://www.forum-mentoring.de

Website: Hildegardis-Verein e.V: Pilotprojekt Mentoring-Programm für Studentinnen mit Behinderung, Zugriff 14.02.2013, http://www.hildegardis-verein.de

Anhang

Fallübersicht (März 2009-März 2013)

Im Rahmen des Mentoringprogramms wurden insgesamt 92 Interviews erhoben. Diese unterteilen sich in 62 Erstinterviews (t_1), die zu Beginn des Mentorings geführt wurden und 30 Längsschnittinterviews (t_2) nach der offiziellen Beendigung.

Insgesamt haben 28 Mentees, 26 Mentorinnen und 8 Mentoren in einem Erstinterview und vereinzelt in Längsschnittinterviews mit uns gesprochen. Über alle drei Mentoringphasen hinweg wurden 5 Gruppendiskussionen und 70 Fragebögen erhoben. Daraus ergibt sich folgende Datengrundlage gestaffelt nach Gruppen:

Gruppe A (2009-2010)

Erhebung und Zeitraum	Status		Gesamt
Interview I (t_1) ca. 4 Monate nach Beginn	Mentees: 12	Mentor/innen: 14	26
Interview II (t_2) ca. 2 Monate nach Programmende	Mentees: 3	Mentor/innen: 5	8
Zwei Gruppendiskussionen bei Abschluss des Programms	Mentees: 8	Mentor/innen: 9	17
Fragebogen bei Abschluss des Programms	Mentees: 16	Mentor/innen: 12	28

Gruppe B (2010-2011)

Erhebung und Zeitraum	Status		Gesamt
Interview I (t_1) ca. 4 Monate nach Beginn	Mentees: 7	Mentor/innen: 9	16
Interview II (t_2) ca. 2 Monate nach Programmende	Mentees: 4	Mentor/innen: 6	10
Zwei Gruppendiskussionen Halbzeittreffen/ Abschlusstreffen	Mentees: 8	Mentor/innen: 3	11
Fragebogen bei Abschluss des Programms	Mentees: 5	Mentor/innen: 11	16

Gruppe C (2011-2012)

Erhebung und Zeitraum	Status		Gesamt
Interview I (t_1) ca. 4 Monate nach Beginn	Mentees: 9	Mentor/innen: 11	20
Interview II (t_2) ca. 2 Monate nach Programmende	Mentees: 4	Mentor/innen: 8	12
Eine Gruppendiskussion bei Abschluss des Programms	Mentees: 13	Mentor/innen: 9	22
Fragebogen bei Abschluss des Programms	Mentees: 11	Mentor/innen: 15	26

Interviewleitfaden Gruppe A (t_1)

Erzählen Sie mir bitte von den Erfahrungen, die Sie bisher als Teilnehmer/in des Mentoringprogramms gemacht haben.

Was bedeutet Mentoring für Sie?
Würden Sie mir bitte an Ihrem Beispiel beschreiben, wie ein Mentoringtandem gebildet wird?

Welche Wünsche hatten Sie bezüglich des Tandems/Mentorings?

Das Mentoringprogramm	Tandem
Der Hildegardis-Verein hat Ihnen die Empfehlungen gegeben, wie Sie die Zusammenarbeit gestalten können, welche Erfahrungen haben Sie im Umgang damit gemacht?	Sie haben jetzt für ein Jahr ein Mentoringtandem gebildet. Bitte erzählen Sie mir von Ihren Erfahrungen mit Ihrer/Ihrem Tandempartner/in.
Welche Erfahrungen machen Sie, die Sie nutzen können? Welche Unterstützung wünschen Sie sich vom Hildegardis-Verein?	Würden Sie mir bitte anhand eines Beispiels verdeutlichen, wie sich Ihre Kontakte gestalten?
In wie weit spielt es für Sie eine Rolle, dass es sich bei dem Programm um ein Projekt der Frauenförderung handelt?	In der Auftaktveranstaltung haben Sie gemeinsam mit Ihrer/Ihrem Tandempartner/in Zielvereinbarungen formuliert, wie denken Sie heute darüber?
Wie würden Sie das Programm verändern?	Wie sehen Sie Ihre Rolle als Mentorin/Mentor oder Mentee?
	Ist das Thema Behinderung Gegenstand Ihres Mentoringprozesses?

Eigene Situation

Haben Sie im Rahmen des Mentoring-Programms Kontakt zu anderen Personen außer zu Ihrer/Ihrem Tandempartner/in?

In wie weit hat sich für Sie etwas durch die Teilnahme am Mentoring-Programm verändert?

Ende & Zukunft

Würden Sie nochmal an diesem Mentoring-Programm teilnehmen?

Würden Sie dieses Programm jemandem empfehlen?

Interviewleitfaden Gruppe A (t_2)

Das Mentoringjahr

Wie verlief Ihr Mentoringjahr?

Erzählen Sie mir von einem Erlebnis mit Ihrer/Ihrem Tandempartner/in, das Ihnen besonders in Erinnerung geblieben ist (schön/schwierig).

Sie haben ja am Anfang einen fremden Menschen getroffen, wie hat sich dann Ihre Beziehung entwickelt?

Gab es ein gemeinsames Thema (oder mehrere)?

Gab es für Sie im Mentoring noch andere wichtige Personen?

Wie verlief der Kontakt zwischen Ihnen und dem Verein?

Heutiger Standpunkt

Hat das Mentoring auf Sie (oder Ihre Lebenssituation) Einfluss genommen?

Was würde Ihre/Ihr Tandempartner/in antworten, wenn ich frage, ob das Mentoring sie beeinflusst hat?

Wie sieht ein gelungenes Mentoring aus?

Anfang

Erzählen Sie mir bitte von Ihrer persönlichen Motivation zur Teilnahme an dem Programm?

Wenn Sie sich an den Anfang zurück erinnern: Mit welchen Erwartungen sind Sie in das Mentoring eingestiegen?

Was haben Sie erlebt als Ihr Mentoring dann begonnen hat? Gab es auch Eindrücke, die Sie überrascht haben?

Haben sich Ihre Vorstellungen von Mentoring im Laufe des Jahres verändert?

Ende & Zukunft

Was nehmen Sie mit? Hat das Mentoring nachhaltigen Einfluss?

Werden Sie mit jemandem in Kontakt bleiben?

Wenn Sie den Veranstalterinnen noch etwas auf den Weg geben würden, was würden Sie Ihnen sagen?

Interviewleitfaden Gruppe B und Gruppe C (t$_1$)

Vielleicht starten wir am Anfang, zum Beispiel bei dem Moment als Sie von dem Mentoringprogramm erfahren haben und Sie erzählen mir erst mal, was Sie bis heute im Mentoring erlebt haben.

Anfang

Erzählen Sie mir bitte von Ihrer ersten Begegnung mit Ihrer/Ihrem Tandempartner/in.

Was erwarten Sie von Ihrer/Ihrem Tandempartner/in?

Erzählen Sie mir von einem Erlebnis mit Ihrer/Ihrem Tandempartner/in, das schön (oder schwierig) war.

Gibt es etwas, was Sie verbindet? Was unterscheidet Sie beide?

Gibt es etwas, was Sie voneinander lernen können?

Das Mentoringjahr

Erzählen Sie mir bitte von Ihrer persönlichen Motivation zur Teilnahme an dem Programm.

Mit welchen Wünschen/Hoffnungen sind Sie in das Mentoring eingestiegen?

Gab es Eindrücke, die Sie überrascht haben?

Heutiger Standpunkt

Gibt es für Sie im Mentoring noch andere wichtige Personen?

Wie verlief bislang der Kontakt zwischen Ihnen und dem Verein?

Würden Sie sich weitere Unterstützung wünschen?

Ende & Zukunft

Was bedeutet Mentoring für Sie? Wie sieht Ihrer Meinung nach ein gelungenes Mentoring aus?

Wie stellen Sie sich das offizielle Ende des Mentoring vor?

Wenn Sie den Veranstalterinnen jetzt eine Rückmeldung geben würden, was würden Sie ihnen sagen?

Interviewleitfaden Gruppe B und Gruppe C (t_2)

Das Mentoringjahr

Wie verlief Ihr Mentoringjahr?

Was haben Sie erlebt als Ihr Mentoring dann begonnen hat? Gab es auch Eindrücke, die Sie überrascht haben?

Erzählen Sie mir bitte von Ihrer persönlichen Motivation zur Teilnahme an dem Programm.

Haben sich Ihre Vorstellungen von Mentoring im Laufe des Jahres verändert?

Wie verlief der Kontakt zwischen Ihnen und dem Verein?

Gab es für Sie im Mentoring wichtige Personen?

Anfang

Wenn Sie sich an den Anfang zurückerinnern: Mit welchen Erwartungen sind Sie in das Mentoring eingestiegen?

Sie haben ja am Anfang einen unbekannten Menschen getroffen.
Wie haben Sie sich kennengelernt?

Erzählen Sie mir von einem Erlebnis mit Ihrer/Ihrem Tandempartner/in, das Ihnen in Erinnerung geblieben ist, das schön (oder schwierig) war.

Gab es ein gemeinsames Thema (oder mehrere)?

Heutiger Standpunkt

Hat das Mentoring auf Sie (oder Ihre Lebenssituation) Einfluss genommen? Fällt Ihnen dazu ein Beispiel ein?

Denken Sie, das Mentoring hat Ihre/Ihren Tandempartner/in (auch) beeinflusst?

Hat sich die Teilnahme für Sie gelohnt?

Wie sieht ein gelungenes Mentoring aus?

Ende & Zukunft

Was nehmen Sie mit? Hat das Mentoring nachhaltigen Einfluss?

Werden Sie mit jemandem in Kontakt bleiben?

Wenn Sie den Veranstalterinnen noch etwas auf den Weg geben würden, was würden Sie ihnen sagen?

Impulse der Gruppendiskussionen

Gruppendiskussion I, Gruppe A:

Gesprächsimpuls
<ul><li>Was ist gutes Mentoring?</li><li>Wie wird eine gute Mentoringbeziehung gestaltet?</li><li>War es für Ihr Anliegen das richtige Instrument?</li><li>Ist Mentoring ein adäquates Weiterbildungsangebot für Akademikerinnen und Akademiker mit Behinderung?</li></ul>

<u>1. Gruppe:</u>
10 Personen, 7 Mentees und 3 Mentor/innen

<u>2. Gruppe:</u>
7 Personen, 1 Mentee und 6 Mentor/innen

Gruppendiskussion I (t_1), Gruppe B:

Gesprächsimpuls
<ul><li>Was kann ein Mentoringprogramm bewirken?</li><li>Wie erleben Sie Networking?</li><li>Wozu dienen Netzwerke?</li><li>Welchen Zugewinn erwarten Sie vom Mentoring?</li></ul>

<u>Gruppe:</u>
4 Personen, 4 Mentees

Gruppendiskussion II (t$_2$), Gruppe B:

Gesprächsimpuls
Gerade Studentinnen und Akademikerinnen mit Behinderungen stehen beim Erreichen von beruflichen Zielen enorme Hürden gegenüber. Diese Herausforderungen betreffen Frauen noch stärker als Männer. Wie sehen Sie das?

<u>Gruppe:</u>

7 Personen, 4 Mentees und 3 Mentorinnen

Gruppendiskussion I, Gruppe C:

Gesprächsimpuls
Gerade Studentinnen und Akademikerinnen mit Behinderungen stehen beim Erreichen von beruflichen Zielen enorme Hürden gegenüber. Diese Herausforderungen betreffen Frauen noch stärker als Männer. Wie sehen Sie das?

<u>Gruppe:</u>

22 Personen, 13 Mentees und 9 Mentor/innen